O homem completo

O homem completo

O projeto de Deus para você

LARRY TITUS

Traduzido por Emirson Justino

Copyright © 2010 por Larry Titus

Publicado originalmente por HigherLife Development Services, Inc., Oviedo, Flórida, EUA.

Todos os direitos reservados e protegidos pela Lei 9.610, de 19/02/1998.

Nova edição da obra *Teleios — o homem completo: O projeto de Deus para a vida masculina* (2013).

Os textos das referências bíblicas foram extraídos da Nova Versão Internacional (NVI), da Biblica, Inc. Eventuais destaques nos textos bíblicos e nas citações em geral referem-se a grifos do autor.

É expressamente proibida a reprodução total ou parcial deste livro, por quaisquer meios (eletrônicos, mecânicos, fotográficos, gravação e outros), sem prévia autorização, por escrito, da editora.

Cip-Brasil. Catalogação na publicação
Sindicato Nacional dos Editores de Livros, RJ

T541h

Titus, Larry
 O homem completo : o projeto de Deus para você / Larry Titus ; tradução Emirson Justino. - 1. ed. - São Paulo : Mundo Cristão, 2024.
 240 p.

 Tradução de: The teleios man : your ultimate identity

 ISBN 978-65-5988-323-3

 1. Jesus Cristo - Exemplo. 2. Homens cristãos - Conduta. 3. Vida cristã. I. Justino, Emirson. II. Título.

24-91423
CDD: 232.904
CDU: 27-31-475

Meri Gleice Rodrigues de Souza - Bibliotecária - CRB-7/6439

Categoria: Inspiração
1ª edição: agosto de 2013
Nova edição: maio de 2024 | 2ª reimpressão: 2025

Revisão
Josemar de Souza Pinto
Diagramação
Luciana Di Iorio
Capa
Jonatas Belan

Publicado no Brasil com todos os direitos reservados por:
Editora Mundo Cristão
Rua Antônio Carlos Tacconi, 69
São Paulo, SP, Brasil
CEP 04810-020
Telefone: (11) 2127-4147
www.mundocristao.com.br

Dedicatória

Devi,
Minha esposa, meu amor, minha força, meu apoio, minha incentivadora, minha amiga, minha inspiração e meu equilíbrio.

Gerações de justiça
Além de Devi, minha linda esposa, quero dedicar este livro a meus filhos maravilhosos, Trina e Aaron. Eles são a alegria da minha vida. O caráter e a vida deles realizaram meus sonhos de pai. Que outra coisa na terra poderia superar a alegria de ver seus filhos servindo e amando a Deus com fervor? Apenas uma coisa: ver seus netos seguindo o exemplo deles. Diante disso, também dedico este livro aos filhos dos meus filhos: Brooke, Brandon, Brittany, Bryson, Melody e Michaela. Vocês tornaram minha vida completa. Bem, não totalmente, pois existem também os bisnetos, Sophia, Isabella, Brielle, Levi, Landon, Anderson e Faith. Assim, consagro e dedico este livro a eles também. E assim sucessivamente.

Sumário

Agradecimentos — 9
Apresentação — 11
Prefácio — 13
Prefácio do autor — 15
Introdução: Relatório de situação — 19

1. Sua identidade: "Sou maravilhoso — você é incrível" — 23
2. Sua mente: Está tudo na sua cabeça — 38
3. Sua moralidade: Os homens de moral diversificada — 50
4. Sua ferida paterna: A cura da ferida paterna — 67
5. Sua liderança: Os homens são o problema — os homens são a solução — 86
6. Seu casamento: Meus outros ¾ — os melhores — 99
7. Sua família: O sol, a lua e as estrelas — 114
8. Seu lar: Cuide da sua casa — 128
9. Seu dinheiro: Onde está, ó dívida, o seu aguilhão? — 153
10. Sua personalidade: Somos cada um de um jeito, graças a Deus! — 172
11. Seus modos: Não há espaço para um cara rude e grosso — 188
12. Seu legado: Reverendo João Cristão — 201

Conclusão: O chamado a todos — 231
Notas — 233
Bibliografia — 235

Agradecimentos

Quero apresentar minha gratidão a várias pessoas que tornaram este livro uma realidade. Em primeiro e principal lugar está minha esposa, Devi. Sua sabedoria e percepção clara e imediata das coisas estão entremeadas em todas as páginas deste livro. Para mim é impossível falar ou escrever sem sentir a graça da influência dela. Devi me concede constantemente presentes espirituais, emocionais e intelectuais de seu rico armazém de experiência. Usando sensibilidade e conhecimento amorosos, ela me encoraja e me apoia incessantemente. Este livro jamais poderia ter sido escrito sem sua inteligência e inspiração.

Você lerá a história de Larry Lee no capítulo 4, intitulado "Sua ferida paterna". A contribuição de Larry aqui foi imensa. Suas sacadas bíblicas, sua espiritualidade e suas habilidades em escrita ajudaram este livro a deixar de ser um conceito para se transformar numa obra finalizada. A amplitude intelectual de Larry e sua integridade espiritual guiaram minha criação em muitas páginas deste livro. Sua ajuda foi simplesmente indispensável.

A experiência em edição e os conselhos sobre estruturação também foram fornecidos por Cristina Papson. Cristina é ex-vice-procuradora geral de justiça do estado da Pensilvânia. O marido de Cristina, Michael Papson, é um importante consultor financeiro de uma grande empresa. Ele adicionou dicas valiosas sobre investimento, incluídas no capítulo 9, "Seu dinheiro". Michael e Cristina são nossos amigos há anos. Eles deram sua contribuição a este livro e compartilham de nossa visão de alcançar o mundo com o evangelho. Nossos corações estão unidos e passamos juntos muitas horas de diversão e comunhão proveitosas.

Michael Weiher e Marilyn, sua esposa, fizeram o trabalho editorial final e julgaram os tis e os is do meu trabalho. Michael é professor de música e regente de coral. Ele também tem o dom da palavra escrita. Michael fez contribuições significativas no capítulo 10, "Sua personalidade". Michael e Marilyn são amigos próximos e fiéis há uma década e estão grudados em mim como esparadrapo.

Jeff Hamilton, amigo de longa data e membro de nosso primeiro ministério em Washington, pegou meu manuscrito finalizado e adicionou *insights* valiosos, sabedoria e texto melhorado em praticamente todos os capítulos. Jeff me conhece muito bem, uma vez que viveu durante uma breve temporada em nossa casa, durante seus primeiros anos na faculdade. Ele tem a habilidade de transformar um material medíocre em um exemplar fora de série em termos de conteúdo. Obrigado por aparecer na hora certa, Jeff, não apenas para este livro, mas também para mim.

Cinquenta anos de ministério e milhares de homens contribuíram para este livro. Encontrei-me pessoalmente com esses homens e lhes falei em conferências, igrejas, prisões, retiros e sessões particulares de aconselhamento. Trocamos milhares de ligações telefônicas, cartas e *e-mails*. Naturalmente, essas vidas afetaram e transformaram profundamente minha própria vida. Os nomes de apenas alguns desses homens aparecem nas páginas deste livro, contudo *todos* os nomes e vidas estão marcados em minha lembrança e em meu coração. Sem exceção, cada um me tornou um homem melhor.

Existe apenas Um, no céu e na terra, verdadeiramente digno de louvor. Um coral no céu canta: "Digno é o Cordeiro que foi morto de receber poder, riqueza, sabedoria, força, honra, glória e louvor!" (Ap 5.12). Contudo, o canto celestial deixa de capturar o reconhecimento de uma raça caída que só pode ser redimida pela graça. Meus esforços insignificantes de um humilde escritor dependem do fôlego dado pelo amor sustentador de Cristo. Sem Jesus Cristo, não há livro, não há casamento e não há perdão eterno. Não há amigos, ministério, realidade, amor ou sentido. Somente o perfeito Homem *teleios* de Deus, Jesus Cristo, nos mostra o caminho para a verdadeira plenitude. Apenas a Jesus dou louvor, ação de graças e gratidão completos. Um dia eu o verei face a face e serei eternamente grato por este livro ser dele — *tudo por ele e tudo para ele.*

Apresentação

JÁ SE PASSARAM VINTE anos desde que ouvi uma das minhas citações favoritas. O que me chama a atenção é como ela vai fundo — é mais do que inteligente; ela é *semelhante a Cristo*: "O mais importante é manter o mais importante como o mais importante!". Espero que ninguém se ofenda com o fato de essa não ser uma citação extraída da Bíblia, especialmente depois de eu ter dito que ela é muito "semelhante" a Jesus. Mas eu ainda a apoio, porque o que Jesus exemplificou pela maneira de usar o tempo apresenta seu entendimento do que era "o mais importante". Jesus passou mais tempo de seu ministério "discipulando homens" do que fazendo qualquer outra coisa.

É disto que trata este livro: discipulado. Ele discorre sobre *moldar, desenvolver, mentorear, ensinar* e *nutrir* homens de maneira que eles se tornem *bastante autênticos*, ainda que *não* "muito religiosos". Foi exatamente isso o que Jesus fez ao lançar o fundamento para estabelecer sua igreja.

1. Sim, ele morreu para prover salvação para a humanidade e abriu possibilidades para a existência de sua igreja.
2. Sim, ele ressuscitou dos mortos e, por meio de sua cruz, alcançou o primeiro item; ele deu à igreja uma mensagem vivificadora.
3. Sim, ele enviou seu Espírito, derramando "poder do alto" para capacitar a igreja — seu povo — a efetivamente ir "pelo mundo todo" com suas obras, assim como com sua Palavra (Lc 24.49; Mc 16.15).

Mas Jesus se concentrou em discipular homens. Não há razão para usar isso como justificativa para uma indevidamente suposta indiferença dele em relação às mulheres. Seu ministério não apenas elevou a posição das mulheres de sua época, como também abriu atemporalmente portas de propósito e ministério para as mulheres, demolindo tradições antigas de chauvinismo masculino. Todavia, sua principal prioridade foi discipular homens. Ele investiu uma enorme quantidade de tempo capacitando um grupo de homens a encontrar seu caminho em meio a hábitos, síndromes, preocupações e padrões que tendem a ser armadilhas para homens.

Esse é o padrão que a igreja viva tem usado desde aquele dia até hoje, e, sempre que os líderes captam essa ideia, recebem recursos que ajudam a cultivar ministérios eficientes com homens. É por isso que estou tão feliz por fazer a apresentação deste livro de Larry Titus.

Larry tem um plano para "desarmar as armadilhas", e tenho visto a prova do que acontece quando homens se abrem para o tipo de "libertação masculina" que seus recursos fornecem. Larry — como autor, pastor, professor, mentor individual, orador para pequenos grupos ou multidões, conselheiro ou missionário apostólico às nações — se comunica com eficácia e ajuda homens a se transformarem naquilo que o verdadeiro discipulado em Cristo pode torná-los.

Este manual pode ser sua melhor condensação desses princípios — um manual dinâmico que você pode usar, meu caro — seja na condição de líder de outros, de colega que se associa a outros para juntos seguirem adiante em Cristo, seja simplesmente como um plano de discipulado para ser implementado individualmente.

Portanto, "mantenha o mais importante como o mais importante". Envolva-se no discipulado de homens — começando com o homem que Deus quer que você mesmo seja. Este livro vai ajudá-lo a usar o Livro para chegar lá: é "a coisa certa".

O homem completo é para Deus e para os homens, porque, quando os maridos crescem, as esposas ganham; e conforme os homens crescem, as mulheres são libertas.

Jack Hayford
Presidente da The King's University and Seminary
Pastor-fundador da The Church On The Way

Prefácio

Embora haja muitos livros escritos para as mulheres cristãs, há uma carência de livros para os homens. Existe uma boa razão para isso: é difícil escrever para os homens. Eles são menos abertos do que as mulheres e têm mais dificuldades em compartilhar os desafios do coração. É necessário um homem, como Larry, com perseverante caminhada com Deus e longa experiência pastoral, para acessar esses lugares mais escondidos do coração masculino.

Larry tem vivência e experiência, além de caminhada com Deus e relacionamento com homens de muitas nações. Não é por acaso que *O homem completo* é tão bíblico e prático, apresentando respostas para os desafios que experimentamos como homens. Endosso este livro e recomendo sua leitura!

Gustavo Bessa
Pastor e líder do Ministério Diante do Trono

Prefácio do autor

Quando eu tinha 18 anos, fui tocado por um evento muito intenso que moldou o restante da minha vida. Estava no segundo semestre do primeiro ano do seminário, preparando-me para o ministério e já sem dinheiro. Meu pai idoso não conseguia mais pagar meus estudos. Ele sofrera um derrame e não podia mais trabalhar. Minha mãe era evangelista itinerante em tempo integral e mal conseguia sobreviver. Eu trabalhava, mas não era suficiente. Gostava de estudar, mas meus sonhos de uma educação em nível superior pareciam estar se dissipando. Eu não podia fazer nada em relação a isso. Foi então que aconteceu. Um homem entrou em minha vida e mudou o curso do meu futuro.

De repente, houve uma parada nas notícias ameaçadoras que eu estava recebendo do departamento financeiro da faculdade. Elas foram substituídas por declarações que davam conta de pagamentos inexplicáveis na minha conta corrente da faculdade.

Depois de um pouco de investigação e de persuasão paciente, descobri o nome do meu benfeitor. Era meu professor de grego e hebraico. Corri até ele imediatamente.

— Dr. Rider, o senhor não deveria pagar minhas contas. O senhor não ganha o suficiente para isso!

— Pelo contrário — respondeu ele —, nós *precisamos* pagar sua conta. Sabe, quando eu e minha esposa nos casamos, decidimos que, em vez de investir em ações e fundos, investiríamos em pessoas. Não estamos simplesmente pagando suas contas, Larry; estamos investindo em seu futuro. Dessa maneira, por onde você for, e a quem você alcançar para Jesus, parte dos dividendos voltará para nós.

Desde aquele dia, também tenho investido em pessoas. Pessoas de todos os tamanhos, formas, modos de vida, situação econômica, raça ou passado religioso têm sido parte da minha carteira de investimentos. Quero ver pessoas, especialmente homens, mudando e se tornando tudo o que Deus quer que eles sejam: homens *teleios*. Meu objetivo é influenciar intencionalmente para Cristo todo homem que eu vir.

Sim, durante meus 50 anos de ministério, sendo 34 deles como pastor titular, tenho investido em homens. Eu os chamo. Passo tempo com eles. Levo homens em viagens ministeriais, oro por eles, mando-lhes *e-mails* e os discipulo. Tenho ajudado a pagar sua formação acadêmica, além de viagens missionárias, participação em seminários e roupas. Envio cartões de aniversário, dou dinheiro a seus filhos, divido despesas em projetos especiais, ajudo a iniciarem seus próprios negócios, faço o casamento deles, ajudo a pagar sua lua de mel, apresento seus filhos na igreja e ajudo a fazer mudança de casa. Já caminhei com eles por provações e preguei em funerais quando pessoas queridas deles faleceram.

Investi em homens em todos os continentes — milhares deles. Em todo tempo e em todo lugar, com grande determinação, investi em homens. Creio com fervor que um grande monumento tem se levantado como memorial para o professor piedoso que investiu em mim. Seus dividendos se acumularam, e, através de Cristo, ele tem dado enorme retorno.

Na primeira vez em que preguei na Índia, uma multidão de 35 mil pessoas já estava reunida. Esperava meu intérprete para subir ao palco. "O senhor se lembra de mim?", disse ele. "Meu nome é K. C. John. Fui para os Estados Unidos com planos de frequentar um seminário bíblico, mas não tinha fundos. Alguém me levou à sua igreja, e o senhor levantou uma oferta para que eu pudesse me matricular." Fiquei impressionado! Maravilhoso! O homem que seria meu primeiro intérprete na Índia era o mesmo homem no qual havíamos investido anos antes, ao pagar sua escola. O investimento do meu professor continuava a crescer!

Os anos que restam em minha vida são cada vez menores e oro intensamente por uma maneira de expandir meu círculo de ensino e orientação, que é o meu próprio investimento. Este livro nasceu do clamor desesperado do meu coração para treinar e orientar inúmeros homens que ainda precisam que alguém invista na vida deles. Digo a esses homens: ainda que seja improvável que venhamos a nos conhecer, quero transmitir os princípios essenciais que tenho juntado e ensinado nas últimas cinco décadas. Depois, você poderá passá-los a outros! Adoraria ser seu pai espiritual se pudesse, mas não posso. Assim, passo a você os tesouros do meu coração, na esperança de que os passe a outros homens que não posso alcançar.

O homem completo, em termos bíblicos, é o homem *teleios*, palavra grega que significa "pleno, finalizado, perfeito — nada mais é necessário". Esta é a vontade de Deus para você. Ao referir-se à frase que Jesus disse na cruz — "Está *consumado*" —, o termo grego usado na Bíblia é *teleios*.

Quero que você seja esse homem *teleios* — o homem completo, consumado —, que tem aprendido e exemplificado verdades que garante equilíbrio e maturidade. Quero ensinar-lhe coisas que serão parte de seu futuro e das gerações que o seguirão. Passo a você o desejo do meu coração de investir em pessoas e de glorificar a Cristo.

Homens, esse é o meu objetivo para vocês. Quero que encontrem esse lugar de consumação em Cristo. Vocês *podem* se apropriar dessa nova identidade.

No amor e no reino de Jesus.

LARRY TITUS

Introdução
Relatório de situação

A MAIORIA DOS HOMENS nos Estados Unidos e no restante do mundo está numa situação horrível. Perderam o rumo. A autoimagem que possuem está borrada e confusa. Estamos entrando agora na terceira geração de homens que cresceram em famílias disfuncionais e não têm ideia do que precisam fazer e ser na vida. Os homens estão desesperadamente necessitados de alguém que acredite neles, que os encoraje, discipule e capacite. Esses homens também estão carentes de orientação prática específica quanto ao significado de ser um marido piedoso, maduro e equilibrado. Precisam saber como ser pais e líderes. A obra de Cristo no passado é nossa fonte de recurso aqui e agora. Fomos à cruz em busca de salvação. Alcançamos expiação no sacrifício perfeito de Cristo em favor de nossa justiça. Fomos até as marcas nas costas de Jesus em busca de cura. Fomos à vitória de Cristo no deserto em busca de nossa vitória sobre a tentação. Por fim, fomos até a fundação da terra, onde Deus nos planejou, antes do início do tempo, para encontrar nossa identidade e nosso propósito futuro na vida.

Homens que desejam sinceramente ver sua vida transformada geralmente começam nos erros do passado e trabalham a partir dali. Isso simplesmente não vai funcionar. É como dizer a uma criança durante toda a sua vida que ela é um fracasso e, então, esperar que tenha uma mentalidade de sucesso. *Este livro fala sobre começar no final e trabalhar dali para trás.* Você já é completo em Cristo. Não é algo que você realiza, mas algo que Jesus já concluiu por você. O Pai o vê através de Cristo! Agora depende de você trabalhar nos detalhes.

O objetivo deste livro é agir como Cristo: começar com a realidade presente e trabalhar dali para trás. Em vez de inutilmente escavar seu passado, começarei com a obra consumada de Cristo e lhe mostrarei como progredir para a frente ao caminhar *para trás até a vida de Cristo.*

Você recebeu um enorme dom e está prestes a ouvir quão incrível será a obra de Cristo em sua vida. Posso lhe garantir que ouvirá ecos e questionamentos de sua velha natureza que podem tentar diminuir a obra de Jesus. Eles soarão mais ou menos assim:

> Você recebeu um enorme dom e está prestes a ouvir quão incrível será a obra de Cristo em sua vida.

- "O que dizer dos meus pecados?"
  Eles já foram perdoados!
- "E a minha natureza pecaminosa?"
  Você tem uma nova natureza, na qual o pecado não é natural!
- "E quanto à lembrança dos meus pecados?"
  Seus pecados foram cobertos pelo sangue de Cristo e jogados no mar do esquecimento!
- "O que dizer do meu velho homem?"
  Ele está morto e não existe mais!
- "E aqueles teimosos padrões de comportamento e tentações, o que dizer deles?"
  Cristo já triunfou sobre toda forma de tentação sem pecar, e você se tornou a justiça de Deus em Cristo. Você está compartilhando da vitória dele.
- "Como as pessoas me verão?"
  Provavelmente como você era, mas isso não importa, contanto que você se veja como Cristo o vê.
- "Como então posso ser completo?"
  Em Cristo você já é. Você é um homem teleios!

Portanto, venha comigo, voltemos ao plano de ensino. Em Cristo, o passado se foi. No momento em que você recebeu Jesus como seu Senhor e Salvador, toda retidão e toda perfeição passaram a ser suas. Agora, mude seu comportamento de modo que ele esteja de acordo com sua nova situação! Este livro é planejado para ajudá-lo a fazer isso. Estou agindo como seu mentor e já vi esses princípios funcionarem de maneira consistente e bem-sucedida! *Não é* uma questão de obter a plenitude; você *já é* completo através de Cristo. Significa simplesmente que você se conforma à sua nova imagem — o seu novo homem.

Eis os principais conceitos na estratégia para ajudar cada um de nós a nos conformarmos a Cristo no novo homem. O homem *teleios*:

- Sabe que sua vitória é alcançada ao deixar que Cristo viva através dele.
- Não usa frases derrotistas como "Bem, não sou perfeito". Ele escolhe viver na perfeição de Cristo e falar uma linguagem afirmativa.
- Não está livre do pecado em seu comportamento, mas luta para pecar menos.
- Opta por colocar Cristo, sua esposa e sua família acima de quaisquer outros interesses.
- Leva o corpo, a alma, a mente e o espírito à sujeição a Cristo.
- Faz de Cristo seu objetivo em todas as coisas e procura replicar a vida de Jesus e viver em sua perfeição.

Toda a sua vida deve se conformar a uma coisa: *Deus já criou você completo em Cristo!* Seu trabalho é começar a parecer com quem você é, em vez de com quem você *foi*.

Paulo declara em 2Coríntios 5.21: "Deus tornou pecado por nós aquele que não tinha pecado, para que nele nos tornássemos justiça de Deus". Isso é de cair o queixo, não é? Quando recebemos Cristo, trocamos com ele todo o nosso pecado e impiedade por sua perfeição e justiça.

Recomendo a leitura e a memorização dos versículos a seguir sobre sua nova posição em Cristo:

> Portanto, já que vocês ressuscitaram com Cristo, procurem as coisas que são do alto, onde Cristo está assentado à direita de Deus. Mantenham o pensamento nas coisas do alto, e não nas coisas terrenas. Pois vocês morreram, e agora a sua vida está escondida com Cristo em Deus.
>
> COLOSSENSES 3.1-3

Portanto, se alguém está em Cristo, é nova criação. As coisas antigas já passaram; eis que surgiram coisas novas!

2Coríntios 5.17

Fui crucificado com Cristo. Assim, já não sou eu quem vive, mas Cristo vive em mim. A vida que agora vivo no corpo, vivo-a pela fé no Filho de Deus, que me amou e se entregou por mim.

Gálatas 2.20

E a perseverança deve ter ação completa, a fim de que vocês sejam maduros e íntegros, sem lhes faltar coisa alguma.

Tiago 1.4

Portanto, fomos sepultados com ele na morte por meio do batismo, a fim de que, assim como Cristo foi ressuscitado dos mortos mediante a glória do Pai, também nós vivamos uma vida nova. Se dessa forma fomos unidos a ele na semelhança da sua morte, certamente o seremos também na semelhança da sua ressurreição. Pois sabemos que o nosso velho homem foi crucificado com ele, para que o corpo do pecado seja destruído, e não mais sejamos escravos do pecado; pois quem morreu, foi justificado do pecado.

Romanos 6.4-7

Até que todos alcancemos a unidade da fé e do conhecimento do Filho de Deus, e cheguemos à maturidade, atingindo a medida da plenitude de Cristo.

Efésios 4.13

Nós o proclamamos, advertindo e ensinando a cada um com toda a sabedoria, para que apresentemos todo homem perfeito em Cristo.

Colossenses 1.28

1 Sua identidade

"Sou maravilhoso — você é incrível"

Eu falava num retiro para homens nas Montanhas Rochosas do Colorado. Lá no meio da plateia masculina, notei um homem que parecia sofrer de uma pesada depressão. Enquanto os demais adoravam, "Craig" murmurava as palavras e parecia perdido numa luta interior, um tormento que o mantinha constantemente perplexo e com o olhar voltado para baixo. Meu coração se doeu por ele e orei pedindo uma oportunidade para que compartilhássemos e orássemos juntos.

Nós nos encontramos pouco depois e comecei a ouvir Craig me falar sobre sua vida. Ele tinha 2 anos quando seus pais se divorciaram. Nos primeiros anos de vida, viveu ora com a mãe, ora com o pai, ora com a avó. Aos 13 anos, sua avó o levou à casa de seu pai para uma visita. Ele correu para abraçá-lo, mas seu pai estava deitado no sofá, morto. Uma fita cassete dentro de um gravador girava ao lado do corpo.

Ao lado do corpo inerte, Craig voltou a fita e ouviu, entorpecido, seu pai dizer: "Craig, você é a razão de eu ter me matado". A gravação terminava com o som de uma respiração difícil e, então, nenhum outro som.

Craig saiu pela porta dos fundos e começou a viver nas ruas de Denver. Roubou comida de bêbados e dormia em lixeiras. Durante a noite, ficava atento à chegada dos caminhões de lixo.

Certa noite, enquanto dormia profundamente, Craig não ouviu o caminhão caçamba se aproximar, e o motorista terminou rebocando a caçamba com Craig dentro dela. Seu corpo não caiu no compactador, do contrário ninguém teria visto Craig de novo. Em vez disso, ele caiu no para-brisa do caminhão e foi levado imediatamente para a delegacia.

Havia coerência no fato de Craig viver numa caçamba de lixo, pois era assim que ele via a si mesmo — apenas lixo, um rapaz que levara seu pai ao suicídio.

Durante aquele retiro nas Montanhas Rochosas, consegui compartilhar com Craig a verdade de que ele não fora responsável pela morte de seu pai. Eu lhe disse que seu pai tomara sozinho a decisão de acabar com a própria vida. Então comecei a lhe explicar quanto ele era especial e como Deus o amava. Embora seu pai terreno tivesse falhado com ele, seu Pai celestial nunca falharia. Prossegui e descrevi como Deus havia investido na vida dele e que futuro incrível Deus tinha em mente para ele.

Se há uma coisa que não suporto é ver um rapaz sem pai. Eu ficaria muito feliz em adotá-lo imediatamente. Enquanto colocava meus braços ao redor de Craig, vocalizei o que seu pai verdadeiro não fora capaz de dizer: "Craig, eu o amo e tenho orgulho de você". Com essas palavras e aquele abraço, as emoções acumuladas em razão de anos de ira, mágoa, rejeição e medo começaram a sair das profundezas de Craig. Ele soluçou levemente, e seu coração começou a derreter. Ele estava sendo liberto.

No dia seguinte, enquanto Craig ia embora de carro do acampamento, ele me viu, abaixou o vidro do carro e, com o maior sorriso que um homem poderia dar, gritou: "Eu te amo!".

Minha experiência com Craig não é incomum. De fato, é uma história bastante corriqueira no mundo de hoje. Com o passar dos anos, já aconselhei centenas de homens cuja autoimagem foi praticamente destruída durante uma juventude dolorosa e repleta de abusos. Aqueles rapazes cresceram feridos e seguiam pela vida mancando. Mesmo depois de se achegarem a Cristo e de receberem perdão dos pecados e experimentarem o novo nascimento, eles ainda enfrentavam dificuldades com a maneira de ver a si mesmos. Ainda mais devastadora era a forma como imaginavam que Deus os enxergava. Alguém lhes havia contado uma mentira que eles internalizaram e para a qual não encontravam cura ou alívio.

Como era grande a "ferida paterna" naqueles homens! Já vi homens ajuntarem enormes fortunas e adquirirem fadiga incapacitante enquanto tentavam curar as feridas paternas. Homens construíram músculos em academias, na esperança de se defenderem de mais ferimentos. Homens procuram consolo em relacionamentos em série com mulheres. Outros homens usam substâncias tóxicas, na esperança de ter um ou dois momentos passageiros durante os quais sua dor seja esquecida. Nas prisões, vi rostos duros e determinados de presos se ensoparem repentinamente de lágrimas enquanto falavam das suas feridas paternas.

Com muita frequência, lamentei e chorei com homens que ainda sangram por causa do tremendo abuso e da rejeição passada que seus pais cometeram. Alguns desses rapazes nem sequer tiveram um pai — uma "ferida paterna" que dói ainda mais fundo.

Existe uma equação imensamente simples, mas devastadoramente cruel, que não foi resolvida na vida desses homens. Embora existam provas de renascimento em Cristo neles, também existem crenças profundamente arraigadas de desmerecimento diante de Deus. Eles resolvem tudo isso ao crer erroneamente que o amor de Deus por eles é de alguma maneira condicional. Sua matemática está errada. Eles acreditam que nasceram de novo, mas se sentem indignos e imaginam que o amor de Deus por eles é condicional em algum aspecto. Esses homens feridos esperam que Deus os castigue a qualquer momento — como o pai deles fez. Sabem que Deus poderia caprichosamente rejeitá-los — como o pai deles fez. Quem pode adorar um Deus assim de maneira entusiasmada e livre?

Você é incrivelmente especial para Deus

Antes de se tornar um homem *teleios* (o homem aclamado que Deus o chamou a ser), seu pensamento deve mudar. Você deve começar a se ver sob uma nova ótica, e isso significa ver a si mesmo exatamente da mesma maneira que Deus o vê: como Incrível! Você deve concordar com Deus e saber quanto é especial. Ele o considera *maravilhoso*. Isso não é retórica religiosa. Deus tem por você tamanha consideração que tem investido em sua vida desde antes do seu nascimento. Ele tem planos para sua vida! De fato, ele estava

> Você deve começar a se ver sob uma nova ótica, e isso significa ver a si mesmo exatamente da mesma maneira que Deus o vê: como Incrível!

planejando sua vida antes de o tempo começar. Dê uma olhada em alguns desses temas e versículos na Bíblia.

- "Porque Deus nos escolheu nele antes da criação do mundo..." (Ef 1.4).
- "Nele fomos também escolhidos, tendo sido predestinados conforme o plano daquele que faz todas as coisas segundo o propósito da sua vontade" (Ef 1.11).
- "Mas Deus me separou desde o ventre materno..." (Gl 1.15).
- "Porque somos criação de Deus realizada em Cristo Jesus para fazermos boas obras, as quais Deus preparou antes para nós as praticarmos" (Ef 2.10).
- "Tu criaste o íntimo do meu ser e me teceste no ventre de minha mãe. Eu te louvo porque me fizeste de modo especial e admirável. Tuas obras são maravilhosas! Digo isso com convicção [...] Os teus olhos viram o meu embrião; todos os dias determinados para mim foram escritos no teu livro antes de qualquer deles existir" (Sl 139.13-14,16).
- "Antes de formá-lo no ventre eu o escolhi; antes de você nascer, eu o separei" (Jr 1.5).
- "'Porque sou eu que conheço os planos que tenho para vocês', diz o Senhor, 'planos de fazê-los prosperar e não de lhes causar dano, planos de dar-lhes esperança e um futuro'" (Jr 29.11).
- "Estou convencido de que aquele que começou boa obra em vocês, vai completá-la até o dia de Cristo Jesus" (Fp 1.6).

A Bíblia ensina que Deus habita na eternidade, em vez de debaixo das limitações do tempo imaginado pelos humanos. Lemos em Salmos 90.2: "Antes de nascerem os montes e de criares a terra e o mundo, de eternidade a eternidade tu és Deus". Podemos dizer que o tempo humano está completamente encapsulado ou até mesmo "engolido" dentro da eternidade.

Porque Deus é eterno e soberano, por meio desse conhecimento prévio ele sabe todas as coisas antes que elas se tornem "história". Por exemplo: Atos 2.23 e 4.28 deixam claro que Jesus foi entregue à crucificação por propósito determinado e pré-conhecimento de Deus. Os romanos e os judeus simplesmente colocaram o plano em prática. Sua salvação, de acordo com João 1.13, não ocorreu porque você, seus pais ou qualquer outro ser humano a tivessem determinado. Foi Deus quem fez o Espírito Santo gerar vida em você pela vontade soberana dele. Como Paulo diz em Efésios 1.4, fomos escolhidos nele antes do início do tempo.

Você é a cara do seu Pai

Já ouviu alguém lhe dizer "Você é a cara do seu pai"? Aprendemos na Bíblia que Deus nos criou à sua imagem (Gn 1.27; 1Co 11.7). A palavra grega para "imagem" é *icon*. Você é um reflexo direto e uma representação, como um ícone, do seu Criador. Ele o moldou à imagem dele. Você tem a natureza criativa dele dentro de si. Ele o teceu no ventre da sua mãe e o criou de modo especial e admirável (Sl 139.13-14). Alguém já disse que, se Deus tivesse uma geladeira, ele colocaria sua foto na porta do refrigerador. Acredito nisso. Uma vez que foi feito à imagem dele, você é incrivelmente especial para ele. Como qualquer pai coruja, Deus se alegra ao olhar sua foto colada na geladeira dele.

Outra pessoa disse: "Jesus tinha você em mente quando foi pendurado na cruz". Não posso discordar disso. Estou certo de que ele agiu assim. Mas seu amor por cada um de nós vem de muito antes da cruz de dois mil anos atrás. O amor de Deus se estende até a fundação do universo, quando ele imaginou você. Esteja ciente de que, de acordo com os textos bíblicos citados acima, você não foi um acidente. Nem mesmo naquelas situações humanas em que uma criança é concebida "por descuido" você foi um acidente na mente de Deus. Não há acidentes com Deus. Deus planejou, projetou e propôs especificamente seu destino pessoal antes da criação do mundo. Ele não começou a tecê-lo no ventre da sua mãe sem antes desenhar amorosamente um esboço de você. Agora, o Espírito Santo trabalha continuamente na terra para realizar aquilo que o Pai ordenou antes de o tempo começar.

Todas as coisas relacionadas a você, desde seu DNA maravilhosamente complexo, seu propósito e seu destino, foram planejadas por seu Criador na eternidade, muito antes de o tempo começar. Deus não estava trabalhando descuidadamente em sua criação. Você não foi um pedaço de barro jogado contra uma parede cósmica por um Deus entediado. Não! Você é o resultado direto da mente criativa dele, e foi feito à imagem dele. Por favor, reserve um momento para ponderar sobre isso. Você tem de ficar animado, entusiasmado e tranquilo diante da constatação de que vem de um projeto soberano, predeterminado e amoroso de Deus.

Depois de cada um dos dias criativos, em Gênesis 1, Deus usou a palavra hebraica *tov*, que significa "bom". Ele proclamou que os primeiros cinco dias foram todos *tov*, ou "bons". Mas quando ele criou Adão, a reação de Deus, conforme a versão hebraica registra, foi "bom, bom!". De acordo com a "tradução ampliada, expandida e enfatizada de Larry Titus", depois de ter criado você, Deus disse: "Uau! Eu fiz um trabalho realmente bom com ele! Ele é bom, bom!". Posso vê-lo batendo as mãos e transbordando de alegria diante de sua realização. Ao criá-lo, Deus colocou a natureza dele dentro de você. O DNA e a imagem dele, suas habilidades criativas, sua personalidade e sua capacidade de imaginar estão dentro de você. Contudo, ele o criou de modo *singular*. Deus o criou para ser especial. Não existe ninguém como você no mundo. Você é uma obra-prima original.

É comum vermos pessoas atacarem os que se consideram "originais", por causa de suas características particulares. Com sarcasmo, as pessoas dizem: "Quando criou você, Deus realmente jogou o molde fora".

O fato é que isso é mais preciso do que elas possam imaginar. Mas não são apenas algumas pessoas "singulares" que Deus criou como originais: são todas. Você é o único semelhante a você no mundo, e posso dizer "glória a Deus!" por isso, sem sequer um grama de sarcasmo. Sou grato por sua originalidade e louvo a Deus por sua singularidade.

Entender como Deus o vê e o valoriza é a chave para mudar a maneira de você ver e valorizar a si mesmo. Lemos em Números 13.33: "Vimos também os gigantes, os descendentes de Enaque, diante de quem parecíamos gafanhotos, a nós e a eles". Essas palavras foram ditas mil e quatrocentos anos antes de Cristo por dez dos doze espias que voltaram para relatar à nação de Israel sua experiência na terra de Canaã. Os espias não haviam de fato conversado com gigantes, cuja aparência eles apenas exageraram. Não havia como eles realmente saberem o que os gigantes haviam pensado deles. Poderia essa ser uma descrição do que eles pensavam de si mesmos?

Dez agentes secretos do passado apresentaram um relatório impreciso. Dois milhões de israelitas acreditaram na história deles e passaram a noite chorando. Por que apenas Josué e Calebe (dois homens em meio a dois milhões de pessoas) viram os mesmos gigantes, mas voltaram trazendo um relatório de esperança, dizendo "Podemos dar conta deles"? E, por fim, eles deram. De toda a multidão daquela primeira geração de israelitas, Josué e Calebe foram os únicos homens a quem Deus permitiu que entrassem na terra prometida.

Duzentos e cinquenta anos depois, um menino pastor chamado Davi, armado com uma pedra de rio e o nome do Senhor, destruiu Golias, o gigante dos gigantes. Ao que parece, não se exige um exército quando se tratava de lutar com gigantes. Uma pessoa pode fazê-lo! Mas essa pessoa não verá a si mesma como "um gafanhoto". Ela verá a si mesma como alguém que tem o coração, a habilidade e a bênção de Deus para matar gigantes.

Você precisa mudar a maneira de ver a si mesmo. Nenhuma outra pessoa pode fazer isso. Mas estou aqui para mostrar-lhe como fazê-lo! Se você vai se tornar um gafanhoto ou um matador de gigantes, depende da maneira de se enxergar. Se a sua autoimagem é a de um fracasso indescritível, um joão-ninguém, um perdedor — pare! —, você está com a imagem errada! Digo-lhe de modo enfático que Deus o vê como um matador de gigantes! Você não é um gafanhoto. Você tem a mesma capacidade de matar gigantes!

A maioria dos homens simplesmente não se considera muita coisa, e, quando alguns rapazes têm um respeito próprio saudável, podem ser acusados de arrogância. Você sabe que raramente vi um homem que considero verdadeiramente arrogante. E muitos homens aparentemente arrogantes estão simplesmente erguendo paredes de defesa.

Nosso senso de valor próprio e de valorização

Talvez alguns de nós estejamos na pequena minoria de homens nascidos em lares equilibrados onde amor não condicional era distribuído livremente. Um senso saudável de valor próprio surgiu naturalmente num ambiente apoiador e capacitador. Papai e mamãe estavam disponíveis para treinar e nutrir, e o resultado foi um senso interior de segurança, valorização e valor próprio.

Muitos outros homens cresceram num ambiente emocionalmente perigoso, gerado por um pai ausente, desconectado, distante, exigente, disfuncional, motivado por desempenho, alcoólico ou abusivo. Esses filhos tiveram que encontrar seu valor próprio, e, inevitavelmente, foi um valor próprio baseado em fatores externos. Se isso descreve você, esses fatores incluem sua aparência, seu intelecto, sua aptidão atlética, seus músculos, suas habilidades musicais, sua destreza em atrair garotas, seu carro, sua capacidade de ganhar dinheiro, sua firmeza ou, em alguns casos, seu mau comportamento.

Depois do ensino médio ou da faculdade, ainda motivado pelo desempenho, você precisou lidar com sua autoestima baixa. Provavelmente trocou seu sistema de valores mais jovem pela validação oferecida no ambiente de trabalho. Você pensou: "Afinal de contas, se eu me der bem em minha ocupação, começarei a me sentir bem em relação a mim mesmo de novo". E terá de admitir que todas aquelas habilidades "prazerosas" que tinha no ensino fundamental e no ensino médio estavam evaporando rapidamente. Os músculos começam a ficar flácidos, os joelhos para o futebol e o basquete entregam os pontos, o cabelo afina, os neurônios começam a morrer, a barriga começa a aparecer e as garotas desaparecem.

Desse modo, à medida que os fatores externos passam a ser menos relevantes, o ambiente de trabalho fornece novas maneiras de você medir a si mesmo. Mas o que acontece se as coisas não derem certo no trabalho? E se você perder seu emprego ou não atingir a meta? E se outros forem promovidos antes de você? O que você faz se o seu pagamento sempre ficar abaixo das necessidades da sua família?

> O verdadeiro valor próprio não vem de algo que realizamos ou adquirimos.

Por fim, todos aqueles fatores externos que lhe davam o valor próprio vão se desintegrar e desapontar. Você descobrirá que apenas o valor que Deus coloca em você traz significado real e duradouro. Ele se baseia na maneira de Deus ver você. Baseia-se no amor incondicional que ele tem por você. Baseia-se em sua disposição de ver a si mesmo como Deus o vê.

O verdadeiro valor próprio não vem de algo que realizamos ou adquirimos. Vem apenas do valor que o próprio Deus colocou em nós *porque somos criação dele*. Uma vez que o seu verdadeiro valor, sua autoestima e seu senso interno de valor só podem vir de fato de Deus, então é hora de começar a ver a si mesmo sob uma ótica completamente diferente. Você não pode mais julgar a si mesmo pelo que faz ou possui. *Aos olhos de Deus, você é maravilhoso — não por algo que você tenha feito, mas apenas pelo que ele fez.* Digo repetidamente aos homens: "Você é maravilhoso, e você nem sequer pode evitar isso. Deus o criou desse jeito".

O QUE ACONTECE QUANDO VOCÊ SE MENOSPREZA?

O que acontece quando você se condena ou se menospreza? Considere que Deus o conhecia antes de o tempo começar e que o criou à imagem dele. O que acontece quando você ataca a si mesmo? Ao se destruir, está desafiando diretamente a opinião que Deus tem de você. Se Deus acha que você é espetacular e você se acha inferior, você não está em conformidade com Deus. Ele está sempre certo e, até que veja as coisas da maneira dele, você nunca estará em paz.

Considerar-se inferior, e não aquilo que Deus considera, resulta em baixa autoestima. Acreditar em si mesmo e ver a si mesmo como Deus o vê — como totalmente maravilhoso — não é arrogância. É simplesmente concordar com Deus. Para trazer glória a Deus, você deve concordar com a avaliação que ele faz de você. Pense e diga a si mesmo com regularidade: "Sou maravilhoso porque Deus me criou dessa maneira". Quando e se alguém o elogiar por qualquer coisa, aceite graciosamente o elogio, mas diga internamente: "Isso é para ti, Deus, porque me criaste desta maneira".

Enquanto escrevo isto, espero com fervor que você possa receber meu conselho como o faria se fosse dado por um pai de confiança ou por um mentor. Quero incentivá-lo a despertar cada dia e começar imediatamente louvando a Deus. Quero que diga: "Obrigado, Deus, por fazeres de mim um homem maravilhoso. Foi dessa maneira que me criaste e dou toda a glória a ti. Criaste-me como uma joia. Posso ser um diamante bruto, mas ainda sou uma joia de alta qualidade e valor. Criaste-me para ser bem-sucedido, não para fracassar. Começaste a me arrumar antes mesmo de eu ter nascido, e ainda trabalhas comigo por causa da tua bondade. Eu te louvarei continuamente por isso. Obrigado por me criares à tua imagem. Obrigado por colocares tua energia criativa, tua imagem e tuas habilidades dentro de mim. Obrigado por teres um plano para a minha vida antes mesmo de eu ter nascido. E, embora não saiba todos os detalhes dele agora, algum dia saberei. Até lá, confiarei em ti. Fui criado de modo especial e admirável, exatamente como querias. Até que chegue o dia em que revelarás plenamente tua glória em mim, continuarei a te louvar por me fazeres especial. Sou maravilhoso e te agradeço por isso".

Maravilhoso ou arrogante?

Os legalistas religiosos entre nós podem ter a preocupação de que tal pensamento resulte numa atitude arrogante. Para impedir que sua maravilha se transforme em arrogância, simplesmente lembre-se de que tudo o que você é e possui vem de Deus. Sem ele você não pode fazer nada. Gosto muito da história de Pat Robertson: "Teria sido muita estupidez do jumento que carregava Jesus durante a entrada em Jerusalém presumir que as pessoas o estavam aplaudindo, e não a Jesus". Nunca se esqueça de quem é o jumento e quem é aquele que está montado nele. Mais uma vez, não penso de fato que a arrogância seja um problema para a maioria dos homens. Muito pelo contrário, os homens, na maioria, pensam que são o jumento.

Os homens costumam me dizer: "Simplesmente não sou digno". Minha resposta a isso é: "Quem é?". Lemos em Apocalipse 5 que ninguém no céu ou na terra é digno; apenas Jesus. Dignidade não é o ponto aqui! Se fôssemos dignos, por que precisaríamos da graça? Não, a questão é: talvez você não seja digno, mas é insubstituível. Deus o criou exatamente da maneira que queria que você fosse, e ele o ama como é.

Suas habilidades, seus talentos, sua personalidade, sua aparência e seu sucesso vêm todos de Deus. É apenas a ele que devo louvar se minha vida produzir qualquer coisa de valor; devo culpar somente a mim se ela não produzir, pois falhei em aceitar quem eu sou nele. É pela graça dele que sou quem sou, e sem ele não posso fazer nada. Jamais devo me esquecer disso. Você pode ser um gafanhoto ou um matador de gigantes, e a maneira de ver a si mesmo é o que determina o resultado. Espero poder me encontrar com você um dia desses! Adoro me encontrar com pessoas incríveis. Nós dois sabemos que você é maravilhoso porque Deus o criou dessa maneira.

Os outros também são incríveis

Isso é tão importante que insisto em que leia esta frase duas vezes: *Depois de entender quão importante e especial você é para Deus, você também deve entender como ele considera importantes os outros filhos dele.* (Por favor, leia isso mais uma vez.) Não basta saber que em Deus você é maravilhoso. Você também precisa ver os outros como Deus os vê — igualmente maravilhosos!

Jesus deixou claro em Mateus 19.19 que você deve amar seu próximo como ama a si mesmo. Lembre-se de que, num primeiro momento, essa ideia de amor "próprio" pode parecer simplesmente egoísta e egocêntrica. Mas creio que existe uma verdade importante a ser aprendida nesse versículo. Primeiramente, está claro que Jesus está nos ordenando a amar outros. Isso pode parecer suficientemente simples, mas tenho observado que homens tendem a ver e tratar os outros como veem a si mesmos. Se virmos a nós mesmos como lixo, ficamos na defensiva e nos iramos. Então, passamos a tratar nossos irmãos e irmãs de maneira ruim.

Se você não puder amar a si mesmo, é impossível amar sua esposa, seus filhos ou seu próximo de maneira incondicional. A não ser que consiga dizer "Sou maravilhoso — sou incrível" e realmente acreditar nisso, você não pode expressar plenamente a natureza de Deus. Também não poderá amar plenamente os outros. Jesus lhe disse o que fazer em Mateus 19.19. Você deve amar o seu próximo como ama a si mesmo.

Veja aqui outra verdade incontestável: algumas das pessoas mais egoístas do mundo são as que têm autoestima muito baixa! Portanto, se quer sair de uma vida de egoísmo para uma vida que valoriza os outros como mais importantes que você, então é preciso aprender a apoiar a si mesmo. Repito isso porque é algo fundamental para meu ensinamento neste livro: autovalorizar-se é simplesmente louvar a Deus por quem ele deseja que você seja, nada mais e nada menos.

Um dos milagres mais surpreendentes e curiosos que Jesus realizou foi aquele em que curou um homem duas vezes. Duvido que Jesus quisesse dar a esse milagre uma segunda chance, mas até eu morrer ou Jesus voltar (de modo que possa lhe perguntar pessoalmente), sou forçado a ficar com a pergunta: "Mas o que ele estava fazendo?". O milagre aconteceu em Betsaida, uma vila de pescadores do norte da Galileia. Betsaida era a cidade natal de Filipe, André e Pedro.

Um homem cego foi levado a Jesus, e seus amigos pediram que Jesus tocasse nele. Esse episódio desconcertante está registrado em Marcos 8.22-26. Em vez de tocá-lo, Jesus cuspiu nos olhos do homem e então perguntou: "Você está vendo alguma coisa?". O homem cego disse: "Vejo pessoas; elas parecem árvores andando". Jesus o toca, e o homem instantaneamente recobra a visão plena. Talvez não entendamos plenamente o que Jesus estava demonstrando com aquele homem cego. Talvez uma cura parcial só nos ajude a ver os homens como se fossem árvores que andam. Uma cura completa, um toque de Jesus, nos permite ver as pessoas com a plena clareza da visão perfeitamente restaurada. Jesus trabalhou e ensinou por meio de parábolas e exemplos. Essa história de visão plenamente restaurada possui significado profundo para nós.

O primeiro encontro de Jesus com Pedro nos mostra como Deus o via. Nesse encontro no rio Jordão (Jo 1.42), Jesus mudou o nome dele de *Simão* para *Pedro*. O nome *Simão* é muito bom, bastante sonoro. Significa "Deus ouve". Contudo, Jesus queria que Pedro reconhecesse que a questão não era o que ele pensava de Deus, mas, pelo contrário, o que Deus pensava dele.

O nome *Pedro* significa "pedra". As pessoas o viam como um pescador instável, convencido e desagradável, que sempre dormia nas reuniões de oração. Jesus via aquele pobre pescador como uma pedra. Ele via potencial em Pedro, enquanto os outros viam apenas fracasso. Arriscando-me a promover um debate teológico indesejado, quero apresentar minha interpretação do que Jesus disse a Pedro em Mateus 16.16-19. Você se lembra de que aconteceu um diálogo em Cesareia de Filipe, uma cidade de veraneio no norte da Galileia, entre Pedro, os discípulos e Jesus quanto a quem os homens achavam que

Jesus era. A resposta de Pedro foi a certa: "Tu és o Cristo, o Filho do Deus vivo". Isso foi seguido pela declaração de Jesus: "Feliz é você". A declaração seguinte gerou debate entre os sábios da religião e os teólogos por praticamente dois milênios: "E eu lhe digo que você é Pedro, e sobre esta pedra edificarei a minha igreja" (Mt 16.18).

A Igreja Católica Romana defende que Jesus estabeleceu profeticamente Pedro como o papa, a pedra da igreja. Os evangélicos entendem de maneira diferente. Acreditam que a confissão de Pedro era a rocha sobre a qual Jesus construiria sua igreja. Eles acreditam que Jesus estava tentando dizer: "Pedro, você é um pequeno pedrisco de uma rocha, mas sobre a sua confissão, essa Gibraltar de uma rocha, edificarei a minha igreja".

Tenho uma terceira interpretação que humildemente ofereço como a correta. Eu a chamo de interpretação Larry Titus.

Paulo disse que Jesus Cristo é o verdadeiro cabeça da igreja. Ele se assenta no céu à mão direita do Pai. Os evangélicos baseiam suas crenças num texto grego das Escrituras. Contudo, Jesus falou em aramaico. Esse idioma não faz distinção entre uma pedra pequena e uma grande. Uma pedra, "cefas", independente do seu tamanho, é uma pedra e ponto final. É a mesma palavra. Posso sugerir que Jesus falou profeticamente a Pedro e disse a ele que estava prestes a se tornar uma "pedra" e sua nova natureza de pedra determinaria o restante do ministério de sua vida?

Jesus não estava tentando canonizar Pedro! Em vez disso, Jesus estava vendo Pedro como o Pai o via, uma pedra de homem que terminaria puxando a rede do evangelho, cheia de três mil almas no dia de Pentecoste. *Jesus viu em Pedro quem ele deveria se tornar, não quem ele já era ou quem havia sido.* Deus vê o futuro de uma pessoa, mas, infelizmente, é muito comum vermos apenas o presente e o passado de uma pessoa.

Como você vê os outros?

Desejo que Deus nos dê os óculos especiais do seu Filho, por meio dos quais possamos ver as pessoas através das lentes de Deus. Quero transformar vidas e quero transformar a sua! Quero ver os outros claramente e falar à vida deles palavras de encorajamento, valor e afirmação profética. Para mim, seria uma vergonha não ver as pessoas como Deus as criou. Ao redor de todos nós há pessoas que possuem talentos e habilidades latentes que poderiam explodir e crescer muito além de qualquer coisa que possamos imaginar. Mas esses talentos e essas habilidades permanecerão dormentes, a não ser que alguém sirva às pessoas que os possuem. Essas pessoas *precisam* ouvir como são especiais aos olhos de Deus. Devem entender como Deus as fez. Quero elevá-las, não depreciá-las. Elas precisam de alguém que as chame de "Pedra". E eu adoraria ser essa pessoa. Por quê? Depois de décadas de ministério, já vi pessoas mudarem, cadeias serem quebradas, sofrimento jogado fora como um pedaço de trapo velho depois de pessoas concordarem com Deus sobre o modo como foram criadas. Incentivo você a criar isso em sua própria vida e, depois, na vida de outros.

Num recente café da manhã com homens na cidade norte-americana de Hanover, Maryland, fiz todos os homens levarem os óculos do Filho. Queria que eles tivessem a habilidade de ver os outros como pedras, assim como Jesus viu Pedro. Incentivei os homens a verem as pessoas como Deus as vê: diamantes a serem extraídos do carvão e ouro a ser refinado da rocha.

> Quando vemos claramente — como Deus vê, através dos óculos de seu Filho —, vemos imenso potencial nos outros, e vemos a compaixão de Deus trabalhando na vida deles e dali para o mundo.

Jesus via (e ainda vê!) as pessoas como elas poderiam ser, como as pessoas nas quais elas podem se tornar. Ele escolheu todos os seus doze discípulos com essa visão para a frente. Ainda assim, geralmente vemos as pessoas em termos de suas histórias. Vemos os homens como árvores que caminham, não como pedras sobre as quais as fundações e as paredes da igreja serão construídas. Nossa tendência é ver as pessoas com todos os seus problemas, imperfeições, fraquezas, características típicas e defeitos. Jesus vê as pessoas como Deus originalmente as criou para serem e, então, extrai a beleza de seu verdadeiro eu para que todos possam ver. Habitualmente vemos os outros de maneira limitada e pouco iluminada. Quando vemos claramente — como Deus vê, através dos óculos de seu

Filho —, vemos imenso potencial nos outros, e vemos a compaixão de Deus trabalhando na vida deles e dali para o mundo.

Creio nisso com muito fervor e digo isto a você com grande entusiasmo: Devemos ver os outros como Deus os vê!

Não existe uma única pessoa viva que não tenha muitas "rachaduras". Cada um de nós tem falhas e imperfeições. Não há pessoa no globo que não peque e não haverá até que finalmente estejamos na presença de Deus. Mas, apesar de todos os nossos erros e falhas, Deus escolheu nos usar e depositar seu Espírito em nós. Mais do que isso, Deus nos planejou e criou para sermos especiais para ele. Deus olha além de nossas falhas temporárias e nos vê como aquilo que podemos nos tornar. Ele nos chama para vermos as outras pessoas dessa maneira também.

Desafio você a começar a ver as pessoas através dos óculos do Filho. Tire seus óculos de crítica e coloque óculos de afirmação. Veja potencial e as incentive. Não critique as pessoas, especialmente sua esposa e seus filhos, chamando-os de coisas não agradáveis, ridicularizando, degradando, criticando ou maldizendo. Não se permita criticar pessoas na sua mente ou em voz baixa. Você não precisa dizer algo em voz alta para que seus pensamentos tenham um efeito prejudicial sobre suas atitudes e ações — as pessoas conseguem sentir suas vibrações.

Não basta apenas se livrar de atitudes negativas em relação às pessoas. Devemos também encorajá-las, promovê-las e profeticamente apoiá-las. Deus quer que sejamos aquele "Jesus" na vida delas que diz: "Você é uma pedra, e Deus vai usar você poderosamente em seu reino".

No decorrer de todos esses anos, tenho visto homens mudar diante dos meus olhos, literalmente, enquanto falava de maneira positiva e profética à vida deles. Já vi homens com pouca confiança começarem a vicejar e crescer à medida que receberam treinamento, incentivo e edificação constantes. Já os vi mudar de glória em glória e se tornarem o foco, como seres lindos e ungidos. Oro para que, quando chegar ao céu, eu veja uma fila de homens, tão longa quanto os olhos possam ver, que se tornaram tudo o que Jesus desejava que eles fossem por causa da minha influência positiva na vida deles. Nesse meio-tempo, continuarei a ver a mim mesmo como *maravilhoso*, e você, meu amigo, como *incrível*!

2

Sua mente

Está tudo na sua cabeça

Durante muitos anos eu disse a mim mesmo que não era capaz de memorizar números. Meu cérebro funcionava corretamente e, de fato, não me lembrava de números. O cérebro é um computador magnificamente complexo. Ele pode receber instruções e então executar os programas codificados. Ao repetir a mim mesmo que não era capaz de memorizar números, eu estava me codificando para ter amnésia numérica, e obtive o resultado esperado.

Mas um dia comecei a mudar meu próprio código fonte: *Você é capaz de se lembrar de números, de todo tipo de número.* De repente, números de telefone, conta corrente bancária, estatísticas, documentos, código de endereçamento postal e até mesmo referências bíblicas passaram a ser facilmente memorizadas.

É comum os homens me dizerem que não conseguem se lembrar de nomes. "Posso me lembrar dos rostos, mas não me lembro dos nomes." Parabéns! Enquanto disser a si mesmo que não consegue se lembrar de nomes, nunca se lembrará. Tão logo alguém lhe diga o nome, seu cérebro dirá: "Posso me esquecer disso. Afinal de contas, você me disse anos atrás que eu não era capaz de me lembrar de nomes, de modo que até hoje tenho seguido essas instruções". Enquanto disser ao cérebro que não consegue memorizar versículos bíblicos, você não memorizará. Os programadores dirão: "Bem, isso é claro: 'O lixo que sai é o mesmo lixo que entrou'". Quando você alimenta o cérebro com códigos ou instruções ruins, obterá um resultado ruim.

As piores coisas que podemos dizer ao nosso cérebro

Lapsos de memória são inconvenientes e embaraçosos, mas existem outras consequências mais danosas e sinistras quando você diz ao cérebro que ele deve acreditar em declarações como "Não sou esperto", "Nunca serei bem-sucedido em minha profissão", "Não viverei muito", "As pessoas não gostam de mim", "Sou feio", "Não tenho valor", "Deus não gosta de mim" e "Nunca terei sucesso financeiro".

Podemos culpar por essas crenças nossos colegas, adultos insensíveis com os quais nos deparamos durante nossa fase de crescimento, nossos pais e até mesmo o Diabo. Mas, homens, escutem o que vou dizer! *Você* pode ser seu pior inimigo quando diz a si mesmo coisas negativas e depreciativas. O que diz a si mesmo é muito mais destrutivo do que aquilo que os outros podem lhe dizer.

O PODER DA MENTE

Escrevo a você como pai e como mentor e quero construir mente e coração fortes dentro de você. Quero que saiba que a mente tem enorme poder de fazer você se dar bem ou mal. Ela tem o poder de promover saúde ou doença em seu corpo, que é a parte mais inferior de sua natureza. A mente fornece informações ao seu espírito, a parte mais elevada de sua natureza, e influencia a maneira de você responder a Deus. Se a mente estiver cheia de pensamentos bons e piedosos, ela levará o corpo à conformidade. Seu coração baterá junto com o de Deus, e seu espírito será profundamente sensível ao Espírito dele.

A mente acredita em tudo o que dizemos a ela. E, assim que você passa a acreditar em algo, passa a falar daquilo. Quando você fala, aquilo se torna realidade. O fato é que até mesmo quando outras pessoas dizem coisas negativas sobre você, a mente pode se recusar a aceitar esse código ruim e substituir essas informações por instruções positivas e poderosas.

AQUELES PENSAMENTOS SINISTROS

Defenda-se daqueles pensamentos sinistros que lhe trazem grande aflição. Eles o acusam de não ser nada além do que foi no passado. Não lhes dê ouvidos e não acredite neles! Esses pensamentos estão relacionados à sua natureza caída e invariavelmente vêm acompanhados de sugestões de que pecamos demais para poder receber a graça de Deus. Em outras palavras, dizem que nunca mudaremos.

Ideias sobre minha identidade passada podem determinar como me vejo hoje. Em vez de identificar quem eu sou como uma nova criação em Cristo, identifico-me de acordo com meus dias anteriores a Cristo. O perigo dessas sugestões mentais é que minha identidade passada determina meu curso futuro e é sempre destrutiva.

Assim, aqui está sua estratégia, e ela vem de Paulo, aquele grande estrategista. Ele nos lembra de que "se alguém está em Cristo, é nova criação. As coisas antigas já passaram; eis que surgiram coisas novas!" (2Co 5.17). É assim que você deve pensar em si mesmo. Esse é o seu novo paradigma.

Essa mesma verdade é revelada em tantos versículos da Bíblia que, neste momento, já deveria ter preenchido aquele espaço oco que está acima do meu pescoço. Veja apenas alguns exemplos:

- "Fui crucificado com Cristo. Assim, já não sou eu quem vive, mas Cristo vive em mim. A vida que agora vivo no corpo, vivo-a pela fé no Filho de Deus, que me amou e se entregou por mim" (Gl 2.20).
- "Pois vocês morreram, e agora a sua vida está escondida com Cristo em Deus" (Cl 3.3).
- "Pois sabemos que o nosso velho homem foi crucificado com ele, para que o corpo do pecado seja destruído" (Rm 6.6).

Já ouvi muitos homens dizerem que, quando o Diabo recordar o nosso passado, devemos lembrá-lo do futuro dele. É uma frase interessante, mas está longe de realmente compreender e aplicar a verdade de Deus. Quando Satanás recordar o seu passado, você precisa lembrar tanto a ele quanto a si mesmo de que seu passado é mais do que apenas passado — ele está *morto*. Você não é nem sequer o mesmo homem, mas é uma criação completamente nova em Jesus Cristo. Você morreu para sua velha identidade e foi ressuscitado na nova vida em Cristo. Além disso, não lhe é exigido dizer nada ao Diabo, mas você é obrigado a dizer a si mesmo quem é em Cristo, de modo que possa agir de acordo. Paulo diz: "Que eu jamais me glorie, a não ser na cruz de nosso Senhor Jesus Cristo, por meio da qual o mundo foi crucificado para mim, e eu para o mundo" (Gl 6.14).

Já que sou uma nova criação, então por que continuo a falar como se fosse o mesmo velho homem? É óbvio que preciso de um transplante de cérebro, não apenas de uma lobotomia. Preciso ver a mim mesmo como Cristo me vê, como alguém que foi escolhido por ele antes da fundação do mundo. Preciso falar palavras que reflitam com precisão quem eu sou em Cristo.

Pense como Deus pensa

Ver a mim mesmo como Jesus e o Pai me veem é algo que mudará toda a minha perspectiva em relação ao pecado. É certo que sempre existe oportunidade para voltar a pecar, mas lembrarei a mim mesmo de quem eu sou. Sou filho de Deus, cheio de justiça em Cristo e escolhido por ele antes da criação do mundo. Quando parar de sentir e pensar que sou lixo, deixarei de reagir como lixo. Quando vir a mim mesmo da perspectiva de Deus, como justo, responderei com retidão. Quando vir a mim mesmo como Deus me vê, minha nova natureza assumirá o controle, e meus passos e momentos acontecerão dentro da vontade de Deus.

> Quando vir a mim mesmo da perspectiva de Deus, como justo, responderei com retidão.

As Escrituras nos ensinam que, no momento em que nascemos no reino, morremos com Cristo. Essa é uma declaração indiscutível. Elas também nos ensinam que fomos ressuscitados com Cristo e que estamos assentados com ele no céu. A Palavra ensina que o velho homem dentro de cada um de nós morreu em Cristo e que, quando fomos ressuscitados com ele, recebemos uma identidade completamente nova.

Ao voltar ao seu país de origem, vindo de uma viagem ao exterior, você não pode mostrar ao oficial da imigração dois passaportes — um mostrando sua identidade como Sam Smith, e outro, como Bill Jones. Ou você é Sam ou é Bill, ainda que os dois documentos mostrem a mesma foto. A imigração só vai aceitar uma identidade. O mesmo acontece em Cristo. Ou você é o velho homem, ou é uma nova criação em Cristo. Ou está morto em seus pecados ou vivo em Cristo. Ou está preso no reino das trevas ou nasceu na luz do reino de Deus. Ou não foi regenerado, ou já foi regenerado. Ou é cidadão da terra, ou é cidadão do céu. Ou vive na sua velha identidade, ou vive na nova identidade. Portanto, não se confunda em relação a quem você é agora!

Identidade confusa

Como crentes nascidos de novo, costumamos confundir nosso comportamento com nossa identidade. Contudo, Deus não se confunde. Nossa identidade nele foi estabelecida através de Cristo e nunca mudará. Quando ele nos disciplina em razão de nosso comportamento, isso se dá porque *somos seus filhos*. Você percebeu, no *shopping center* ou no mercado, que outros pais não aceitam muito bem a sua decisão de disciplinar os filhos deles? A atitude deles é: "Discipline seu próprio filho, não o meu".

A Palavra ensina que Deus julga o ímpio, mas disciplina seus filhos. É exatamente como Deus o vê — como seu filho. Essa é a sua identidade. Para sermos seus filhos, devemos nascer de novo. Isso serve para mim, para você e para qualquer pessoa. Isso significa que cada um de nós deve aceitá-lo individualmente, assim como aceitar seu amor e sua graça de maneira pessoal. Ao nascer de novo, você adquire uma nova identidade que estabelece duas coisas importantes sobre seu relacionamento com Deus. Primeiro, Deus o vê 100% justo em seu Filho. Ele o vê plenamente justificado por sua fé. Você foi plenamente justificado a partir do momento do seu novo nascimento e, aos olhos dele, nunca sequer pecou. Deus o vê como pleno em Cristo. Como filho completo de Deus, você tem a liberdade e o acesso completo para entrar em sua santa presença a qualquer momento.

Segundo, o Pai e o Filho habitam dentro de nós por meio da ação do Espírito Santo. Somos capacitados a viver em nossa nova identidade. E fique de olho nisto: é aqui que nosso inimigo trabalha constantemente para nos prender. Satanás não pode mudar sua nova identidade nem pode roubar sua certidão de nascimento. Mas ele tentará desesperadamente convencê-lo de que nada mudou. Ele fará todos os esforços para fazê-lo *confundir sua identidade com seu comportamento*.

Satanás conhece muito bem a presença e o poder do Espírito Santo dentro de nós. Ele simplesmente não quer que *você* tenha consciência disso. Sabemos que Satanás fala mentiras. Ele sussurrará uma mentira em seu ouvido, dizendo que você não pode mudar seu comportamento. Se conseguir convencê-lo disso, então ele irá para o próximo passo e lhe dirá que, se o seu comportamento não for adequado, o fato é que você deve ser o mesmo velho cara que sempre foi. Nova identidade? Bobagem.

A Palavra é a antítese das mentiras. A Palavra nos diz que o Espírito que ressuscitou Jesus dos mortos é o mesmo Espírito que habita em nós. Esse é o mesmo Espírito encontrado em Gênesis 1 pairando sobre a face do abismo. É o mesmo Espírito que desceu sobre os profetas do passado. Ele veio até mesmo sobre o pecaminoso Saul, atrasando sua perseguição a Davi e fazendo Saul parar de repente em seu caminho e começar a profetizar junto com os outros. Esse é o Espírito que falou continuamente por meio dos apóstolos na igreja primitiva. Esse é o Espírito que Jesus prometeu que nos guiaria a toda verdade. Esse é o Espírito Santo de Deus, infinito em poder e sabedoria. Se você conhece Jesus e é filho de Deus, esse é o Espírito que o habita.

"Tudo bem", diz você. "E daí?" Bem, aqui está a resposta: Deus quer que compreendamos plenamente quem somos nele e, pelo poder do Espírito dentro de nós, que comecemos a viver como os homens que realmente somos. Lembre-se de que Satanás não pode roubar nossa nova identidade. E, mais uma vez, peço que me escute com atenção: *Não podemos pedir de volta nossa identidade velha (ou anterior)!* Por quê? Simplesmente porque o velho homem dentro de cada um de nós está morto. Diante disso, pergunto: quem gostaria de viver como um cara morto?

É comum ouvir que estamos nos tornando mais semelhantes a Jesus. Deixe-me fazer uma clara distinção aqui. Nós já somos completos em Cristo, nossa nova identidade é *real*. Ela já aconteceu, deve ser descrita no tempo passado, uma coisa já realizada. Deus está trabalhando em nós para aperfeiçoar nosso comportamento, de modo que ele esteja *de acordo* com nossa nova identidade. Pense nisso e medite sobre essa distinção.

O autor, conselheiro e professor Bob George escreveu um dos livros mais definitivos sobre esse assunto. Em *Classic Christianity* [Cristianismo clássico], Bob faz o seguinte comentário: "Quando você saiu de Adão para Cristo, Cristo saiu do céu para você e o fez uma nova criatura! Ter sido feito uma nova criatura não é uma referência ao seu comportamento, mas à sua identidade".[1]

Precisamos exercer o tremendo poder do Espírito Santo que agora nos enche. Esse poder esmagará as mentiras de Satanás. Não há necessidade de correr horas a fio na esteira tentando ganhar a aprovação de Deus e provar a Satanás que você é realmente uma pessoa mudada. Ouça neste exato momento, enquanto o Espírito Santo lhe diz que você já foi plenamente aceito por Deus. Sua luta diária contra o pecado não tem absolutamente nenhum impacto sobre sua identidade em Cristo. Essa é uma verdade impressionante e sublime que romperá as algemas e as jogará no chão!

As mentiras de Satanás

De repente, você pisa na bola e se envolve num comportamento pecaminoso. Satanás tentará imediatamente lhe dizer: "Ahá! Você não é digno. Não pode pedir perdão tantas vezes. Nada realmente mudou, e você nunca mudou. Isso não funciona. Você sempre será um viciado. Sempre será o rato que sempre foi".

Satanás quer afundá-lo naquela velha e habitual depressão, no desânimo e no desespero que tão comumente resultam da culpa que ele tenta acumular quando pecamos. A meta dele é impedi-lo de chegar perto da fecundidade e da realização do sonho que Deus tem para sua vida. Ele procura mantê-lo isolado, emocionalmente deprimido e espiritualmente impotente ao confundi-lo em relação à sua verdadeira identidade. Satanás mente para você e diz que seu comportamento pecaminoso muda o coração de Deus em relação a você. Naturalmente essa é outra mentira. Assim que você se torna filho de Deus, será para sempre filho de Deus.

Por favor, considere isto. Como falei no capítulo anterior, Deus não muda. Ele não pede de volta aquilo que deu. Ele quer que rejeitemos as mentiras de Satanás e que vivamos aquela vida saudável e singular no Espírito. Esse é o nosso direito, nosso privilégio — pela graça inigualável de Deus.

Falei recentemente numa conferência para centenas de líderes eclesiásticos. Convidei um velho amigo meu que frequentou uma igreja que pastoreei muitos anos atrás. Ele se atrasou, mas os recepcionistas o levaram até a primeira fileira, onde eu estava sentado. O homem se sentou, inclinou-se na minha direção e disse:

— Eu não deveria estar aqui — disse ele, olhando em volta, para os líderes e personalidades nacionais sentados perto de nós. Abracei o homem, apertando-lhe os ombros e disse:

— Você verdadeiramente faz parte disto; é parte da minha família.

Deus faz a mesma coisa. Ele sempre guardará um lugar para nós. Depois de adotados, somos um querido membro de sua família. Temos uma nova identidade nele. Deus reservou uma cadeira para cada um de nós, e o exorto a subir até lá e sentar-se ao lado dele.

Você é aquilo que pensa

Normalmente falo em microfones e, na minha imaginação, estou agora estalando os dedos perto do microfone, chamando sua atenção para mim. Preciso que você receba esta mensagem!

Deus nos planejou de tal maneira que temos fabulosas ferramentas mentais à nossa disposição. Lemos em Provérbios 23.7: "Porque, como imagina em sua alma, assim ele é" (RA). Não estamos falando aqui sobre pensamento positivo. Essa é a linguagem do mundo. Não, estamos falando sobre tentar fazer nossos pensamentos correrem em paralelo com os de Deus conforme ele os aplica à nossa vida. Isso é tão fundamentalmente simples, mas ao mesmo tempo difícil de aceitar. À medida que começarmos a entender nossa identidade encontrada na Palavra de Deus, estaremos armados e fortes, dizendo firmemente não ao pecado e sim à retidão.

Um último pensamento sobre nossa identidade em Deus: Não apenas estamos capacitados a mudar nosso comportamento, como Deus *exige* que mudemos nosso comportamento de modo a que ele esteja de acordo com nossa perfeição em Cristo. Para o filho de Deus, isso não é opcional. Sendo o mais zeloso dos pais, Deus não permitirá que seus filhos se comportem de acordo com sua velha identidade pecaminosa. Mas este livro está cheio de boas notícias, e aqui vão mais algumas. Conforme começamos a nos ver como nosso Pai nos vê e a reconhecer seu poder em ação dentro de nós, o desejo de fazer essas mudanças crescerá em nosso coração. Nós não apenas obtemos a identidade dele, como ele nos dá um incentivo para florescer em seu plano. Essa é a verdadeira liberdade em Cristo!

Ferramentas mentais para corrigir o pensamento contaminado

- Entenda quanto Deus o ama e já investiu em você.
- Comece a ver a si mesmo como Deus o vê — maravilhoso e incrível.
- Exponha as mentiras que o Diabo ou outras pessoas falaram sobre você e nas quais acreditou.
- Aproxime-se de pessoas positivas.
- Evite pessoas que falam sobre outras de maneira negativa ou julgadora.
- Medite na Palavra de Deus. Não apenas a leia, mas memorize e pondere sobre ela.
- Pense em coisas que sejam positivas — "Finalmente, irmãos, tudo o que for verdadeiro, tudo o que for nobre, tudo o que for correto, tudo o que for puro, tudo o que for amável, tudo o que for de boa fama, se houver algo de excelente ou digno de louvor, pensem nessas coisas" (Fp 4.8).
- Leve seus pensamentos cativos e torne-os obedientes a Cristo. Veja 2Coríntios 10.5.
- Clame pela mente de Cristo através da promessa encontrada em 1Coríntios 2.16.
- Recuse toda forma de condenação. Convicção é responsabilidade do Espírito Santo, mas condenação vem do homem e do Diabo, e é destrutiva. Leia Romanos 8.1.

Eu e Devi

Eu e minha esposa fomos criados de estilos completamente diferentes. Os pais de Devi a treinaram para crer que ela poderia fazer qualquer coisa que colocasse na cabeça. Não lhe era permitido dizer "Eu não consigo". Eles a forçavam a reformular seus comentários até que eles refletissem uma abordagem positiva. Em contrapartida, eu cresci num ambiente bastante negativo. Não posso dizer que foi culpa dos meus pais, mas duvido que eu pudesse fazer alguma coisa a respeito. Até mesmo escrever este livro tem sido um desafio. De vez em quando entro no estado queixoso que diz "Não consigo fazer isto", até que Devi e outros me dão um chute de confiança no traseiro para que eu possa retomar a tarefa. A autoimagem dela sempre foi extremamente alta, enquanto a minha ficava abaixo do nível do mar. Houve momentos em que me senti tão baixo que podia sentar em cima de uma nota de 1 dólar e balançar as pernas.

Algum tempo atrás, na igreja, ouvimos um sermão sobre autoestima baixa. O orador descreveu os traços daqueles que apresentam essa característica. Na introdução, o pregador disse: "Todo mundo tem uma área em sua vida na qual se sente inseguro". Minha vontade foi me levantar e gritar "Você não conhece minha esposa, não é?". Eu precisaria sentar rapidamente antes que os recepcionistas me mandassem sair. Embora eu esteja apenas brincando, meu chamado na vida pode ter sido o de trazer equilíbrio ao otimismo de Devi. Sei que ela vai sorrir quando ler isto e, quando o fizer, ela vai se lembrar de algo maravilhoso em relação a mim. Ela é um presente.

Era da depressão? Mas eu sou filho de Deus!

Nossa sociedade tem sido assolada pela depressão nas últimas décadas. Seguidores de Cristo também têm sofrido a angústia paralisante e o desespero da depressão. Não posso compartilhar esta palavra de desafio com total abertura e autenticidade sem descrever minhas próprias batalhas e o derradeiro livramento da condição que Winston Churchill chamou de seu "cão negro".

Em 1980, enfrentei uma provação tão devastadora que destruiu totalmente minha autoconfiança e lançou-me numa depressão

> Em 1980, enfrentei uma provação tão devastadora que destruiu totalmente minha autoconfiança e lançou-me numa depressão profunda.

profunda. Eu literalmente não sorri de janeiro até agosto daquele ano obscuro. Era como estar debaixo de uma nuvem cinza contínua, sem esperança de ver o sol nascer de novo. Descrevi a situação como ter mil mortes ou mil divórcios no mesmo dia.

O alívio dessa depressão intensa veio inesperadamente. Não consigo lhe dizer por que isso aconteceu, mas posso contar como aconteceu. Eu estava com Devi, minha mãe e outra mulher num elevador entre o primeiro e o quarto andares de um hotel em Gresham, Oregon. Deus arrancou a mortalha da depressão e sorri pela primeira vez em oito meses. Sem dúvida alguma foi uma "coisa de Deus". Não estava esperando. Não fiz nada especial para produzir aquele incrível milagre naquele dia, mas comecei a viver de novo!

Contudo, embora eu tivesse sido liberto de um espírito de depressão, ocasionalmente enfrentei dificuldades nos momentos em que ele desceu sobre mim tentando me sufocar e controlar como antes. Numa ocasião, lutei por dias sem conseguir ver um raio de esperança.

Numa noite de março de 1984, estava fazendo uma caminhada ao ar livre na cidade de Sarasota, na Flórida. Ouvi o Senhor dizer: "Por quanto tempo quer permanecer deprimido? Por uma hora, um dia, um mês ou um ano?".

Minha resposta foi: "Agora, Senhor! Quero ser liberto agora. Não quero ficar deprimido por nem mais um minuto".

A resposta dele me chocou: "Larry, eu o livrei pela primeira vez no elevador no Oregon; agora é hora de você mesmo se libertar. De agora em diante, toda vez que a depressão começar a se instalar, quero que diga na mente que pensamentos depressivos não são bem-vindos e que não os receberá. Você tem o poder de derrubar fortalezas mentais como a depressão. A decisão é sua".

O Senhor então me relembrou a verdade presente em 2Coríntios 10.5: "Destruímos argumentos e toda pretensão que se levanta contra o conhecimento de Deus, e levamos cativo todo pensamento, para torná-lo obediente a Cristo".

"A decisão é minha... a decisão é minha", comecei a dizer em voz alta. "Decido que a depressão nunca mais se instalará." Corri para casa como um homem livre, e estou livre desde aquele dia. Embora tenha andado na corda bamba do desânimo e dos momentos depressivos, a depressão nunca mais me atingiu daquela maneira de novo. Através de Cristo tenho o poder de derrubar fortalezas mentais. Paulo diz em Romanos 7 que o campo de batalha está na sua mente e que Deus o chamou para ser vitorioso. Assim como o homem imagina em sua alma, assim ele é.

Compartilho isso com você por uma razão. Deus interveio em minha vida. Eu era seu filho, e ele conhecia meu sofrimento. Ele me deu o conhecimento e a segurança de que eu poderia demolir fortalezas mentais. Então ele fez a Palavra viva chegar a mim, e vi em 2Coríntios 10.5 que me foram dadas as ferramentas e as armas para ser um vencedor nesse campo de batalha mental. Minha esperança é restabelecer essa grande compaixão de nosso Pai por seus filhos e contar ao deprimido como Deus está perto.

Portanto, vamos pôr o lixo para fora!

Dê uma olhada na lista a seguir. Não, dê uma longa olhada. Leia cada um dos itens e diga a si mesmo: "Está consumado". Concorde comigo nessa questão! Vamos fazer dela um código de ética informal. Vamos nos livrar de alguns lixos:

- Não falarei negativamente de outras pessoas.
- Não atacarei a mim mesmo com pensamentos destrutivos.
- Não falarei negativamente sobre meu futuro.
- Não aceitarei ofensas de outros.
- Não escavarei continuamente meus pecados e erros do passado.
- Não permitirei que meus pensamentos se voltem para a impureza sexual.
- Não direi a mim mesmo "Não consigo!".
- Não depreciarei nem acusarei a mim mesmo.
- Não responderei com palavras negativas à pergunta "Como vai?".
- Não reclamarei de nada.
- Não derrubarei outros com o propósito de me elevar.
- Não repetirei continuamente como estou doente nem aumentarei minhas doenças ou fraquezas.
- Não falarei dos sonhos de outras pessoas de maneira negativa.

Agora corra para a casa do Pai gritando "Estou livre, estou livre!".

3
Sua moralidade
Os homens de moral diversificada

Havia um pequeno campo de treino de golfe perto de nossa casa pelo qual eu passava todo dia a pé na ida e na volta da escola. Não sei exatamente a idade que eu tinha, mas sei que era velho o suficiente para diferenciar o certo do errado. Num dia ensolarado na Califórnia, deparei-me por acaso com a tentadora visão de bolas de golfe que haviam passado por cima da cerca e estavam próximas da rua. Racionalizei rapidamente que, uma vez que haviam cruzado a cerca, elas estavam disponíveis.

Se você pensar, verá que bolas de golfe e ovos são praticamente do mesmo tamanho. Com esse pensamento brilhante, voltei para casa e peguei uma bandeja de ovos vazia, daquelas de papelão. Meu plano de pegar as bolas de golfe e colocá-las na bandeja de ovos estava funcionando perfeitamente até que o dono do campo me pegou. Sabe, existe uma verdade naquele velho ditado: "Não se deve colocar todos os ovos na mesma cesta". Talvez o cara que inventou essa frase também estivesse roubando bolas de golfe. Enfim, as ameaças iradas do proprietário me aterrorizaram de tal modo que, até o dia de hoje, nunca mais roubei bolas de golfe. Essa experiência assustadora ajudou na formação da minha moral em relação a roubo e honestidade.

Outra lição da juventude sobre moralidade na questão de mentir surgiu certo dia. Meu pai me perguntou: "Filho, sabe onde está aquela tira de couro que uso para afiar minha navalha? Se eu descobrir que você a escondeu, vou usá-la em você". Bem, ele a encontrou. Então percebeu o pequeno talho que eu fizera acidentalmente no couro. Eu estava tentando afiar a navalha como ele fazia. Ela escorregou e arrancou um pedaço do couro macio. Naturalmente, como tudo o mais que tentamos esconder, ele descobriu. Meu pai deu prosseguimento ao ato de afiar minha moral em relação à mentira com a mesma ferramenta que usava para afiar sua navalha.

Recebi uma lição rápida e certeira sobre a moralidade de uma promessa que fiz de que voltaria para casa em determinado horário, mas não cheguei. As consequências foram pontuais, rápidas e certas!

Meu sogro ensinou seu filho adolescente sobre pontualidade. Quando o irmão adolescente de Devi não chegou na hora que havia prometido, o pai simplesmente foi até a cama do filho, pronto para arrancar as cobertas, quando o culpado apareceu no último instante. Isso é que é eficiência!

A conveniência moral da obediência aos pais foi profundamente marcada no meu traseiro ainda menino. Minha mãe me disse para não sair para brincar depois do culto na igreja, mas a permanecer no santuário com ela. Estava claro para mim que ela não apreciava plenamente como os corrimãos da escada da frente eram interessantes. Eles eram perfeitos para serem escalados por crianças pequenas. Ela também não era nem um pouco sensível ao fato de que todas as outras crianças estavam brincando ali. Quando ela descobriu a desobediência, fez uma promessa no caminho para casa que eu desejava desesperadamente que ela tivesse esquecido. Conversei bastante no caminho para casa, na esperança de distraí-la. Bem, não funcionou. Sua memória mostrou-se incrivelmente precisa e, hoje, cinquenta e cinco anos depois, a minha também é. Nunca me esquecerei da minha viagem para a cama enquanto ela aplicava a velha tábua de educação ao assento da minha compreensão.

Minhas convicções sobre respeito à autoridade surgiram quando meu pai, que era capataz de um vinhedo, pediu-me para pegar um ramo de parreira e entregar a ele. Eu lhe disse: "Pegue você mesmo". E assim ele fez. Então, depois que o pegou, eu o senti! Passando tranquilamente por cima do ramo e pegando-o com a mão, ele então o usou para pôr fim a qualquer possibilidade de que eu corresse o risco de me tornar "mimado" por ele não "poupar a vara". Desde aquele dia, eu nunca, jamais disse a alguém "Pegue você mesmo".

Qual aluno não lançou um olhar pecaminoso à prova do garoto ao seu lado para ver as respostas dele? E o que dizer daquelas notas em pequenas colas? Minha lição sobre as consequências de colar vieram durante uma prova de ciências numa classe do ensino médio. O professor tirou a cola enfiada no meu sapato. "Você é melhor do que isso. Vai fazer a prova de novo". Não consigo dizer quão sujo me senti. E, sentado na sala ao lado com outros coladores, foi reforçada a seriedade do meu pecado.

A boa moral é ensinada por pais, pastores, professores, treinadores, autoridades civis, amigos, livros e um exército de outras fontes. Paulo nos ensina que a lei de Deus está escrita internamente em nosso coração, e nossa consciência nos incomodará quando pecarmos — antes mesmo de nascermos de novo.

Nascemos com um senso de moralidade!

Enquanto a moral é ensinada pela vida e pela sociedade, um senso moral básico está entremeado em nós desde o nascimento. Isso não significa que nascemos com a disposição de viver moralmente. Simplesmente quer dizer que temos intuitivamente a capacidade de aprender e reconhecer escolhas morais. Não me convenço de que o homem nasce basicamente bom. Já vi crianças demais para acreditar nisso. Não mesmo! Elas saem do ventre tão maldosas quanto pequenos crápulas, manipulando seus pais desde o início. Quando começam a andar, já estão olhando para todos os lados na esperança de não serem pegas. Basicamente bom? Ah, sei.

Honestidade, integridade, cumprimento de promessas, pagamento de contas e fidelidade a nossa esposa estão entre as muitas questões morais que os homens enfrentam hoje (como enfrentaram na maior parte da história humana). Elas exigem de nós que tomemos a decisão de dizer não às escolhas erradas e sim às certas. Mas como se determina o certo e o errado? Quem diz o que é certo e o que é errado? É simples: Deus. Quer nosso barômetro moral seja nossa consciência interior, os Dez Mandamentos, as leis da terra, as tradições de uma cultura, quer as regras que nossos pais estabeleceram, a única indicação do que constitui pecado ou retidão vem, em última análise, de Deus. No final das contas, ele é o único a quem prestaremos contas.

A areia movediça da moral determinada pela sociedade

Se for permitido que a sociedade determine valores morais, esses valores sempre terão um elemento elástico ligado a eles; sempre estarão num estado de fluxo. A cultura não possui uma vara reta com a qual possamos medir as coisas, pois tudo na sociedade é relativo. Os padrões da sociedade mudam continuamente, mas Deus nunca muda. A vara de medir de Deus, seu caráter, conforme definido na Bíblia, nunca muda. Pecado é pecado e sempre será pecado, e o salário do pecado é a morte (Rm 6.23).

Talvez seja uma tarefa impossível viver de acordo com o padrão imutável de Deus, mas tenho boas notícias para você. Deus sabia desde o início, antes mesmo que Adão e Eva transgredissem, que o homem não seria bom por si mesmo. A natureza do homem não tende a evoluir, mas a degenerar. É por isso que, antes de tudo começar, Deus decidiu que a única solução para o fracasso do homem era enviar outro homem, seu Filho, para remediar o problema do pecado para sempre. É aqui que a visão de Deus sempre estará em choque com a visão do mundo. Pense num descrente tentando fazer boas escolhas morais. Ele agirá com base em sua justiça própria. Isso simplesmente não basta. Deus vê todo cristão como perfeito em Cristo. Não trabalhamos debaixo de culpa para fazer boas escolhas morais. O "programa de culpa" é de Satanás. Em vez disso, somos capacitados pelo Espírito dentro de nós a fazer escolhas morais que confirmam a imagem do Pai em nós. Lembre-se: ele não consegue sequer nos ver como pecadores!

Saiba o que a Bíblia chama de pecado

De acordo com 1Coríntios 6.9-10, Deus chama de pecado a adoração de ídolos ou a outros deuses, calúnia, quebra do descanso semanal, desobediência aos pais, homicídio, adultério (pecado sexual realizado por pessoas casadas), roubo, acusação falsa de pessoas, cobiça das posses de outras pessoas, fornicação (pecado sexual de qualquer tipo realizado por pessoas solteiras), homossexualidade, comportamento efeminado, bebedice, difamação e fraude. Em Apocalipse 21.8 e 22.15, as práticas pecaminosas também incluem feitiçaria e mentira. E, para incluir tudo o mais que deve ser incluído, Deus diz em Tiago 4.17: "Quem sabe que deve fazer o bem e não o faz, comete pecado".

Existem muitos outros pecados listados na Bíblia, mas estes já servem para compor uma boa lista de "coisas a não fazer". Lembre-se: pecados não são erros, mas escolhas deliberadas. Erros talvez não exijam arrependimento, mas os pecados sim. Lembre-se também disto: como filho de Deus, você está capacitado a fazer escolhas positivas que levarão seu comportamento cada dia mais perto da perfeição que você já tem em Cristo.

Imoralidade sexual (os pecados dos pais)

Rapazes, nosso caráter moral é muito mais do que apenas nossa conduta sexual. De fato, em minha opinião, a parte mais importante do caráter de um homem é sua capacidade de cumprir o que diz. Quando dizemos que estaremos em algum lugar em determinado horário, precisamos estar naquele local e na hora certa. Quando dizemos que vamos devolver o martelo de um vizinho, precisamos fazê-lo. Mas sejamos realistas aqui e abramos o coração. Não há pecado tão devastador, carregado de culpa, realizado em segredo e profundamente viciante do que o pecado sexual. Homens, precisamos olhar o pecado sexual bem nos olhos e confrontá-lo. Passarei a maior parte deste capítulo lidando com ele e compartilhando orientações sobre como prevalecer sobre esse comportamento imoral nocivo e devastador.

Vamos encarar a questão. Quase sem exceção, a tentação sexual é o maior desafio espiritual, mental e emocional que os homens enfrentam. As fantasias sexuais e o pensamento sexual errado são inflamados pela pornografia em todas as suas muitas formas. Uma enorme quantidade de material sexualmente atrativo bombardeia os homens diariamente. Está em todo lugar! Todas as formas de meios de comunicação usam o sexo para vender seus produtos. Pegue uma revista na barbearia, ligue a televisão no jogo de domingo ou assista a um filme. São exibidas imagens engenhosas e sedutoras de mulheres planejadas para atraí-lo. De fato, elas são planejadas para gerar uma reação de desejo!

A mídia bombardeia os homens com uma mostra constante de tentação sexual. A provocação é praticamente devastadora. Não estou falando sobre entrar nos estábulos fedorentos dos fornecedores de pornografia. Refiro-me ao assalto sexual escancarado que vem ao se caminhar pela rua ou passear pelos canais de televisão ou no computador.

Ora, um homem poderia evitar passar na frente daquela loja de *lingerie* tão conhecida no *shopping center*. E quem precisa de pornografia barra-pesada ou olhares sujos em *sites* da internet quando você é constantemente bombardeado por imagens de mulheres com pouquíssima roupa em anúncios de cerveja? Você acha que uma rápida olhada na seção de *lingerie* de um catálogo de compras é inofensivo e inocente? Conheço homens que iniciaram uma longa estrada de pecado sexual fazendo exatamente isso. O pecado sexual cresce a partir de si mesmo, e cresce rapidamente.

Entenda o pecado sexual

Antes de tratar do vício em sexo, quero discutir a natureza do pecado sexual. É fundamental que vejamos essa questão da perspectiva de Deus. Ouça com atenção! Todos nós lidamos com isso, e quero que um dia você esteja ensinando isto a outros.

Em sua primeira carta à igreja de Corinto, Paulo lança um conceito extremamente importante. Deus concede um valor incrivelmente alto ao nosso corpo. Ele reivindica zelosamente o corpo físico de um cristão. Paulo nos diz em 1Coríntios 6.18: "Todos os outros pecados que alguém comete, fora do corpo os comete; mas quem peca sexualmente, peca contra o seu próprio corpo".

A posse de Deus sobre nosso corpo

Quando pagou o preço derradeiro por nós, Jesus comprou não apenas nossa alma e nosso espírito, mas também o nosso corpo. Não importa o que você acha do seu próprio corpo: Deus o fez templo do Espírito Santo! Ao mesmo tempo que o Espírito dá vida ao nosso espírito, ele habita no recipiente — o nosso corpo. Assim como Deus não permitia a presença de nada profano no templo do Antigo Testamento, ele não permitirá que o pecado sexual profane nosso corpo. Imagine só! Seu corpo é o templo do Espírito Santo. Acho isso simplesmente impressionante, e peço que considere, além disso, que Adão foi criado à imagem de Deus e recebeu um corpo. Jesus veio em um corpo, e nele sofreu horrivelmente. Ele ressuscitou em um corpo que os discípulos puderam ver e tocar. Eles puderam ver onde os cravos foram pregados! E agora, em seu corpo eterno, Jesus viverá para sempre e voltará à terra.

Homens, como cristãos, seremos ressuscitados dos mortos ou trasladados na volta de Cristo. Ao escrever isso, fico maravilhado diante do plano de Deus.

Nosso corpo será transformado em uma forma eterna exatamente igual ao corpo eterno de Jesus. De fato, Paulo diz que o corpo nem sequer pertence mais a nós. Ele foi comprado por Jesus e pertence a ele. É por isso que essa questão do pecado sexual é tão importante! Quando profanamos o corpo com relação sexual fora do casamento, ignoramos e negamos o propósito para o qual o corpo foi redimido. Nosso corpo não deve ser tornar "um" com parceiras sexuais fora do casamento. Não deve ser profanado por comportamento sexual ilícito ou imoral. Em última análise, o pecado sexual viola o clamor de Deus para que nosso corpo seja seu santo templo.

Pecado no século 21

As táticas do Diabo nunca mudaram desde o jardim do Éden. O problema é que elevamos o pecado a uma nova esfera no século 21. Veja algumas das novas considerações:

- "O pecado é relativo."
- "Um pecado não é necessariamente pecado para qualquer pessoa."
- "Quem é você para julgar?"
- "Deus é um Deus de amor e não mandaria ninguém para o inferno."
- "Isto não é tão ruim quanto a hipocrisia de um cristão."

Fico impressionado em ver quão criativos podemos ser quando se trata de dar desculpas ou de encontrar um bode expiatório para como lidamos com o pecado. Pegamos definições claras de pecado conforme apresentadas na Palavra de Deus e as torcemos de modo a que se encaixem em nossa própria interpretação racionalizada. Chamo isso de "Nova Versão Invertida" da Bíblia.

> A Bíblia é o prumo da verdade para todas as coisas.

Sou suficientemente antiquado para crer que a Bíblia é a infalível Palavra de Deus e que nunca mudará, apesar das revisões modernas. A Bíblia é o prumo da verdade para todas as coisas. Nosso propósito não deveria ser mudar a Bíblia de modo que ela se conforme à sociedade moderna ou à nossa situação pessoal. Em vez disso, nosso propósito deveria ser ver a cultura mudar até que ela se conforme à Palavra de Deus. Você pode ter certeza de que sempre me apegarei a essa crença "antiquada".

O pecado tem um preço. Um paciente descobre isso ao questionar as escolhas que fez na vida quanto a fumar demais ou ter um vício que resulta em uma doença incurável ou em grande perda e dor aos seus entes queridos. Uma mulher jovem que opta pelo aborto sabe disso. Uma jovem e o bebê tirado dela e dado para adoção sabem disso. Portadores de doenças sexualmente transmissíveis sabem disso.

Qualquer pessoa que já tenha passado os olhos furtivamente sobre as imagens de pele nua em revistas pornográficas pode atestar que, a não ser que se arrependa, as imagens visuais secretamente obtidas enrolarão seus frígidos tentáculos ao redor da psique de uma pessoa até que produzam morte — de integridade, de consciência, de relacionamento honesto e, potencialmente, de almas eternas. A admoestação de Jesus de que o ladrão vem para roubar, matar e destruir é tão apropriada hoje quanto sempre foi, especialmente na área do pecado sexual. Muitos homens aparentemente grandes, piedosos e cheios de caráter caíram na armadilha do pecado sexual. Acredite em mim: o buraco é bem profundo e as pás para cavar a saída dele são poucas.

O PECADO SEXUAL NÃO É NOVO

Você se esqueceu de que o sexo foi ideia de Deus? Que ideia, não é? Gostaria de ter mais ideias assim. O propósito de Deus para o sexo era que este se realizasse entre duas pessoas, um homem e uma mulher, devo adicionar, de modo que pudessem se unir dentro dos laços do matrimônio. Foi assim que tudo começou. Deus reuniu Adão e Eva e disse: "Vão em frente". A humanidade tem seguido assim desde então. O problema não está na atividade sexual. Está na tentativa do homem de desfrutar do sexo fora dos limites do casamento. Sexo em revistas, sexo consigo mesmo, sexo na internet, sexo com outra pessoa que não a sua esposa, sexo com uma pessoa do mesmo sexo e sexo nos filmes são todas formas ilegítimas de satisfação sexual. Deus quer que tenhamos atividade sexual do jeito que lhe traga honra. Ele não quer que tenhamos sexo com a pessoa errada ou da maneira errada. Deus é surpreendente e propositadamente radical em relação ao sexo. Ele quer que conheçamos a satisfação que ele desejava tendo sexo apenas com uma esposa e, para o homem solteiro, ele quer que aguardemos pela atividade sexual até que o vínculo tenha sido estabelecido. Uma vez que Deus é o criador do sexo, podemos estar certos de que ele é claro em relação a como deseja que ele funcione.

Não existe nada realmente misterioso em relação à cobiça

A cobiça é um apetite carnal. Quando vai além da submissão ao controle de Deus, pode nos transformar em escravos do pecado. A cobiça resulta quando um desejo normal de satisfação sexual move-se para fora dos limites da aliança conjugal, na direção do fruto proibido das paixões ilícitas.

A cobiça surge quando começamos a olhar por cima da cerca na direção do jardim de outra pessoa. Descobrimos em 2Samuel 11 que a cobiça surgiu no coração do rei Davi quando ele olhou por cima da cerca na direção da banheira de Bate-Seba. Davi não apenas a viu tomando banho, mas também imaginou visualmente como seria se ele estivesse na banheira com ela. O fato de Bate-Seba ser esposa de outro homem aparentemente não o preocupou.

Para o rei Davi, o banquete visual do banho de Bate-Seba levou a uma "farra" glutona de adultério. O esforço de Davi para encobrir seu pecado de adultério levou-o a planejar a morte de Urias, marido de Bate-Seba e um de seus soldados mais leais. Perceba como o desejo inicial por Bate-Seba o levou à cobiça e como a cobiça o levou à morte. As consequências do pecado de Davi levaram à morte da criança que ele concebeu com Bate-Seba. Do mesmo modo, o profeta Natã declarou a Davi que seu pecado traria problemas sobre toda a sua casa. De fato, foi isso o que aconteceu, com estupro, homicídio e intriga crescente em sua família e em seu reino. O pecado sexual pode ser realizado em secreto, mas ele sempre tem custos visíveis e profundos. Como em todo pecado, é certo que "se brincar, você tem de pagar".

Quero incentivá-lo a memorizar Tiago 1.14-15. O texto é um grande resumo de causa e efeito: "Cada um, porém, é tentado pelo próprio mau desejo, sendo por este arrastado e seduzido. Então esse desejo, tendo concebido, dá à luz o pecado, e o pecado, após ter se consumado, gera a morte".

Todo homem seria bastante prudente ao dar um "Amém!" sincero a essa declaração.

Por onde começar?

Tudo bem, posso ouvi-lo dizer: "Larry, sei que você está totalmente certo em relação ao pecado sexual. *Mas o que eu faço?*".

Suponho que poderia chocá-lo ao dizer que você deve evitar situações carregadas de sexualidade contando histórias de homens que tiveram a vida marcada de maneira indelével pelo pecado sexual. Pastores, professores, ladrões, eruditos, filantropos, médicos, mendigos, políticos, alunos e pais caíram todos como presa desse inimigo furtivo. O pecado sexual é um destruidor que atinge a todos.

Todo mundo já escutou estatísticas como estas: "80% dos executivos...", "70% dos pastores...", "75% de todos os maridos...", "65% de todos os homens cristãos...". Estatísticas assim são tocantes e podem ser um ótimo ponto de partida para ajudar homens a enxergar a seriedade do problema. Mas as estatísticas e as histórias sozinhas jamais podem fornecer força ou motivação suficientes para mudar.

Ou então eu poderia expor você aos testemunhos anônimos escritos por homens sem face e com apenas o primeiro nome que foram capazes de escapar da poderosa armadilha do vício em sexo. Com muita frequência, as histórias deles também incluirão verdades práticas que os ajudaram a abrir as algemas que os mantinham presos. O ponto a destacar é que, se o irmão vulnerável pode mudar, você também pode. Testemunhos podem ser bastante encorajadores e úteis. Glória a Deus pelos homens que tiveram a coragem de compartilhar seus erros para que outros homens pudessem se ver livres dos deles!

Outra técnica geralmente ineficaz tenta impor "culpa" aos homens para que corrijam seus pecados sexuais. Se um número suficiente de pregadores repletos de justiça própria ou de membros de igreja julgadores conseguir prender homens por tempo suficiente diante da ameaça do fogo eterno, o fator medo talvez induza à mudança. Contudo, o fato é que as táticas que usam ameaça ou temor do fogo, encontradas em muitas pregações, podem induzir um atraso temporário na busca pelo fruto proibido, mas ela nunca é duradoura. De fato, tais esforços podem fazer o pecado sexual se tornar ainda mais atraente. Usar o medo para evocar mudança significa que o medo estará sempre presente. Ele deve ser usado sem cessar. Mesmo assim, o medo e a condenação nunca produzem resultados positivos duradouros. O medo é capaz de produzir mais medo, mas nunca liberdade.

Por fim, existe o método do "recruta". Ele é endossado por tipos que possuem personalidade dominante e colérica que acreditam que a solução para superar o pecado sexual é simplesmente se esforçar mais. Puxe você mesmo os cadarços da sua bota para se erguer do chão e sair do pecado! Diga a si mesmo, por tempo suficiente e em volume suficiente, que consegue, e você conseguirá. Seja Casey Jr., a pequena locomotiva do filme *Dumbo*, que sobe a colina dizendo "Eu sei que posso, eu sei que posso, eu sei que posso", e, por fim, você conseguirá. Aqueles líderes fortes e disciplinados se esquecem de que a maioria dos homens da população não compartilha de seus traços de personalidade. A maioria dos rapazes nem sequer tem cadarços em suas botas com os quais se puxar para cima. O método do "recruta" pode aparentar ser eficiente para a pessoa altamente disciplinada, mas é um triste fracasso para todas as pessoas que não possuem esse tipo de personalidade.

No caso de nenhum desses métodos funcionar

Existe uma quantidade quase devastadora de culpa e vergonha associadas ao vício em sexo entre homens cristãos. À medida que os homens passam de breves interlúdios com a pornografia ou material explícito para o vício completo, Satanás já nos convenceu de que somos indignos demais para voltar a Deus. Sentimos que não podemos lhe pedir perdão mais uma vez. Ficamos convencidos de que não há saída. Passamos a nos odiar e a pensar que Deus está desgostoso conosco. Aceitamos a mentira de que Deus não consegue amar pessoas como nós e que não pode e nem mesmo quer começar a considerar a ideia de nos receber de volta. Estamos com um pé preso na armadilha montada por Satanás. Assim, os métodos citados não funcionam.

Precisamos de uma revelação espiritual! Devemos entender como Deus nos vê e quem somos em Cristo. Quando somos salvos, assumimos uma nova natureza. Eu alegremente baterei na mesa e repetirei isso até que você acredite que Deus o criou à imagem dele e o valoriza muito — um valor tão alto que não podemos compreender. Homens, somos perfeitos em Cristo e, em sua poderosa graça e por meio de seu poder gracioso, podemos nos tornar homens *teleios*.

O Espírito Santo é nosso poderoso aliado. Sua missão é mudar nosso pensamento em relação a nós mesmos e nos fortalecer para mudar nosso comportamento de modo a refletir nossa nova identidade nele. Aliás, existem ações necessárias e úteis para experimentar a liberdade nessa área. Mas o poder dessas ações só é obtido depois de entendermos como Deus nos vê, e, em razão disso, como devemos ver a nós mesmos.

Dois elementos da liberdade sexual

Já conversei com homens que experimentaram verdadeira liberdade sexual em Cristo. Esses rapazes parecem ter algumas coisas em comum. Eles têm a atividade do Espírito Santo presente em sua vida e uma disposição de serem abertos, vulneráveis e de prestar contas. Existem vários outros padrões comuns de personalidade naqueles que possuem a verdadeira liberdade sexual, mas estes parecem ser os mais importantes.

A obra do Espírito Santo

A obra do Espírito Santo é nos guiar a toda verdade. Se você se vir preso no vício em sexo, mas seu coração clamar genuinamente para ser livre, a *primeira* coisa a fazer é pedir ao Espírito que revele o amor e a aceitação absolutos e inequívocos do Pai por você, que é filho dele. Deus não está bravo nem desgostoso com você, e ele não está relutante em recebê-lo de volta. A Palavra nos ensina que nada pode nos separar do amor de Deus (Rm 8.38-39). Temos todo o direito de pedir a ele que confirme em nosso coração que somos seus filhos. Podemos esperar tranquilamente que ele fará isso quando pedirmos.

A mentira contada pelo vício em sexo é que não há esperança porque não podemos escolher ser livres. A Palavra ensina que já fomos libertos do poder do pecado no momento em que nascemos de novo. Satanás quer que você acredite que não tem poder para cair fora. Deus quer que você entenda que, na verdade, está plenamente capacitado para sair. O poder do Espírito já reside em você. Se você começar a entender quem é em Cristo, então começará a ver claramente que o pecado não é mais seu senhor.

Transparência

Assim que os homens atentarem para como Deus os vê e começarem a mudar a maneira de verem a si mesmos, eles precisarão dar outro grande passo. Certamente precisarão dar início a uma vida de maior transparência. Os que são verdadeiramente bem-sucedidos em romper o vício em sexo fazem a escolha de deixar sua vida de segredos, de expor seus pecados e de abraçar a abertura, a prestação de contas e a vulnerabilidade. Eles se levantam e corajosamente revelam qualquer coisa que estavam escondendo. Eles saem do armário no bom sentido. Aliás, eles abrem a porta de seu armário e acendem a luz. Sabe, esses homens se cansam das escolhas de seu estilo de vida oculto e decidem não viver mais uma mentira. Tomam medidas heroicas e certificam-se de que a culpa e a vergonha não controlam mais suas escolhas. Estão de tal modo tocados por seu reconhecimento do amor do Pai que se dispõem a enfrentar o vício de frente e se confessar diante daqueles que os amam. São finalmente tocados a reconhecer o poder residente do Espírito dentro deles. Começam a dar os passos e a fazer as escolhas que os levarão a viver como as pessoas que eles já são em Cristo.

O PECADO SEXUAL PODE ESCONDER

Um homem pode continuar sua vida como pai, líder eclesiástico e cumpridor de seus deveres cívicos e, ainda assim, manter um relacionamento obscuro e oculto com o pecado e o vício sexuais. Ele não pode encontrar e não encontrará libertação até que se disponha a admitir e confessar abertamente seu pecado e a buscar ativamente um ponto de prestação de contas com um ou mais irmãos em Cristo. Sem abertura não há libertação. Nunca conheci um homem que tenha sido liberto do pecado sexual sem nunca ter experimentado a atividade do Espírito Santo em sua vida e que não fosse aberto e transparente em relação à sua luta.

O sucesso na superação do pecado sexual não pode ser resultado apenas de suas ações. Jesus já agiu e venceu essa luta por você. Todos os ajustes de comportamento que você puder fazer não significam nada. Tudo depende de quem você conhece. Você pode obter vitória sobre a degradação e a vergonha do pecado sexual se conhecer Jesus. Permita que ele comunique a vida dele por seu intermédio.

Qual é o resumo? Somente a presença do Espírito Santo pode fornecer tanto o processo quanto o poder de libertá-lo das cadeias do fardo sexual e levá-lo rumo à verdadeira liberdade em Cristo.

O RISCO DO VÍCIO SEXUAL

Os que acham que são isentos ou imunes ao risco paralisante do vício em sexo devem considerar fortemente a admoestação de Paulo em 1Coríntios 10.12: "Assim, aquele que julga estar firme, cuide-se para que não caia!".

Nem todos os homens enfrentam ativamente dificuldades com o vício em sexo, mas a possibilidade está sempre presente. De acordo com Stephen Arterburn e Fred Stoeker, 10% de todos os homens já estão nas garras do vício em sexo.[1]

A sessão a seguir contém um pequeno conjunto de listas que o ajudarão a orientar seu comportamento sexual de volta para o caminho de Deus. Espero que elas lhe sejam úteis!

Como saber se estamos correndo risco de ser viciado em sexo?

Apresento a seguir alguns sinais e sintomas:

1. Afirmar ser capaz de parar qualquer atividade sexual fora do casamento sempre que quiser, mas continuar praticamente essas ações.
2. Observar pornografia habitualmente — impressa, em vídeo ou na internet.
3. Esconder de sua esposa alguma atividade sexual, incluindo masturbação.
4. Desenvolver e praticar fantasias sexuais.
5. Visitar regularmente lojas de pornografia, espetáculos de *striptease* ou cabines de vídeo.
6. Praticar qualquer tipo de voyeurismo sexual.

Passos para acabar com os vícios sexuais

1. Preste contas regularmente e seja espiritualmente submisso a outros irmãos cristãos e una-se a um grupo de apoio. Não se engane ao achar que esse vício pode ser vencido sozinho.

2. Dê satisfação à sua esposa. Deixe que ela conheça sua vulnerabilidade e suas fraquezas. Peça-lhe ajuda.

3. Leia a Palavra. A Bíblia o manterá longe do pecado. Lemos em Salmos 119.11: "Guardei no coração a tua palavra para não pecar contra ti".

4. Trate o pecado como Deus trata o pecado: É pecado! Não adoce o pecado usando palavras modificadoras e chamando-o de "um erro". Pecado é transgressão. Certas descrições de pecado revelam uma perigosa falta de conhecimento: "Caí em pecado". Não, você não cai no pecado. Você toma uma decisão deliberada de pecar. E ao dizer "Cometi um erro", ainda não está enfrentando a realidade. Erros não requerem perdão, mas o pecado sim. Se foi realmente apenas um erro que você cometeu, então não há necessidade de se arrepender. Mas se cometeu um pecado, então deve chamá-lo do que ele é — ou seja, pecado — e arrepender-se dele.

5. Mate e fuja. Em 1Coríntios 6.18 Paulo diz que todos os pecados se originam fora do corpo, mas que o pecado *sexual* é contra o corpo.

- É por isso que o apóstolo Paulo escreve em Colossenses 3.5 que devemos fazer morrer os pecados sexuais. Você não tolera pecados, mas, pelo poder do Espírito Santo, os mata! No mesmo capítulo, Paulo relata os tipos de comportamento dos quais você deve se livrar e a nova expressão de Cristo da qual deve se revestir. Mas, quando se trata do pecado sexual, a ordem é inequivocamente clara. Mate-o. Nada de "se", "e" ou "mas" em relação a isso.
- Paulo disse a Timóteo que ele deveria fugir dos "desejos malignos da juventude" (2Tm 2.22). Paulo estava dando a Timóteo informações das quais ele precisaria no futuro. Ele deve se esquivar da tentação sexual. O processo é simples: mate os pecados sexuais e depois saia correndo quando for exposto a eles.

6. Se não existir nenhum grupo de apoio a viciados em sexo, inicie um. Para os que leem inglês, o Pure Life Ministries possui excelentes programas para homens que desejam escapar do fardo do vício em sexo. Você pode ter acesso a eles através da internet, no *site* www.purelifeministries.org.

7. Leia livros cristãos escritos por homens que já estiveram lá. Há vários títulos cristãos que você pode ler. Eles entram em mais detalhes e fornecem muito mais informação sobre vício sexual do que posso abordar neste capítulo.

- Stephen Arterburn e Fred Stoeker são autores do livro *A batalha de todo homem*, publicado pela Editora Mundo Cristão. Como diz o dr. Jack Hayford, o livro fornece um "arsenal de resistência".
- Stephen Arterburn e Dean Merrill editaram a *Bíblia de estudo desafios de todo homem*, publicada pela Editora Mundo Cristão.
- Steve Gallagher apresenta ótimos conselhos para homens nos livros *No altar da idolatria sexual* e *Guia bíblico para aconselhamento bíblico para pessoas compulsivas por sexo*, publicados pela Graça Editorial.

Medidas de proteção para a preservação da sexualidade sadia

Veja a seguir algumas sugestões sobre como proteger uma vida sexual saudável, feliz e abençoada:

1. Faça da sua esposa sua prioridade e a única atração sexual de sua vida.
2. Pratique regularmente disciplina sobre seus olhos e seu corpo.
3. Não faça nada em segredo (Lc 12.2-3).
4. Confesse seus pecados sexuais do passado a alguém em quem possa confiar e a quem possa continuar prestando contas (Tg 5.16).
5. Seja sensível e não condene os que caem, a fim de que você também não venha a cair. Estenda aos outros a mesma graça que Jesus lhe concedeu (Gl 6.1).
6. Busque a retidão. Não é suficiente fugir do pecado (o aspecto negativo); você também deve buscar a justiça (o aspecto positivo; 2Tm 2.22).

7. Esteja atento a quem você se junta e fique longe das más influências. Evite as piadas e brincadeiras sexuais "inofensivas". Opte por estar perto de cristãos saudáveis (Pv 24.1; Jr 15.17; 1Co 15.33; Sl 1.1-2).
8. Cuidado com o que vê! Uma vez que os homens são profundamente visuais, na mente deles o portão dos olhos é uma enorme entrada para o pecado.

Uma das passagens mais animadoras da Bíblia é encontrada em 1Coríntios 6. Depois de apresentar uma lista de pecados da carne nos versículos 9 e 10, Paulo conclui no versículo 11: "Assim foram alguns de vocês. Mas vocês foram lavados, foram santificados, foram justificados no nome do Senhor Jesus Cristo e no Espírito de nosso Deus".

Não será uma bênção maravilhosa ser capaz de dizer com honestidade "Eu era assim!"? É exatamente esse o testemunho que Deus quer que você dê! Homens, nós podemos fazer isso! Vamos começar imediatamente.

4

Sua ferida paterna

A cura da ferida paterna

MARK SENTOU-SE NA MINHA sala socando as costas do sofá e gritando: "Odeio meu pai; odeio meu pai; odeio meu pai. Por que Deus me deixou passar por tudo isso? Por que ele não impediu meu pai de beber?".

Mark se esforçava bastante para manter seu pai em casa. Sabia que sua mãe o colocaria para fora de casa caso a bebedeira continuasse. Mas os esforços de Mark foram frustrados, e seu pai foi mandado embora. "Depois disso, ele nunca mais esteve presente. Nunca foi a nenhum dos meus jogos de futebol. Os pais de todos os outros rapazes estavam ali para assistir ao jogo, mas ele nunca apareceu. Eu o odiava por isso".

Ali, no meu gabinete, eu ouvi e vi. Havia ira debilitante e dor real naquele rapaz. Homens velhos e moços choraram comigo em sessões de aconselhamento enquanto colocavam para fora sua dor, provocada por esse mesmo tipo de devastação.

Durante uma conferência em Los Angeles, sentei-me com outro homem cujos ombros tremiam em razão de um soluço quase incontrolável. "Meu pai nunca compareceu a nenhum dos jogos de que participei e, além disso, era infiel para com minha mãe. Achava que, uma vez que vivíamos na mesma cidade, ele pelo menos compareceria ao meu casamento. Mas, não, ele estava muito ocupado!"

Na mesma conferência em Los Angeles um homem belo, talentoso e atlético, ator e diretor de cinema, compartilhou comigo: "Meu testemunho não é o mesmo de outros homens. Meu pai sempre me acompanhou. Ele sempre compareceu aos meus jogos". De repente, no meio de seu testemunho, ele parou. Depois de alguns instantes de um silêncio incômodo, ele disse: "Isso não é verdade". Cheio de melancolia, ele continuou: "Tenho contado essa mesma mentira há anos. Achava que Hollywood não me deixaria entrar na indústria do cinema se realmente soubessem do meu passado. Eu nunca tive pai. Nem sequer sei quem ele é. Cresci sem um modelo masculino. Ninguém estava ao meu lado".

Para muitos homens, a ferida emocional mais profunda que eles já experimentaram foi infligida pelo pai deles. Falei brevemente sobre a ferida paterna no capítulo 1, e agora abordarei essa dolorosa realidade em mais detalhes. Durante muitos anos de ministério e aconselhamento junto a milhares de homens, testemunhei incontáveis momentos em que a tampa que cobre as emoções de um homem é retirada, e o resultado é uma torrente de ira e frustração acumuladas. Na maioria dos homens, a ira foi o resultado de sérias feridas provocadas por pais abusivos. O abuso foi cometido de muitas formas, como verbal ou física, e até mesmo uma combinação de ambas. Para outros, foi a ferida criada pela injustiça de ter um pai distante ou por não ter pai algum. Seja qual for o caso, a dor foi real, profunda, duradoura e é muito comum que seja passada à geração seguinte.

Os pais podem ferir seus filhos de muitas maneiras diferentes. Pode ser por meio de um pai ausente que está presente fisicamente, mas não emocionalmente. Ele chega do trabalho, liga a televisão e se desliga de todas as demais pessoas. O filho o vê, mas se afasta, sabendo por experiência própria que seu pai não quer ser perturbado. Tentativas de conversação simplesmente não funcionam. O menino aprende que não pode discutir seus problemas e medos mais profundos com seu pai. Raiva, frustração e até mesmo ódio criam raízes no coração do menino. Esses estados emocionais se aprofundam com o passar do tempo e, é claro, o comportamento é afetado por eles.

É muito comum os homens me dizerem: "Sei que ele me amava, mas ele simplesmente nunca me disse. Ele sempre trabalhou duro, mas não sabia como mostrar emoção". Essa é a descrição típica de um pai emocionalmente distante. Os filhos reconheciam vagamente que eram amados porque tinham comida e abrigo. É melhor do que nada, mas é um substituto ruim para o amor emocional e relacional.

O pai emocionalmente distante não tem nada do pai abusivo — aquele que exerce autoridade através do abuso verbal ou físico. Inúmeros homens descrevem histórias vívidas e comumente repugnantes de surras regulares que recebiam de seu pai. Talvez ainda mais devastador seja o abuso físico ou verbal que viu a mãe receber. As cicatrizes no coração do menino são profundas. À medida que fica mais velho, a ira devastadora e não resolvida do passado se soma às frustrações da vida diária. Um ciclo repetitivo de comportamento destrutivo tem início outra vez em outra família.

Há pais que só se relacionam com seus filhos com base em desempenho. "Eu o amarei se você for bom nos esportes, na escola ou no trabalho." O fracasso resulta em rejeição. Um pai que valoriza seu filho apenas por suas realizações cria um menino que tenta agradar todos aqueles que fazem parte de sua vida. Contudo, geralmente ou eventualmente, o menino falha ao tentar agradar a todos.

Um pai supercompetitivo é compelido a ver seu filho ganhar em alguma área. Mas o pai dirá: "Eu teria feito melhor". Esses filhos simplesmente não conseguem vencer. Mas eles nunca quiseram competir com seu pai. Quer ganhassem, quer perdessem, eles simplesmente queriam que seu pai os amasse incondicionalmente.

Então, existem os pais que, por meio do divórcio, abandono, prisão ou outras circunstâncias, não estão próximos de seus filhos de forma alguma. "Nunca conheci meu pai" é seu clamor de partir o coração. Em muitos casos, o pai desapareceu depois da gravidez em vez de lidar com a responsabilidade. Às vezes um divórcio ocorre depois de um filho estar parcialmente crescido, o que causa um rasgo profundamente traumático no coração do menino quando o pai sai de casa. Já ouvi que, depois de um ano de divórcio, a maioria dos filhos não vê mais seu pai com qualquer nível de regularidade, mesmo quando vivem bem próximos.

Em todos esses "desaparecimentos", o senso de rejeição é real e profundo. Os homens praticamente ficam sem nenhum senso de identidade que seja como resultado desse abandono. Seu senso de valor próprio é danificado ou praticamente destruído por causa do abandono de seu pai. "Ele não me amava o suficiente para ficar por perto!" Esse pensamento se internaliza profundamente nos homens. É comum eu segurar homens chorando em meus braços à medida que eles descrevem lembranças de rejeição da parte de seu pai. Alguns desses rapazes sofrem internamente por não terem tido um pai.

Orei com um rapaz cujo pai era técnico do time de hóquei em que ele jogava. Um dia, enquanto o time de meninos treinava, o pai do menino saiu do gelo e disse-lhe que ia largar a esposa, a mãe do menino. O rapaz saiu do gelo e pendurou seus patins, para nunca mais competir. Aquele rapaz terminou se envolvendo com drogas, sofrendo desilusão e fracassando. Foi preciso uma esposa piedosa e um pastor que o amava para ajudá-lo a receber cura para suas emoções avariadas.

Homens, estou lhes contando histórias reais. Já vi inúmeras vidas machucadas e danificadas pelas feridas paternas. Disfunção e falência total assolam os filhos de pais falhos. Neste capítulo não é possível examinar as ramificações das feridas paternas em nossa sociedade hoje. Também não consigo investigar as causas fundamentais da ferida paterna.

> O fracasso da paternidade é uma das razões fundamentais da desintegração de famílias, do crescimento das epidemias sociais, do desrespeito pela autoridade e de uma hoste de males que assolam a sociedade como um todo.

Quero dizer algo com ênfase e fervor: O fracasso da paternidade é uma das razões fundamentais da desintegração de famílias, do crescimento das epidemias sociais, do desrespeito pela autoridade e de uma hoste de males que assolam a sociedade como um todo. Infelizmente, a ferida e a dor que um pai gera em seus filhos são ainda hoje passadas de uma geração para a seguinte. Nós *devemos* interromper essa reprodução da dor, assim como devemos pôr fim a outros comportamentos passados àqueles que vêm depois de nós.

A FERIDA QUE DÓI

Com o passar dos anos, também aconselhei uma multidão de homens que foram extremamente abusivos para com a esposa, os filhos, os empregados e qualquer outra pessoa com quem deparassem pelos caminhos da vida. Acadêmicos, cientistas sociais e outros teóricos podem *falar* sobre isso. Mas tenho abraçado homens que choram e ouvido seus soluços por anos. Declaro sem hesitação que homens abusivos foram produzidos em famílias disfuncionais e abusivas. Em praticamente todos os casos, havia um pai abusivo na base de toda essa ferida e confusão.

Homens que sofreram abuso têm autoimagem fraca e um senso de valor pobre. São frequentemente descritos como "emocionalmente imaturos". Quando esses homens se casam e constituem família, sua falta de resistência emocional fica aparente. As inevitáveis pressões da vida diária — trabalho, contas, conflitos conjugais e questões relacionadas à criação de filhos — terminarão expondo sua fraqueza. Propelido pela sempre presente ira não resolvida em relação a uma ferida paterna não curada, esses homens retornam ao mesmo comportamento abusivo do qual foram vítimas nas mãos de seu próprio pai. Embora as formas específicas de abuso possam ser diferentes, o mesmo espírito insensível e abusivo que experimentaram durante o crescimento é, por sua vez, expresso a seus próprios filhos.

Já observei muitos homens que querem se distanciar de seu passado. Não querem lidar com a ferida paterna que carregam. Eles decidem que serão diferentes de seu pai. Farão isso com força de vontade. Afinal, essa é a atitude masculina, certo? Assim, eles se esforçam para prover uma casa e uma escola melhores para seus filhos. Trabalham por melhor formação educacional, mais oportunidades e mais coisas materiais do que desfrutaram em sua infância. Ao mesmo tempo, a ira de sua própria ferida paterna ferve abaixo da superfície. Inevitavelmente, a pressão para tentar prover uma vida melhor para a esposa e os filhos dispara o mesmo tipo de padrões de comportamento que eles experimentaram.

Papai volta para casa cansado, frustrado e irritado. As crianças o irritam, e ele grita com elas. A esposa o irrita, e ele a repreende. Ele só quer assistir a um pouco de televisão e ficar sozinho. Eles não entendem tudo pelo que ele está passando para prover essa vida fantástica para eles. À medida que a pressão aumenta com o passar do tempo, ele se distancia mais emocionalmente e é comum simplesmente ficar longe de casa por períodos mais longos. Quando está em casa, sua ira cresce num piscar de olhos, e ele passa do abuso verbal para o abuso físico. As crianças e a esposa começam a temer por seu próprio bem-estar quando ele está por perto. E os mesmos sentimentos de rejeição, alienação, abandono e ira começam a nascer no coração deles.

Esse cenário prossegue continuamente nas famílias por toda a terra. Os efeitos devastadores da ferida paterna são tão fortes em tantos níveis! Você consegue entender? A força de vontade apenas não é capaz de curar a ferida paterna que dá início a esse ciclo.

Como a ferida paterna pode ser curada?

1. *Admita que você tem uma ferida paterna.* Você não pode ser curado se negar o ferimento. Por mais estranho que pareça, os homens sentem que estão sendo desleais se admitirem que têm uma ferida paterna. Os filhos — até mesmo os crescidos — querem ser vistos como saudáveis e relevantes. Normalmente é difícil para um filho admitir que seus pais eram abusivos.

2. *Entenda o passado do seu pai.* Seu pai está repetindo o que experimentou quando criança. Embora seja errado e certamente injustificável, ele provavelmente está repetindo o que aprendeu com seu próprio pai abusivo. Tente descobrir como o pai dele o tratava!

3. *Perdoe seu pai.* Não importa o que ele tenha feito a você: perdoe-o. Você o colocou numa gaiola de vingança e amargura. É hora de libertá-lo. Substitua "Eu nunca o perdoarei" por "Se Deus me perdoou, como posso fazer menos por meu pai?". Deixe Deus lidar com os pecados do seu pai. Ele é o único que realmente conhece o coração do seu pai. Jogue para ele as chaves para abrir a gaiola. Perdoar seu pai não muda o que ele fez por você, mas de fato permite que Deus trabalhe. Ainda que seu pai nunca tenha a disposição de se humilhar e pedir o seu perdão, você deve perdoá-lo.

Vários anos atrás um amigo meu foi questionado por sua esposa num retiro para casais sobre a razão de sua ira não resolvida. Depois de ficar irritado com ela por sugerir que ele era um homem irado, ele ouviu enquanto ela continuou falando: "Acho que você ainda está irado por seu pai tê-lo abandonado". Ela acertou na mosca! A ira dele em relação a ela era ira não resolvida em relação a seu pai. O pai dele abandonou sua mãe, trocando-a por outra mulher, no período em que ele estava no ensino médio. Ele e seus irmãos foram forçados a crescer sem a influência estabilizadora de seu pai nos anos críticos da adolescência.

Vários anos depois, seu pai morreu. Enquanto a maioria de seus irmãos se recusou a ir ao funeral, meu amigo decidiu ir até lá com duas de suas irmãs. Quando entrou no local onde estava o corpo e viu o homem que o havia abandonado anos atrás, seu coração se partiu. Conduzido indubitavelmente pelo Espírito Santo, ele foi até o caixão, colocou as mãos sobre o peito de seu pai e começou a conversar com ele. "Eu o perdoo, pai, por nunca comparecer aos meus jogos. Eu o perdoo, pai, por trocar minha mãe por outra mulher. Eu o perdoo, pai, por nunca me ensinar nada sobre sexo. Eu o perdoo, pai, por nunca estar junto de mim". Com isso, ele disse que sentiu como se a ira saísse de seu corpo. Ele não percebeu naquele momento que a ira em relação à sua esposa também havia desaparecido. Incrivelmente sua ira em relação a qualquer outra pessoa também se foi. Se você o encontrasse hoje, jamais suspeitaria que ele foi um homem irado. Ele é o cara mais gentil e educado que você poderia conhecer. Sua ferida paterna foi totalmente curada.

Cura para aqueles a quem ferimos

Aqueles que foram profundamente feridos normalmente vão ferir os membros de sua própria família e outras pessoas. A ferida de gerações pode e deve ser barrada! Mesmo quando fomos seriamente feridos, devemos tomar posse de nossa própria ira, do abuso verbal ou físico, das exigências baseadas em desempenho, do abandono ou dos comportamentos controladores. Se os membros de nossa família sofreram por causa do abuso emocional ou físico que lhes infligimos, é imperativo que revertamos nossas ações e busquemos cura e reconciliação emocional e relacional.

> Aqueles que foram profundamente feridos normalmente vão ferir os membros de sua própria família e outras pessoas.

Consertar danos que causamos a outros!

Seja honesto. Avalie a dor que infligiu a outras pessoas. Levante-se e admita, sem temer as consequências e entendendo que ferirá essas pessoas mais e mais se não parar. Se você realmente não tem certeza de que as feriu, pergunte. Tenho certeza de que elas serão muito mais honestas do que você gostaria.

Peça perdão a elas. Um pai que diz "Estou errado, por favor, me perdoe" traz mais cura do que se pode imaginar. Não se pode desfazer o passado, mas um pedido de desculpas pode iniciar um impressionante processo de cura.

Perdoe a si mesmo. Depois de ter se arrependido e buscado perdão por qualquer ferida que tenha causado aos membros da sua família, você deve perdoar a si mesmo. Ser severo demais com você é não apenas contraproducente, como também perigoso. A autocondenação o manterá numa prisão que construiu para si mesmo.

Às vezes uma história pessoal toca nossa vida em lugares que simples princípios não conseguem alcançar. Portanto, pedi a Larry Lee que escrevesse sua própria história. Larry entrou em nossa vida quando tinha 16 anos e permanecerá em relacionamento conosco "até que a morte nos separe" — e, pela graça salvadora de Deus, por toda a eternidade. Acompanhe a sua história.

> Minha mãe morreu em 1968 aos 48 anos. Ela bebeu até morrer. Era epilética e, com o passar do tempo, o álcool desgastou sua saúde. Um dia ela caiu no chão da pequena casa de dois quartos em que vivia e simplesmente morreu — completamente sozinha. Eu tinha 16 anos e vivia em meu terceiro lar adotivo em cinco anos quando recebi o telefonema de minha tia falando sobre a morte da minha mãe. Minhas duas irmãs, alguns anos mais novas que eu, viviam com minha tia no sistema de lar adotivo também.
>
> Cinco anos antes, vizinhos alertaram as autoridades que cuidam do bem-estar de crianças sobre a nossa situação. Eles estavam preocupados conosco e o estilo de vida de bebedeira de minha mãe e seu marido na época. Quando o Estado se envolveu na situação, os dois consumiam pelo menos um engradado de cerveja e três a quatro garrafas de vinho barato todos os dias. Não me lembro de um momento naqueles anos em que eles não estavam ou bebendo ou embriagados. Depois que as autoridades nos tiraram de casa, minha mãe nunca superou a

dependência. Nunca voltamos a ser cuidados por ela antes de sua morte. Já fazia mais de um ano que não a via quando as notícias chegaram.

Naturalmente, eles tinham um círculo de amigos que viviam debaixo do mesmo estilo de vida, e rotineiramente nos expunham — as crianças — a alguma situação difícil. Era comum haver festas adultas em casa com pessoas em vários estágios de nudez a todo momento. Não era incomum eu descer as escadas de manhã e encontrar pessoas totalmente estranhas, sem consciência, sobre a mobília da sala de estar em posições indecentes e comprometedoras.

Essas imagens ainda enfeitam minhas lembranças.

Muitas vezes, naqueles anos, íamos para a cidade com minha mãe e seu marido e nos sentávamos na praça de alimentação de algum estabelecimento enquanto eles passavam algumas horas no bar. As pessoas acham difícil acreditar nisso, mas, aos 12 anos, eu costumava dirigir o Chevrolet 1948 de minha mãe ou o Impala 1960 de seu marido por doze quilômetros até nossa casa fora da cidade porque eles estavam bêbados demais para dirigir. E, em muitas ocasiões, fiz isso na calada da noite. Naturalmente, os vizinhos ficavam cada vez mais assustados à medida que o comportamento de minha mãe e de seu marido ficava cada vez mais ultrajante.

Quando o Estado finalmente interveio, a pergunta surgiu: "Para onde vão nos mandar?".

Eu e minhas irmãs fomos viver com minha tia. Ela e meu tio tinham uma pequena igreja pentecostal fora da cidade. Todos os anos eles tinham uma escola bíblica de férias, e eu tive uma genuína experiência de salvação aos 9 anos num daqueles encontros. Pelo fato de frequentarmos essas reuniões todos os verões, parecia natural que fôssemos mandados para lá pelo Estado para morarmos como num lar adotivo. Conforme fui ficando mais velho, porém, meus tios não permitiram que participasse dos esportes na escola nem que frequentasse a escola de dança. Era a mentalidade "saiam do meio deles e separem-se" tão prevalente nos círculos pentecostais do passado. Depois de um tempo, não consegui aguentar mais e comecei minha jornada por quatro outros lares adotivos até meu primeiro ano no ensino médio.

Até onde sei, minha mãe se casou e se divorciou cinco vezes. Ela estava entre os mais novos de onze filhos e era um espírito livre, para dizer o mínimo. Tinha um bom coração, mas era sempre atraída a sentar-se no balcão de um dos bares locais. Quando cheguei aos 8 anos, era comum eu tomar conta de minhas irmãs. Eu preparava macarrão com queijo ou alguma refeição simples. Às vezes eu simplesmente fazia sanduíches. Minha mãe costumava me mandar ao mercadinho perto de casa para pegar algumas coisas fiado. O dono deixava que ela comprasse até receber o cheque da Previdência Social e, então, ela liquidava a dívida. Não consigo me lembrar de algum período entre os maridos que ela teve em que não tenhamos recebido pagamento da Previdência Social.

Não conheci meu pai verdadeiro. Contudo, descobri por minha tia, depois da morte de meu pai, que ele abandonou minha mãe durante os dias em que ela ficou no hospital depois do meu nascimento. Eles nunca se casaram, e ele simplesmente desapareceu. Com exceção do último homem com quem ela se casou, as únicas lembranças que tenho dos outros maridos de minha mãe são as vagas recordações de vê-los chegando e partindo. O álcool sempre tinha um papel importante nesses relacionamentos, e nenhum daqueles homens jamais foi um pai para mim.

Você pode imaginar que, na época em que fui para o ensino médio, havia uma raiz de amargura crescendo profundamente em minha alma. Eu não estava envolvido com drogas naquela época e só bebia alguns drinques. Não fumava e era bastante atlético. Você poderia dizer que eu era um menino correto, distinto e tudo mais. Contudo, naquela época, já havia sofrido tantas feridas nas mãos de adultos que não deixaria ninguém me dizer o que fazer. Enfrentava qualquer um e estava preparado para lutar num piscar de olhos. Eu era um rapaz grande e forte e conseguia me defender. Mesmo possuindo tantas feridas emocionais, eu era, de modo geral, respeitoso com os adultos, mas apenas até que eles tentassem me dizer o que fazer. Era então que traçava um limite. Essa foi a razão de passar por cinco lares adotivos em sete anos. As pessoas simplesmente não sabiam como lidar comigo ou com minha inconstância. Minhas convicções sobre Deus eram firmes, mas se servir a ele significasse submeter-me a pessoas em posição de autoridade, isso não aconteceria.

Ao olhar hoje para aquele período de minha vida, percebo que estava completamente coberto de vergonha. Sentia vergonha de ser um menino sustentado por uma ajuda do governo. Sentia vergonha de, aos 8 anos, ter de lidar com o dono do mercadinho. Sentia vergonha durante todas as atividades escolares, porque, nas poucas vezes em que minha mãe ou seu marido apareceram, eles haviam bebido, e era fácil sentir o cheiro neles. Sentia vergonha por não ter um pai em todos os eventos nos quais os pais faziam parte da diversão. Sentia vergonha de estar exposto à boemia de adultos de todo tipo e por ter, como resultado, sementes de cobiça sexual plantadas em minha mente. Sentia vergonha durante os anos do ensino médio quando tinha de explicar que vivia num lar adotivo. Houve vários deles. Os rapazes que me conheceram no ensino médio também ficaram sabendo que eu estava sempre de mudança, e isso era vergonhoso para mim. A vergonha na minha vida foi o combustível que alimentou minha ira. Embora não tivesse identificado isso naqueles dias, hoje percebo que também possuía uma profunda e crescente ira diante das injustiças da minha vida.

Tive a felicidade de viver com um médico da cidade e sua esposa durante meu último ano. A casa deles de fato apresentou a mim um modo melhor de vida. Infelizmente, eu estava tão cheio de ira que não consegui me beneficiar de qualquer orientação que pudessem ter dado a mim. Permaneci do lado de fora da vida olhando para dentro. Tinha a personalidade tão forte, sempre prestes a atacar, que, no final, a esposa do médico ficou feliz por me ver partir. Durante meu primeiro trimestre na faculdade, ela me enviou uma carta, parte da qual dizia: "Ficamos felizes por ter-lhe oferecido um lar no ano passado. Agora que você se foi, achamos que não há mais nada que possamos fazer por você. Por favor, de agora em diante, olhe para Deus como seu pai". Não preciso dizer como me senti.

Contudo, fui muito afortunado por encontrar um jovem casal na minha cidade natal no verão anterior ao meu último ano. Eles haviam chegado para assumir uma pequena igreja, e sua juventude, seu entusiasmo e sua energia simplesmente atraíam as pessoas a eles. Eu tinha um amigo cristão na escola e frequentava a igreja com ele de vez em quando. Ele me convidou a acompanhá-lo certa noite para conhecer aquele jovem casal e participar de um dos cultos noturnos na igreja deles. Fui instantaneamente cativado pelo amor inclusivo que transpirava deles.

Larry e Devi Titus foram enviados por Deus a mim. Eu era um tornado prestes a entrar na vida deles. Sou um dos primeiros dos mais de oitenta e tantos caras que viveram com eles em vários anos. E, embora eles tenham tido um enorme impacto sobre mim nos primeiros anos de nosso relacionamento, nunca de fato me dispus a submeter-me completamente à liderança de Larry ou a Deus através de seu ministério. Eu simplesmente tinha muita ira e dor não resolvidas para deixar que alguma pessoa de fato penetrasse abaixo da superfície da minha vida. Felizmente, durante os trinta e sete anos que nos conhecemos, eles nunca desistiram de mim. Larry orou por mim, ministrou a mim, sangrou comigo e por mim, e é a única figura paterna que realmente conheci. Costumo dizer que sou pessoalmente responsável por um ou dois centímetros quadrados de cabelo branco que existem em sua cabeça.

Estava na faculdade havia dois anos e não tinha absolutamente nenhuma ideia do que estava fazendo ali. Mudei de curso diversas vezes e realmente não conseguia me firmar. Estava totalmente despreparado para tomar uma decisão sobre meu futuro. Eu não apenas não estava disposto a receber qualquer orientação adulta que não viesse de Larry e de Devi, mas também continuava precisando de anos de acompanhamento paternal sólido.

Sentia muita raiva e vergonha do meu passado. Certo dia, decidi que poderia consertar todas aquelas experiências dolorosas e vergonhosas se eu simplesmente pudesse me casar e começar minha própria família. Poderia pintar minha própria tela, criar a família que eu nunca tive, ser o pai que eu sempre quis ter e, com minha noiva feliz, estabelecer o curso para nosso futuro cheio de esperança de uma vida melhor. Com isso em mente durante os primeiros anos da faculdade, pedi quatro ou cinco moças em casamento. Felizmente para elas, todas disseram não.

Decidi largar a faculdade e voltar para minha cidade natal. De volta à igreja de Larry, encontrei uma moça que concordou em se casar comigo. Assim, casei-me com a avançada e madura idade de 21 anos. Seis meses depois do casamento, mudei de ideia em relação ao compromisso, preenchi um cheque sem fundos e parti para o Havaí. Fiquei sem dinheiro no paraíso em cerca de uma semana e tive de pedir a alguém no continente que me comprasse uma passagem de avião para voltar. Embora tenha voltado, estava irritado com o compromisso do casamento e dei início a um longo padrão de abuso verbal contra minha esposa.

Nossas três filhas nasceram nos primeiros anos de nosso casamento. Embora o fato de ter três filhos servisse de alguma distração para nossos problemas conjugais no início, minha esposa continuava a trabalhar em tempo integral, e eu não tinha credenciais para encontrar um emprego mais significativo. Passei por todo tipo de empregos de nível inferior. O fato de saber que ela estava se saindo melhor do que eu no mercado de trabalho, aliado ao conhecimento de que todo mundo sabia que ela estava se saindo melhor, simplesmente se somou à minha ira. Eu era duro com as crianças e verbalmente destrutivo com minha esposa. Ficamos separados algumas vezes naqueles anos, mas continuávamos tentando fazer o casamento funcionar. Ao mesmo tempo, a ira continuava borbulhando abaixo da superfície, e eu continuei em minha falta de disposição de permitir que qualquer pessoa se intrometesse em minha vida.

Finalmente comecei num emprego de nível iniciante na importante indústria de minha cidade natal. Comecei a me sentir melhor em relação a mim mesmo, mas não demorou muito até que minha necessidade de controlar meu ambiente e fazer tudo ser perfeito começasse a respingar sobre o ambiente de trabalho. Eu explodia de raiva quando as pessoas não cooperavam comigo no trabalho. Isso acontecia com frequência cada vez maior. Um dia, o gerente me chamou ao seu escritório e disse: "Estou preocupado, pois acho que você está tendo um colapso nervoso". Tentei minimizar os fatos, mas as pressões do trabalho, os filhos, as contas e as questões conjugais transformaram nosso lar na nova arena para ataques explosivos de raiva.

Fiz alguns acertos e, em 1988, iniciei meu próprio negócio. Foi outro processo difícil no qual supus que, se eu simplesmente pudesse obter controle sobre meu próprio destino, então poderia resolver minhas frustrações e questões ligadas à ira. Se eu pudesse construir um negócio e criar lucratividade para mim mesmo, poderia consertar tudo: tirar a pressão sobre minha esposa e filhas, validar minha masculinidade e construir para o futuro. Pensava que poderia, inclusive, "investir no reino de Deus". Comecei a trabalhar no meu porão e, logo de início, tive algum sucesso.

Foi quando saí do porão, consegui um local e comecei a contratar algumas pessoas que os velhos padrões começaram a ressurgir. Depois de poucos anos, desenvolvi um padrão consistente de abuso verbal violento de todos os meus funcionários. Eu gerenciava através de medo, intimidação e gritos. Por fim, cheguei a destruir todos os relacionamentos com clientes e fornecedores. Através de uma série de escolhas emocionais e às vezes pecaminosas, vi-me devendo mais de 1 milhão de dólares. Do mesmo modo, meu casamento estava passando por sérios problemas, com discussões constantes e brigas por causa de dinheiro.

Durante todo esse tempo, continuei frequentando regularmente a igreja, mas sem jamais me dispor a me submeter a um processo que pudesse lidar com as questões de ira que carregava desde a infância. Em 1995, o Senhor começou a falar comigo sobre a decisão de enfrentar esses problemas, mas eu simplesmente continuei a desprezá-lo. Recusava totalmente a prestação de contas à liderança espiritual e sentia que, se continuasse a contribuir financeiramente, certamente o Senhor entenderia. Contudo, simplesmente continuei me afundando cada vez mais em dívidas.

Nessa época, meu casamento estava totalmente falido, e minhas filhas adolescentes tinham pavor de mim. No momento em que meu carro entrava na garagem, elas corriam para seus quartos e saíam do meu caminho. Tive uma violenta discussão com minha esposa depois de voltar para casa numa noite de 1997 e consegui destruir cerca de mil dólares em porcelana na pia de nossa cozinha. Foi no pronto-socorro, enquanto levava vários pontos na mão, que realmente reconheci que estava me encaminhando para um abismo emocional.

Saí de casa naquela semana e fui viver por um ano numa pensão. As coisas realmente seguiram ladeira abaixo a partir desse ponto. Perdi meu casamento de vinte e cinco anos. Perdi minha empresa e feri muitas pessoas durante esse processo. Embora soubesse que havia questões ligadas à ira motivando a destruição, continuava tentando lidar com os sintomas, sem chegar à raiz do problema. Eu orava, mas minhas orações eram para a restauração da minha percepção sobre a vida ideal que eu havia imaginado lá nos dias da faculdade. Eu não orava para Deus tratar a ira e me ajudar a encará-la. Terminei me mudando para outra cidade e passei dois anos indo do meu apartamento para o escritório — evitando contato com qualquer pessoa. Ia à igreja de vez em quando e orava um pouco, mas para evitar lidar com meu verdadeiro problema, simplesmente tornei-me recluso. Conversava com minhas filhas apenas ocasionalmente e tinha dificuldade para lidar com a devastação que havia provocado na vida delas.

Certo dia, decidi que Deus não estava ouvindo e me cansei de tudo. Não era que duvidasse de sua existência. Estava simplesmente cansado de toda aquela aparente injustiça em minha vida. Na minha mente, já experimentara injustiça suficiente em todos aqueles anos, e estava cansado. Lembro-me muito bem de minhas palavras ao Senhor. Sentado em meu apartamento, disse em voz alta: "O Senhor é grande e eu sou pequeno. O Senhor pode fazer o que quiser comigo. Pode me abater como a uma mosca. Não me importo. Mas vou lhe dizer uma coisa: estou cansado do Senhor". Era comum visualizar o Pai sentado em seu trono, com a mão na bochecha, escutando tudo aquilo. Posso vê-lo rolando os olhos para cima, olhando para o Filho e dizendo: "Dá para acreditar nesse cara?".

Passei os dois anos seguintes fugindo, literalmente. Mas, como Davi diz no salmo 139, "para onde poderia eu escapar do teu Espírito?". Estava no México a negócios por outra empresa quando, certa manhã, por volta das 5 horas, perdi o sono de repente e sentei-me na cama — totalmente desperto. Percebi que a presença de Deus entrava no meu quarto. Conforme o Espírito Santo envolveu-me completamente naquele quarto, comecei a chorar incontrolavelmente. O amor de Deus abateu-se sobre mim como que em ondas. Não havia absolutamente nenhuma dúvida em mim de que naquele momento Deus me amava de maneira total, incondicional e sem medida.

Lembro-me de ter dito, engasgado: "Não entendo por que o Senhor me busca incansavelmente. Não entendo, depois de toda a carnificina que deixei atrás de mim, por que o Senhor continuaria a me procurar. Não entendo por que meu nome poderia ser escrito no seu livro quando há incontáveis milhões de pessoas que não estarão lá". Queria que ele me deixasse sozinho. Mas foi o início de um processo no qual Deus começou a me revelar a profunda ferida paterna em minha vida como a fonte de toda a minha ira não resolvida. Embora eu não estivesse pronto para me entregar totalmente, aquela experiência deu início ao amolecimento do meu coração e a uma compreensão de que não havia problema em reconhecer que eu estava ferido.

Através de uma série de eventos numerosos demais para detalhar aqui, Deus iniciou um processo de cura em minha vida. Um dia, o Senhor me deu um retrato mental de um pilar ou um cilindro, de fogo abrasador. Lembro-me de ter tido esta conversa:

— O que é isso, Senhor?

— Larry — disse ele —, esse é o fogo da minha disciplina.

— O que isso quer dizer? — perguntei.

— Bem — disse ele —, quero que suba até esse fogo, coloque seus braços ao redor dele e puxe-o para si.

— Isso vai machucar muito — respondi.

— Mais do que possa imaginar — disse o Senhor.

Naquele momento, havia chegado a um ponto em que estava disposto a dar início ao processo de cura. É fundamental reconhecer que existe cura na disciplina do Senhor, embora não a vejamos na hora. Tudo começou com meu arrependimento diante do Senhor e, honestamente, isso levou bastante tempo. Com paciência, Deus trouxe-me à mente todos os episódios de meu comportamento destrutivo na vida das outras pessoas. O segundo passo foi me arrepender diante das pessoas e, com o passar dos anos, tratei de diversos problemas, seja por contato pessoal, seja por meio de cartas. Até mesmo hoje, um momento de ira ocasionalmente me vem à mente e tento tratá-lo, caso consiga localizar a pessoa. Eu definitivamente trato isso perante o Senhor em arrependimento.

Ao mesmo tempo, por meio de uma série constante de instruções do Espírito Santo, Deus tem trabalhado para curar minha ferida paterna. Muito desse processo tem sido a reestruturação completa do meu entendimento sobre quem eu sou em Cristo. Hoje sei que sou filho de Deus, totalmente perdoado, plenamente justificado e adotado em sua família. Está claro para mim hoje que ele deseja curar os efeitos de todas as injustiças de minha infância e, ao mesmo tempo, remover a raiz de amargura que provocou toda a disfunção de minha vida. Seja o que for que tenhamos experimentado no passado, de fato precisamos assumir que temos um comportamento pecaminoso e destrutivo.

Depois do meu arrependimento veio um processo doloroso, mas esclarecedor, de reconhecimento da abrangência das minhas feridas e de perdão daqueles que infligiram aquelas feridas em meu passado.

Deus graciosamente começou a definir para mim a exata natureza das feridas e consegui perdoar pessoas pelas feridas específicas que cada uma havia infligido a mim. A maioria dessas pessoas há muito já havia falecido, mas era necessário que, por meio da oração, eu as perdoasse. Ao fazê-lo, participei do processo de libertar meu próprio coração e de reclamar o território de minha alma que a ira havia ocupado tanto tempo atrás. Quando perdoamos os outros, negamos ao Inimigo a possibilidade de ter essa área como uma posição segura para ele em nossa vida. O processo de perdoar aqueles que nos feriram termina por nos libertar.

A área mais dolorosa com a qual lidar, é claro, é a ferida que infligi sobre a vida de minhas três filhas e sua mãe. Ainda lamento os pensamentos de dor e os resultados do abuso que introduzi na vida delas, sem mencionar o problema que elas experimentaram pelo fato de repentinamente terem um pai ausente e uma mãe deixada sozinha. Embora houvesse um conflito crescente em nossa casa, qualquer senso de segurança que pudesse existir foi totalmente destruído quando parti.

Enquanto escrevo isso hoje, não estou reconciliado com duas de minhas filhas. Elas experimentaram as mesmas injustiças em minhas mãos que eu experimentara durante meu crescimento. Como resultado do meu comportamento abusivo, abri a porta da ira na vida delas. Minha oração constante é que Deus traga cura às profundas feridas e ao senso de injustiça que sentiram como resultado do meu comportamento pecaminoso para com elas. Oro também pedindo restauração completa de nosso relacionamento pai-filha. Somente o tempo dirá, mas é meu desejo que, através de sua disposição de me perdoar, elas também sejam curadas e que, um dia, estejamos juntos de novo.

Por último, quero mencionar o que creio ser um dos maiores impedimentos para ser plenamente curado da ferida paterna. No meu caso, eu era um homem ferido que causara ferimentos em outros. Creio que busquei, de maneira sincera e honesta, o perdão daqueles a quem feri. Creio, também, que perdoei completamente os que me feriram. Tentei fazer honesta reconciliação em ambos os lados da questão. Creio hoje que sou, pela obra do Espírito e pelo amor de Deus em minha vida, completamente claro em meu relacionamento com o Senhor. Mas há momentos em que Satanás chegará perto para me lembrar de toda a carnificina não resolvida ainda por ser limpa. Ele apontará para toda aquela sujeira e me dirá: "Ei, Larry, dano demais. Todas as coisas ainda estão muito bagunçadas. Você não pode tocar sua vida em frente. Outros ainda estão feridos por causa do seu comportamento irado do passado. Não seria correto você ser feliz enquanto outros ainda estão sofrendo". Essa é uma grande e imensa mentira.

Precisamos buscar a eficácia e a fecundidade para Jesus. Chega um momento, depois de encarar e tratar honestamente os efeitos do nosso comportamento anterior, quando devemos deixar nas mãos de Deus para que ele conduza o restante da limpeza. Não podemos fazer isso. E, se aceitarmos a culpa que o Inimigo quer jogar sobre nós, negamos toda a obra que o Senhor realizou em nossa vida para nos libertar de nosso passado. É como abrir a porta da cela de um prisioneiro que se recusa a sair rumo à liberdade. Devemos dar esse passo, deixando o passado perdoado para trás e descansando nas mãos de Deus se quisermos nos tornar tudo o que o Senhor tem destinado para que sejamos.

> ... eu era um homem ferido que causara ferimentos em outros.
>
> Larry Lee

Assim, estou seguindo em frente com o Senhor. A cada dia sigo na direção de uma maior liberdade. É um processo contínuo. De tempos em tempos devo abordar vestígios daquela antiga raiz de amargura. Hoje, estou casado com uma mulher incrível e diariamente agradeço a Deus pela graça dele em preparar a entrada dela em minha vida. Deus está operando em nós dois, e ela é uma força que me ajuda a continuar no propósito de completar o processo de cura. O Senhor me capacitou pelo Espírito a ser transformado. Como o salmista diz, sua disciplina é um modo de vida. Agradeço a Deus por sua busca incansável da minha vida e por sua disciplina amorosa. Parece doloroso no momento, mas, no final, ela gera o fruto pacífico da justiça.

A BÊNÇÃO

Por último, gostaria de relatar a história recente de um rapaz que esteve bem próximo de mim durante os últimos meses de vida de seu pai. Pelo fato de seu pai ser um alcoólatra abusivo quando ele e seus cinco irmãos mais velhos eram pequenos, optei por omitir seu nome verdadeiro. Contudo, a mensagem é clara e direta. A imagem não é de fato de seis meninos e da tensão de sua infância, mas a de um pai que, em seus últimos dias, acertou tudo.

Embora "Jim" tenha recebido Cristo tarde na vida, depois que seus filhos já haviam saído de casa, todos os seis meninos cresceram debaixo de constante tensão emocional e física, assim como sob o abuso de um pai alcoólatra. Felizmente, ele e sua esposa passaram a ter um relacionamento íntimo com Cristo, e ele e seus filhos adultos experimentaram uma impressionante cura no aspecto relacional.

Pouco antes de falecer, Jim ditou à sua esposa uma bênção para todos os seis filhos.

Um a um, ele os chamou ao quarto. Colocou óleo em suas mãos e pediu que cada filho se ajoelhasse diante dele. Então, à medida que a esposa lia a bênção, ele segurava o rosto do filho com as duas mãos e o abençoava.

O filho que me contou essa história disse que as cadeias que o haviam prendido por anos foram caindo à medida que seu pai pronunciava bênçãos sobre ele.

Ouça as palavras e então escute o bater do coração de um pai pródigo trazendo cura a seus filhos feridos:

> A meu filho
>> Você é um presente de Deus. Agradeço a Deus por permitir que eu seja seu pai.
>> Eu o abençoo com cura de todas as feridas que eu e outras pessoas lhe causamos.
>> Eu o abençoo com paz transbordante — a paz que somente Jesus, o Príncipe da Paz, pode conceder.
>> Eu o abençoo com fecundidade na vida — bom fruto, muito fruto que permanece. Você é cabeça, e não cauda; está por cima, e não por baixo.
>> Eu o abençoo com prosperidade. Você prosperará e terá boa saúde, assim como sua alma prospera.
>> Eu o abençoo com influência espiritual, pois você é a luz do mundo e o sal da terra.
>> Eu o abençoo com sucesso, pois sua meditação na Palavra de Deus fará que você seja como uma árvore plantada junto a ribeiros de água e seu caminho será próspero e terá grande sucesso.
>> Eu o abençoo com uma maior profundidade de compreensão espiritual e uma caminhada mais próxima com o Senhor. Você não tropeçará nem vacilará, pois a Palavra é uma lâmpada para os seus pés e luz para o seu caminho.
>> Eu o abençoo com relacionamentos puros e edificantes na vida.

Eu o abençoo com amor abundante que o capacite a ministrar a graça consoladora de Deus aos outros.

Você é abençoado, meu filho. Você está abençoado com todas as bênçãos espirituais em Cristo Jesus. Amém!

Com amor,

SEU PAI

As palavras de Jim nos ajudam a entender o verdadeiro coração do homem *teleios*. A habilidade de lidar com coisas tão profundas e emocionalmente dolorosas é a raiz de toda espiritualidade verdadeira. Não há nada que possa qualificá-lo mais como um homem completo e pleno em Cristo do que a habilidade de ser contrito, quebrantado e humilde. Deus diz em Salmos 51.17: "Um coração quebrantado e contrito, ó Deus, não desprezarás".

Para ser um verdadeiro homem *teleios* devemos entender que a forma de sermos maiores em Deus é nos rebaixarmos, que devemos nos humilhar até o ponto do quebrantamento e do serviço. Esta é a mesma maneira de sermos grandes diante da esposa e da família: humilharmo-nos e servi-los sacrificialmente. Sabemos que somos bem-sucedidos como homens *teleios* quando o Senhor, a esposa e a família virem, por meio de sinais diários nas escolhas que fazemos, que os consideramos mais importantes do que nós mesmos. Quando fizermos isso, experimentaremos essa plenitude de Deus.

5 — Sua liderança
Os homens são o problema — os homens são a solução

Você já deve ter ouvido a história engraçada e fictícia de São Pedro dizendo a todos os homens recém-chegados ao céu que entrassem e fossem para um canto da cidade celestial. Todos os homens atenderam ao pedido, com exceção de um baixinho tímido e dominado pela mulher.

— Por que você está por aqui sozinho, em vez de se reunir com os outros homens? — perguntou Pedro.

— Porque minha mulher disse que é aqui que eu devo ficar — disse o baixinho.

Também existe a velha piada que, com o passar do tempo, se modificou numa miríade de formas diferentes. O início geralmente é assim: "Quais são as duas únicas palavras que você sempre precisará dizer para ter um casamento feliz?" ou "Nunca tivemos uma briga nos últimos vinte anos. E toda vez que minha esposa quer começar uma briga, só preciso dizer duas palavras". Seja qual for a parte inicial, os homens sempre riem diante da parte final da piada: "Sim, querida!".

O humor dessas piadas vem do tanto de verdade que existe nelas. O riso nem sempre é de divertimento; às vezes é provocado por um reconhecimento inquietante. Os homens reconhecem intuitivamente que as mulheres podem ser bastante dominadoras de vez em quando em muitos relacionamentos conjugais, senão em todos eles. No fundo do coração, porém, os homens também costumam reconhecer a fraqueza de sua própria liderança, o que leva a essa dominação. É claro que existem exceções, mas, uma vez que menos de 5% dos homens são coléricos fortes (personalidade de liderança natural) e cerca de 70% dos homens são despreocupados, os "bons garotos", existe uma forte possibilidade de que a maioria dos homens encontre dificuldade para chegar ao seu potencial de liderança.[1] Nos dias atuais, isso se tornou um assunto sensível, mas não tenho medo de abordar assuntos delicados.

Em minha opinião, uma das maiores tragédias da queda é que, em razão da entrada do pecado, Adão abdicou de suas responsabilidades de liderança — amar e proteger sua esposa. O incrivelmente maravilhoso homem de Deus, que fora criado à imagem dele, deixou sua esposa vulnerável e ludibriada, dando assim início ao derradeiro jogo de culpa.

Tenho pensado bastante que, quando chegar ao céu, gostaria de trocar algumas palavras com Adão. "Seu imprestável. Você sabe o que fez para mim e para o restante da humanidade nos últimos milhares de anos? Mato, espinhos, escorpiões, cobras, insetos venenosos, animais ferozes, doença, suor, calamidade, pragas, pecado sexual, divórcio, lágrimas, dor de cabeça, homicídio, morte e uma hoste de outras maldições são todas culpa sua. Você abdicou de sua responsabilidade. Você não protegeu sua esposa. Você deixou que ela fosse seduzida pelo Diabo".

Quando Adão, o chefe da raça humana, pecou e passou seu pecado a todas as gerações que se seguiram, a maior maldição que ele poderia ter passado adiante foi o resultado catastrófico de sua abdicação do papel de líder. E nos últimos milênios, os homens seguiram seus passos caídos. Sejamos claros: a condição do pecado foi passada a todas as gerações a partir do ato pecaminoso de Adão, não de Eva. Embora Eva tenha pecado primeiro, não foi ela, mas Adão, quem poluiu a raça humana. A consequência intuitiva é que somente outro homem poderia retificar os resultados daquele pecado. Assim, temos a grandiosa e derradeira solução na morte do último Adão, Jesus Cristo. O pecado de Adão foi retificado quando Jesus morreu na cruz e apresentou ao Pai seu sangue como o pagamento total e definitivo pelo pecado. Seguindo isso, é nossa responsabilidade como homens que creem em Jesus retificar e reverter o pecado de Adão ao reivindicarmos diariamente nossa liderança. Não podemos mais permitir que a maior farsa do mundo, a abdicação da liderança, coloque em risco a vida de nossa esposa e de nossos filhos, deixando-os vulneráveis ao engano.

Os homens são o problema

Se você não acha que os homens são o problema, muito bem: isso é um problema. Estatisticamente, os homens compõem a vasta maioria de alcoólatras, viciados, delinquentes, vítimas de suicídio, adúlteros, estupradores e viciados em sexo. Eles são mais inclinados à ira, hostilidade, posição defensiva, violência doméstica e ao abandono de sua família. São mais propensos a negligenciar responsabilidades e confiam que outros levarão a culpa. Eles têm dificuldade em admitir o erro e raramente pedem perdão.

Assistimos ao noticiário, lemos o jornal e sabemos o que está acontecendo no mercado de trabalho e no vizinho. E também sabemos o que está acontecendo em casa. Por que o gênero masculino se tornou o líder em todas as formas de pecado? Poderia eu sugerir que tudo isso está relacionado à abdicação geral por parte dos homens da sua responsabilidade de liderança? Deus designou os maridos para ser cabeça; qualquer coisa menos que obediência completa e total aceitação desse plano traz confusão e desordem a todas as partes da vida de um homem. Tenha em mente que, conforme eu tratar da questão da liderança neste capítulo, o farei apenas no contexto do casamento. Em outras situações, as regras mudam, mas até mesmo se alguns de nós não forem casados, muitos desses princípios ainda se aplicam diretamente como orientação sobre a maneira de honrar e servir às mulheres que fazem parte de nossa vida — de mães, tias e irmãs até colegas de trabalho, vizinhas e as doces senhoras idosas da igreja.

Quando os homens se tornam homens

Já conversamos sobre a maravilhosa metamorfose que acontece na vida pessoal dos homens quando entendem quão maravilhosos são em Deus. Essa mesma transformação miraculosa ocorre em sua família quando eles entendem os princípios da liderança no casamento. Quando aceitar o fato de que Deus o chamou para ser o cabeça do seu casamento e da sua família, você verá mudança real. Imagine uma nova paz, direção, estabilidade, sabedoria e segurança na vida da sua esposa e dos seus filhos! Veja isso acontecer quando você se dispuser a cumprir seu papel e assumir a responsabilidade da sua posição como cabeça. A maldição que Adão trouxe sobre a raça humana é revertida diariamente em aspectos práticos.

Assim como Deus criou o homem para ser maravilhoso, ele também criou um marido para ser o cabeça de sua esposa. Quando um homem assume qualquer outra posição que não a de cabeça, ele está "fora de posição" em seu casamento e em sua família. A abdicação do posto de cabeça não apenas manteve o homem fora da vontade perfeita e da bênção de Deus, como também colocou as mulheres num lugar de responsabilidade que elas nunca foram destinadas a ocupar. É por isso, em minha opinião, que Satanás conseguiu seduzir Eva em primeiro lugar. Ele se aproximou dela num esforço bem-sucedido de passar por cima da posição de cabeça de Adão. Quando o homem não funciona, a mulher não funciona, os filhos não funcionam, a sociedade não funciona e a igreja não funciona. Não é essa a exata descrição de nossa sociedade atual? Mas precisamos mudar tudo isso, um homem por vez!

> Quando o homem não funciona, a mulher não funciona, os filhos não funcionam, a sociedade não funciona e a igreja não funciona.

O que a Bíblia diz

O apóstolo Paulo declara de maneira inequívoca, tanto em Efésios 1.22 quanto em Colossenses 1.18, que Jesus é o cabeça da igreja. Em 1Coríntios 11.3 ele também diz: "Quero, porém, que entendam que o cabeça de todo homem é Cristo, e o cabeça da mulher é o homem, e o cabeça de Cristo é Deus". No grande capítulo sobre casamento, Efésios 5, Paulo diz o seguinte no versículo 23: "Pois o marido é o cabeça da mulher, como também Cristo é o cabeça da igreja". Se quisermos entender o que significa ser cabeça, então tudo o que precisamos fazer é ver como Jesus se relaciona com a igreja. Jesus é o perfeito exemplo de como um homem deve tratar sua esposa. Antes, porém, de entrarmos em mais detalhes sobre a definição de liderança, é importante estabelecer sua natureza abrangente.

Todo mundo está debaixo de liderança

Você já percebeu que, no reino de Deus, todo mundo está abaixo de um cabeça? A palavra grega traduzida por "cabeça" significa "fonte de direção e autoridade". Ela se aplica ao Pai, a Jesus e ao marido. Contudo, a esposa nunca é biblicamente descrita como cabeça. Isso não quer dizer que a mulher não possa ser cabeça de uma corporação, de um negócio, de uma escola, de um departamento ou do governo, mas, no casamento, o homem é definido como o cabeça, e a mulher deve se submeter a essa liderança. Pode haver muitas áreas da vida nas quais um homem não é o responsável por ser o cabeça. Mas quando se trata do casamento, Deus diz que ele é o cabeça.

Veja a hierarquia de liderança sobre a qual Paulo fala em 1Coríntios 11.3:

- O Pai
- O Filho
- O marido
- A esposa

Cristo está debaixo da liderança do Pai, o homem está debaixo da liderança de Cristo e a mulher está debaixo da liderança do homem.

Ora, ser cabeça não é uma questão relacionada apenas ao casamento. Todo mundo está debaixo de um cabeça em alguma área. Todo empregado está debaixo da liderança de um empregador. Todo militar está debaixo da liderança de seus superiores. Toda criança está debaixo da liderança de seus pais e das autoridades escolares. Todo cidadão está debaixo da liderança de autoridades civis. O capítulo 13 de Romanos deixa claro que toda pessoa deve se submeter à autoridade porque toda autoridade foi instituída por Deus. Consequentemente, rebelar-se contra a instituição de Deus é o mesmo que se rebelar contra Deus. Se você acredita, como eu, que a humanidade não é resultado de evolução, mas sim de criação, então é imperativo entender a liderança. Assim você entenderá melhor o processo de criação e a história inicial da humanidade. Olhe para alguns desses fatos da narrativa da criação nos três primeiros capítulos de Gênesis, assim como a ênfase de Paulo em Romanos e em 1Coríntios.

- O homem foi criado à imagem de Deus (Gn 1.27; 1Co 11.7).
- A mulher foi feita do homem, não o homem da mulher (Gn 2.20-22; 1Co 11.8).

- O homem é a glória de Deus, e a mulher é a glória do homem (1Co 11.7).
- A cobertura do homem é Cristo, e a cobertura da mulher é o homem (1Co 11.3).
- Anatomicamente, a mulher não foi feita da cabeça do homem, mas do seu lado, e identificada especificamente por Deus como alguém que o auxiliasse e lhe correspondesse (Gn 2.20-22).
- Eva foi enganada, não Adão (1Tm 2.14).
- Embora a mulher tenha pecado primeiro, Deus exigiu primeiramente do homem a prestação de contas por suas ações (Gn 3.9-11).
- O resultado do pecado de Eva foi um julgamento singular, dor no parto, passado a toda mulher. O pecado de Adão, porém, foi coletivo, infectando toda a raça humana com pecado e morte (Gn 3.17-24; Rm 5.12,19; 8.20-21; 1Co 15.21-22).

A importância de ser cabeça

Sempre achei interessante o fato de o texto que fala sobre a ceia (ou comunhão) em 1Coríntios 11.17-34 ser lido pelo menos uma vez por mês na maioria das igrejas cristãs. Contudo, nunca ouvi um sermão sobre liderança em relação à comunhão. A liderança, o tópico que é abordado na primeira metade do capítulo, compõe a fundação para a discussão posterior sobre a comunhão.

Há uma razão para Paulo mencionar a liderança juntamente com a comunhão, e ela não deve ser subestimada. A cruz tornou-se necessária porque o primeiro homem, Adão, o cabeça da raça humana, abdicou de suas responsabilidades de liderança como cabeça, exigindo que o último Adão, Jesus, restabelecesse a posição de cabeça através da cruz. Paulo nos diz em Efésios 1.9-10: "E nos revelou o mistério da sua vontade, de acordo com o seu bom propósito que ele estabeleceu em Cristo, isto é, de fazer convergir em Cristo todas as coisas, celestiais ou terrenas, na dispensação da plenitude dos tempos". Para nós, homens cristãos, Jesus se tornou a imagem do cabeça perfeito, e temos a responsabilidade de seguir seu exemplo.

A passagem de Isaías 1.5-6 deixa claro que, quando a cabeça está doente, todo o corpo adoece. A abdicação do marido de suas responsabilidades como cabeça traz morte, confusão e caos ao seu casamento e à sua família, contaminando aqueles cuja vida sua autoridade toca. Por outro lado, quando um homem é cabeça de modo saudável em seu casamento, cria-se um ambiente de bem-estar, começando por sua esposa e escoando para seus filhos, netos, colegas de trabalho, colegas da igreja e tudo e todos sobre os quais ele exerce influência.

O QUE É SER CABEÇA?

A cabeça do corpo natural é a fonte tanto de direção quanto de autoridade. Os membros individuais do corpo físico ficariam tanto sem poder quanto sem orientação se não fosse pela cabeça. Todos — dedos, cotovelo, pés, olhos e ouvidos — realizam funções necessárias para o corpo, mas, se não fossem ajudadas pela cabeça, as funções individuais do corpo seriam aleatórias e confusas. O que faz todas as coisas funcionarem com propósito e função é a cabeça. Se por causa de ferimento ou doença a cabeça não conseguir produzir a orientação necessária, o corpo se torna disfuncional e fica paralisado.

Jesus é chamado de cabeça do corpo, a igreja, em Colossenses 1. O cabeça do casamento desempenha a mesma função que Jesus exerce pela igreja. Se o homem, o cabeça do casamento, deixa de fornecer a direção e a autoridade necessárias no relacionamento conjugal, todo o corpo — a esposa, os filhos, o lar — está destinado à paralisia e à atrofia.

Gosto de usar a ilustração de um guarda-chuva para descrever o que é ser cabeça. Um guarda-chuva fornece cobertura e direção para aqueles que estão debaixo de sua cobertura protetora e escolhem caminhar com a figura de autoridade que o segura. A coisa mais importante que um homem pode fazer é segurar o guarda-chuva. Muitos homens, porém, por causa de uma percepção desencaminhada de sua autoridade, sentem que é sua obrigação gritar ordens, suprimir sua esposa e seus filhos, tomar decisões unilaterais, exercer poder sem sensibilidade, exigir respeito ("porque estou mandando") e, em geral, ser personagens bastante ofensivos.

O conceito bíblico de ser cabeça que estou descrevendo aqui é liderar com amor, motivar por meio de respeito e apreciação, viver uma vida que seja exemplar e servir até o ponto do sacrifício. Ao fazer isso, honramos a vontade e a sabedoria de Deus, liberando nossa esposa e nossa família para serem extensões de nossa autoridade que foi estabelecida e delegada a nós sob a derradeira autoridade de Deus. Em resumo, nós seguramos o guarda-chuva.

Através de minha submissão à liderança de Jesus e da obra do Espírito, minha esposa e meus filhos encontrarão em minha liderança uma âncora de estabilidade emocional. Eles verão consistência, confiabilidade e integridade em meu comportamento e em minhas decisões. Eles se sentirão seguros e, em termos reais, *estarão* seguros.

A diferença entre ser cabeça e ser líder

Isso nos leva a uma distinção muito importante.

Se os homens se dispuserem a compreender isso, haverá uma enorme diferença em nosso casamento e em nossas famílias. A maioria dos homens pensa que ser cabeça e ser líder é a mesma coisa. *Errado, errado e errado!* Ser cabeça no casamento é uma questão de gênero, e ser líder é uma questão de traço de personalidade. Você é o cabeça do casamento porque é homem, não necessariamente porque é o melhor líder. O homem é o cabeça não porque ele é melhor que a mulher, mais inteligente, um líder melhor, a personalidade dominante, maior e mais forte, ou aquele que traz o dinheiro para casa. O homem é o cabeça porque Deus o designou para isso. Não é resultado de superioridade, mas sim de projeto. Senhores, a esposa de cada um de vocês não é em nenhum aspecto inferior a vocês. Deus simplesmente planejou que vocês ocupassem o papel de cabeça. E é muitíssimo importante que todos os homens entendam isso. Você não pode funcionar de maneira eficaz como cabeça, a não ser que compreenda o que isso significa!

Em contrapartida, *ser líder* no casamento *é* uma questão de personalidade. Trata-se de uma distinção crucial que é difícil de ser entendida por alguns homens, mas muito necessária para a harmonia verdadeira na vida familiar. Em termos práticos, o casamento pode consistir em combinações de liderança nas quais o marido assume 60% da liderança no lar, e a esposa fica com 40%. Ou pode ser o inverso, sendo a esposa a líder predominante. Pessoalmente creio que há mais mulheres naturalmente líderes do que homens. Em termos estatísticos, apenas 5% dos homens possuem um perfil forte de liderança. Qual parceiro conjugal é responsável pela maioria das decisões de liderança no lar? Estaria claro para mim, pelo fato de minha esposa ser uma líder tão superior, que as mulheres possam responder por uma grande fatia da função de liderança? O potencial de liderança de uma mulher é de fato mais comum do que os homens gostariam de admitir?

Muitos homens costumam estar desinformados no que se refere ao papel e às responsabilidades de ser cabeça. Acham que, uma vez que os homens devem ser o cabeça do casamento, também devem ser os líderes predominantes em casa. Imagine quantos problemas esse pensamento criou na história! Homens, vocês estão obrigados pela Escritura a serem cabeça no casamento, mas nada na Bíblia exigiu que vocês também fossem os líderes predominantes. Lembrem-se: liderança é um traço pessoal, não uma questão ligada ao gênero.

Um homem que faça uso de bons princípios como o cabeça do casamento saberá como liberar o potencial de liderança de sua esposa e se sentirá confortável em sua posição como cabeça. Seu orgulho e seu ego masculinos não serão ameaçados pelo dom de liderança de sua esposa. Em vez disso, ele ficará contente em liberá-la. É possível exercer 20%, 30%, 40% ou 50% da liderança em casa e ainda ser o cabeça? É claro que sim! Você não pode mudar sua personalidade. Deus lhe deu a personalidade que você tem e quer que a mantenha.

Se você tem uma personalidade mais despreocupada, mas é um homem que trabalha duro, traz o pagamento para casa e ama sua esposa e seus filhos, então que assim seja. Isso é ótimo. Se, em razão de sua personalidade, Deus criou você para ser um líder 20% em casa, não precisa se sentir culpado ou condenado porque não é um líder 80%. Também não deve se sentir inferior à sua esposa nem ameaçado por ela, que pode atingir a marca de 80% na liderança em casa. Você pode relaxar totalmente em sua posição como cabeça, permitindo à sua esposa que exerça sua liderança.

Libere o potencial da sua esposa

Se a sua esposa possui talento em certas áreas, libere-a para que exerça seu potencial de liderança. Isso se chama delegação. É a maneira pela qual você espalha aos outros a autoridade da sua posição como cabeça. Isso impedirá que sua autoridade se torne unilateral e perigosa. Retenha aquelas áreas de liderança nas quais você é mais talentoso e permita que sua esposa lidere nas áreas em que ela é mais capacitada. Dessa forma, ambos trabalharão juntos como um só.

Muitos homens acham que se liberarem cada um sua esposa nas áreas em que são talentosas elas vão se distinguir. Bem, esperamos que sim! Ver sua esposa superá-lo é o maior elogio à sua posição de cabeça que você pode receber. Espera-se que todos debaixo da sua autoridade sejam liberados para alcançar seu potencial de liderança. Nada me traz mais alegria do que ver Devi, minha esposa, assim como Trina e Aaron, nossos filhos, plenamente livres para exercerem seu potencial de liderança. Não sou ameaçado pelo sucesso deles, sentindo-me, pelo contrário, plenamente honrado e orgulhoso.

> Se a sua esposa possui talento em certas áreas, libere-a para que exerça seu potencial de liderança.

Muitos rapazes tentam liderar em áreas nas quais não são talentosos. Eles não deixam sua esposa assumir a liderança. Esses camaradas fazem tudo sozinhos e terminam fazendo um trabalho ruim! Portanto, homens, usem os talentos de sua esposa.

Uma de minhas séries de televisão favoritas era *Home Improvement* (apresentada no Brasil como *Gente Pra Frente*). Eu me identificava com praticamente tudo o que o protagonista, Tim Allen, fazia no programa. Ele nunca pedia informações, raramente admitia seus erros e sempre furava, inadvertidamente, seu próprio balão de ego masculino. Ora, esse é o meu tipo de homem! Orgulho é uma coisa predominantemente masculina, e é um calcanhar de aquiles para nós! Para um homem é difícil chorar, admitir erros, dizer que sente muito ou até mesmo se ver como um fracasso. Ou ele está certo o tempo todo ou quer que você pense que ele está.

Certo dia, estava saindo de uma lanchonete e confundi um espelho grande com uma porta aberta. Bati com tanta força que quase quebrei o nariz. O restaurante inteiro parou de conversar e olhou para mim. Naturalmente, sendo o homem que sou, não podia admitir que acabara de tentar sair por um espelho.

Virei-me relaxadamente para a multidão e acenei para as pessoas, como se dissesse "Eu sempre bato em espelhos. Nada de mais". Então, fui para o carro e quase gritei de tanta dor. Mas meu orgulho doía mais do que meu nariz. Os homens farão praticamente qualquer coisa para não parecerem tolos ou fracos.

Dê orientação à sua esposa

É importante perceber que todas as orientações mais importantes sempre começarão primeiro com a cabeça e, então, serão distribuídas para o restante do corpo. Cada terminação nervosa, descarga química, função muscular e coordenação motora se originam na cabeça. Jesus, o cabeça da igreja, recebe orientação de seu Pai e passa à igreja. Do mesmo modo, o homem deve receber orientação de Jesus para seu casamento e sua família e passá-la à esposa, seu corpo.

Isso de modo algum significa que o homem é o único que pode ouvir a voz de Deus ou que essa orientação não virá ocasionalmente da esposa ou dos filhos. Contudo, de fato significa que Deus nunca violará o princípio do homem como cabeça, falando basicamente com a esposa ou com os filhos primeiro. Minha esposa sempre ouviu claramente do Senhor detalhes concernentes ao nosso casamento e família, mas a orientação fundamental para nosso futuro sempre vem primeiro a mim. Perceba a expressão "orientação fundamental". Um homem seria tolo se pensasse que Deus fala somente com ele, mas, por outro lado, também seria tolo em pensar que Deus falará com os vários membros da família em questões de orientação fundamental antes de falar com o cabeça.

Já ouvi pessoas dizerem ironicamente que Deus pode falar primeiramente com a cabeça, mas o pescoço, significando a esposa, direciona a cabeça. Isso pode gerar riso, mas, na vida real, se a esposa está continuamente dando orientação para o marido, o resultado sempre será confusão tanto no casamento quanto na família. Em contrapartida, qualquer homem numa viagem que não dá atenção ao conselho da esposa para parar e pedir informações está forçando sobre si mesmo e sua família uma viagem mais prolongada, cheia de tensão e frustração.

Homens, nenhum de nós é perfeito. Todos nós cometemos erros e precisamos admitir isso quando o fazemos. Mas nossos erros, nossas falhas, inadequações e imperfeiçoes nunca mudam a mente de Deus. Ele ainda fala ao cabeça e instrui o cabeça a dar orientação ao corpo. Quando for hora de trazer cura para um casamento, o que é comum acontecer, Deus sempre começará pelo homem. Ele começará conosco. Quando Deus torna um homem mais sadio emocional e espiritualmente, ele traz saúde para a esposa e para a família daquele homem.

Sua esposa se volta naturalmente para sua condição como o cabeça do casamento em busca de estabilidade. Se você for inseguro, ela será insegura. Se você tiver medo em relação ao presente ou ao futuro, ela se alimentará desse medo. Se você está apertando as mãos e reclamando das circunstâncias, ela sofrerá insegurança real e ansiedade. O cabeça provê cobertura, segurança, clareza de visão e força de caráter. Ele é um pilar de fé. Ele é a âncora de estabilidade para sua família, seja no forte vendaval, seja no mar calmo. As esposas sentem-se felizes em se submeterem ao marido que assume esse tipo de postura como o cabeça. Elas se alegrarão na segurança e na orientação vindas de seu marido.

Servir e sacrificar

Homens, isto é muito importante! Devemos servir sacrificialmente nossa esposa. Isso impedirá que a postura como cabeça se torne ditatorial e supressiva. Não apenas fomos chamados a ser cabeças como também somos chamados a ser "servos principais" em nosso lar. A igualdade no casamento exige que saiamos de uma postura altiva para uma postura submissa — ajoelhados em oração e com generosidade. Amar nossa esposa como Cristo amou a igreja não é apenas uma boa ideia, mas uma necessidade. E a maneira pela qual podemos amar como Jesus amou é dar de nós mesmos sacrificialmente, a ponto de morrer por nossa esposa. Isso também se realiza por meio do serviço prestado primeiro a ela, atendendo às suas necessidades antes das nossas. À medida que sacrificamos, diz Paulo em Efésios 5, tratamos nossa esposa da mesma maneira que Jesus trata a igreja. Ainda estou para ver um casal que venha ao meu gabinete em busca de aconselhamento cujo casamento esteja construído sobre a abnegação, mas já aconselhei centenas de casais que foram consumidos por atitudes egoístas, do tipo "eu primeiro". Ambos, mas especialmente você, devem refrear o seu "Você sabe o que..." na tentativa de servir ainda mais ao outro. Faça do serviço à sua esposa a prioridade mais elevada da sua vida. Ser cabeça e não ser servo é ser ditador. E um ditador é capaz de afundar qualquer navio, especialmente o navio do casamento.

Embora todos esses princípios relacionados a ser o cabeça funcionem em qualquer cenário, eles devem começar primeiramente no relacionamento conjugal. Servir, honrar, sacrificar, colocar os outros em primeiro lugar, preferir os outros antes de si mesmo, conquistar respeito por meio de um exemplo de altruísmo e amor incondicional são ações e atitudes que garantirão sucesso. Portanto, homens, quero desafiá-los! Você é um homem ou um rato? Solte um grunhido!

6

Seu casamento
Meus outros ¾ — os melhores

QUE PALAVRAS POSSO UTILIZAR para descrever minha esposa? Que figura ou imagem poderia usar? Uma simples foto não faria justiça a Devi. Embora revelasse sua beleza exterior, não poderia demonstrar a você a profundidade e a beleza de seu caráter.

Tive extrema dificuldade para escolher um título para este capítulo, um título que mal consegue arranhar a superfície. Como posso descrever o maior presente que já recebi além de Jesus? Portanto, creio que a melhor maneira de eu treinar homens sobre como devem tratar sua esposa é usar meu próprio casamento como exemplo. Minha relação com Devi é a melhor ilustração do que acredito que deva ser a responsabilidade do homem no casamento.

Ela é meu maior tesouro

Devi é a minha pérola de grande valor. Eu a valorizo mais do que a qualquer outra pessoa no mundo. Ela traz o céu à terra. Está sempre me edificando. Ela adiciona classe a tudo o que eu faço. Salomão diz que o valor de uma esposa assim é maior do que o dos rubis, e ele a iguala à sabedoria. (Salomão devia saber, uma vez que teve muitas esposas, seja qual for o parâmetro.) Sou grato porque o Espírito Santo fala através de Devi com tanta frequência. Suas confirmações através dela são uma bênção tanto quanto ele fala comigo diretamente. Não é que eu creia que ela seja o Espírito Santo, mas em muitos momentos eles são semelhantes. Fico arrepiado só de pensar como seriam as coisas sem a voz e a sabedoria dela nos momentos em que Deus a usa para confirmar sua vontade para mim.

A voz de Devi não é negativa. Pelo contrário, o tom que ela usa para compartilhar *insight* espiritual é o discurso suplicante de sabedoria e paciência, especialmente quando exijo que as coisas sejam feitas do meu jeito. Ela é a "agulha" que me deixa desconfortável com o *status quo* e que continuamente me inspira a melhorar. Sem seus talentos motivacionais (às vezes mais bem caracterizados como um metafórico "chute rápido no traseiro") de tempos em tempos, eu posso acabar cometendo o erro de tomar a decisão me contentar em permanecer no ninho da mediocridade até que Jesus volte.

Queria chamar este capítulo de "Minha melhor metade". Contudo, Devi é muito mais do que apenas uma metade de nosso casamento, e não tenho dúvida de que ela pensa o mesmo em relação a mim. Naturalmente, sei que, quando nos casamos, Deus nos considerava duas metades formando um todo, mas estou apenas tentando encontrar palavras para transmitir minha crença sincera de que ela responde por mais da metade de nosso relacionamento.

Em nosso casamento, eu *literalmente* coloco muitas coisas sobre a mesa. Adoro convidar pessoas para vir jantar em casa. Enquanto estou enchendo copos com gelo e água, ela já preparou uma refeição *gourmet*, colocou a mesa com nossa melhor porcelana e prataria, gratinou o *crème brûlée*, dobrou os guardanapos, colocou a música de fundo e acendeu as velas — tudo isso enquanto recebe os convidados. Enquanto isso, ainda estou enchendo os copos com água. Como disse, ela é mais do que metade do nosso casamento!

Quando é hora de tomar uma decisão importante em relação à casa, começo o processo com alguns pensamentos rasos como "Quando isso vai custar?", "Que trabalho vai dar?" ou "Como isso me afeta?". Enquanto isso, Devi pula de cabeça e começa a metodicamente delinear objetivos, custos, cronograma, estratégia organizacional, gráficos de todas as variáveis pertinentes, mão de obra necessária e resultados esperados. Ela tem sugestões imediatas para um curso de ação, enquanto posso levar dias para processar a informação básica, as principais implicações e os prós e contras em potencial de qualquer decisão.

Devi também sabe exatamente como se comunicar tanto com grandes multidões como com grupos pequenos. Ela é articulada, clara, concisa, sensível e elegante. Eu, em contrapartida, posso falar em círculos, dar a volta, raramente chegar a uma conclusão clara, não necessariamente dizer o que quero dizer e, às vezes, deixar os ouvintes num estado de confusão. Acho ótimo que Devi possa vir por trás de mim, limpar a bagunça e esclarecer o que eu realmente quis dizer. Bendita seja. Ela é definitivamente ¾ de nosso relacionamento.

A MAIOR MULHER DO MUNDO

Conheci Devi quando ela tinha apenas — *glup* — 13 anos, e eu, 17. Era calouro na faculdade, e ela, caloura no ensino médio. Ainda assim, ela era mais madura do que eu. O fato é que só comecei a alcançar a maturidade dela nos últimos anos. Ou será que foi neste ano? Seja como for, ela é quatro anos e quatro meses mais nova. Sendo o líder espiritual que sou, esperei até que ela completasse 16 anos para pedi-la em casamento. Não queria que ninguém dissesse "O que você está pensando? Por acaso está tentando cumprir o mandamento bíblico de ensinar a criança no caminho em que deve andar?". Então, duas semanas depois do seu aniversário de 17 anos em Salinas, Califórnia, nós dois dissemos "Eu aceito!". E temos "aceitado" desde então. Neste ano, comemoramos nosso 46º aniversário (ou será 47º?) de casamento. Bem, você sabe como é: eles mudam todo ano, de modo que é difícil manter a conta.

Quando nos casamos, eu era diretor estadual da juventude de uma denominação no noroeste dos Estados Unidos. Lembro-me de haver perguntado a ela um dia: "Querida, quando eu pedir a todos os adolescentes da igreja para se levantarem, você se importaria de *ficar sentada*?".

Aqueles foram bons e velhos tempos, quando não tínhamos dinheiro suficiente para comprar dois hambúrgueres, de modo que comprávamos um e dividíamos. Viajamos por toda a região noroeste do país pregando em cidades pequenas. Éramos colocados em acomodações horríveis para pernoitar, e muitas vezes não tínhamos lençóis limpos nem banheiro no quarto. Eu lhe digo que aquilo não cheirava bem... literalmente.

Em uma dessas "acomodações", o pastor havia convertido uma velha escola de uma única sala em igreja. Ele vivia na parte dos fundos com sua família e nos colocou no sótão, logo acima da porta da frente. Era necessário subir uma daquelas velhas escadas de mão para chegar ao quarto de hóspedes, dando um novo significado à expressão "uma ampla sala no andar superior" ou "cenáculo". Lá em cima, precisávamos ficar em pé na cama para puxar uma corda para acender a luz. Depois de nos vestirmos para dormir, puxamos as cobertas e descobrimos que os lençóis estavam sujos. Felizmente, Devi era tão sábia quanto é hoje. Já havíamos tido uma ou duas experiências com lençóis sujos em viagens anteriores. Sem que nosso pastor anfitrião soubesse, pegamos um par de lençóis limpos e trocamos a cama. Então ficamos em pé de novo na cama, puxamos a cordinha e tentamos dormir um pouco. Se fôssemos partir no dia seguinte, ela voltava o lençol para seu estado anterior de sujeira para aguardar o próximo abençoado hóspede.

Nessa ocasião em especial, ela estava doente e precisou levantar várias vezes durante a noite. Ficava em pé sobre as molas, tentando se balançar o suficiente para encontrar a corda e puxá-la. Depois disso, vestia seu robe, caminhava em silêncio pelo santuário no escuro, ia até o gabinete pastoral nos fundos do prédio e usava o banheiro. É claro que o banheiro ainda não tinha encanamento, de modo que ela precisa pegar um balde com água e jogar no vaso sanitário. Depois, voltava pelo santuário e se deitava na cama de novo, depois de subir a escada, ficar em pé na cama, me acordar de novo — o que eu tolerava com imensa boa vontade — e puxava a corda. E isso aconteceu quatro vezes naquela noite! Aqueles foram bons tempos? O que estou falando? Os "bons e velhos tempos" não eram realmente bons. Prefiro não revivê-los.

Não sei quando comecei a entender a bênção que havia recebido, mas certamente não foi logo de cara. Lentamente no início, começou a ficar claro para mim que esposa incrível eu tinha. Ela nunca — quero dizer *nunca* mesmo — reclamou. Em vez disso, por todo lugar aonde íamos ela treinava mulheres jovens em coisas como arrumação da casa, comunicação e habilidades em geral. Ela já estava desenvolvendo os conceitos que terminaria usando em seu *Mentoring Mansion Intensives for Women* sobre o princípio "Use o que você tem". Espero que a luz acenda bem cedo para vocês, rapazes. Não posso lhe dizer o dia, o mês ou o ano em que isso aconteceu, mas chegou um momento em que passei a ter plena consciência do maior presente que Deus me dera depois de seu Filho.

Juntamente com a revelação do meu "maior tesouro" veio um tremendo senso de responsabilidade para começar a tratar minha esposa como Jesus fez com a igreja. Como posso valorizá-la, honrá-la e respeitá-la? Como vou expressar amor e apreciação a ela? Como devo tratá-la na frente dos outros? Como devo amá-la emocional e fisicamente na frente de nossos filhos? Como posso servi-la? Como ela se sente depois de estar em minha presença?

Eu tinha enorme respeito pelo falecido presidente norte-americano Ronald Reagan. Minha apreciação pelo presidente não tinha nada a ver com sua política externa ou interna, nem mesmo com sua liderança na derrubada do desprezível Muro de Berlim.

Minha estima pelo presidente se baseava em como ele tratava sua esposa, Nancy. Em certa ocasião, ele confidenciou ao seu vice-presidente: "Ela é a única mulher que conheço da qual sinto saudade assim que sai da sala". E você notou como ele a tratava em público? Ele a tratava como uma tiara de diamantes carregada em cima de uma almofada.

Por outro lado, nada me deixa mais nervoso do que ver um homem repreender sua esposa em público. Já é suficientemente ruim para ele humilhá-la em particular, mas é indesculpável quando isso é feito em público. Não gosto nem mesmo de ver um homem andando à frente de sua esposa.

Homens, vocês precisam levar a foto de sua esposa na carteira. Assim, cada um poderá cavar continuamente seu bolso de trás e lembrar a si mesmo do maior tesouro que tem na terra. Seria um erro trágico dar toda atenção e afeição a seus filhos, ao seu trabalho ou a outros e negligenciar a pérola conjugal de grande valor — sua joia ajudadora de valor inestimável. Não consigo passar um dia sequer sem dizer a Devi muitas vezes quanto a amo. Só consigo olhar para ela e louvar a Deus pelo meu presente.

Quando estamos separados, em razão de termos sido chamados a falar em locais diferentes, é comum que, por meio de oração ou de uma ligação telefônica, eu lhe diga palavras de elogio e expresse verbalmente a enorme gratidão que tenho por Devi. Também faço questão de iniciar minhas mensagens com comentários de elogio e admiração por ela.

Um homem *teleios* ama sua esposa como Cristo ama a igreja

O apóstolo Paulo ordena os homens a amarem cada um a sua esposa como Cristo amou a igreja (Ef 5.22-23). Homens, prestem atenção nisto! Não é a sua esposa, mas *vocês*, que recebem o mandamento de amar. De maneira muito clara, a Bíblia coloca a obrigação de ser um amante espiritual e conjugal diretamente sobre os homens — outra oportunidade de exercer sua posição como cabeça e como servo.

A mais importante definição bíblica de *amor* é encontrada na palavra grega *ágape*. É sempre uma palavra de ação. Algo precisa ser *feito*. Devemos *mostrar* nosso amor por nossa esposa através de nossas ações. Pode haver muito significado em dizer palavras, abraçar, dar flores, exaltá-la publicamente, ouvi-la, levar o lixo para fora, abrir-lhe a porta do carro, escrever bilhetes de amor, levá-la a lugares especiais. O mais importante, porém, é *servi-la*. Não diga que ama sua esposa, a não ser que prove com suas ações. Palavras sem ações são destituídas de amor; são vazias e sem sentido. E, por favor, não tente realizar um contato imediato de grau íntimo, a não ser que o amor seja a força motriz. Sexo sem amor é tanto prejudicial quanto degradante.

Santifique-a com suas palavras

Paulo chama os maridos a amarem cada um a sua esposa como Cristo amou a igreja — o que é obviamente até o ponto da morte. Ele ordena o homem a santificá-la "pelo lavar da água mediante a palavra". Embora não fique óbvio no texto em português, o texto de Efésios 5.26 usa o termo *rema* para *palavra*, em vez do usual *logos*. Entender a razão disso vai ajudar na interpretação do texto.

Paulo não está dizendo que você deve citar continuamente a Escritura (*logos*) para sua esposa. Ele está dizendo que você deve dizer palavras (*rema*) purificadoras, encorajadoras, honrosas, afirmativas e edificantes a ela. Paulo está se referindo às suas palavras, não à Palavra de Deus. Suas palavras têm o poder de despertar o melhor ou o pior em sua esposa.

No mesmo livro, em Efésios 4.29, Paulo diz: "Nenhuma palavra torpe saia da boca de vocês, mas apenas a que for útil para edificar os outros".

Você deve falar apenas aquelas palavras que vão edificá-la.

Estava na picape de um amigo meu certo dia, e ele recebeu uma ligação no celular. Depois de desligar, eu perguntei:

— Com quem você estava falando?

— Com minha esposa — respondeu ele.

— Você sempre conversa com sua esposa desse jeito? — perguntei.

Ai! Ele percebeu imediatamente do que eu estava falando. As palavras que usamos quando falamos com nosso maior tesouro devem ser nossas palavras mais edificantes, encorajadoras e afirmativas!

Você deve falar da mesma maneira com seus filhos. Se sua esposa e seus filhos não o respeitarem, não importa que mais alguém respeite. Eles só vão honrá-lo se você primeiramente os honrar por meio de palavras e ações. Afinal de contas, como o homem mais maravilhoso do mundo pode ter se casado com alguém menos que a mulher mais incrível do mundo e juntos tenham produzido os filhos mais incríveis do mundo? Porque eles *são* incríveis, edifique-os e pronuncie vida sobre eles, usando para isso todo tipo de palavras encorajadoras.

A palavra grega traduzida por "torpe" em Efésios 4.29 é *sapros*. Ela se refere a qualquer coisa que deprecie algo. Suas palavras fazem sua esposa se sentir valorizada ou desvalorizada. Se alguma coisa que disser fizer sua esposa se sentir desvalorizada, depreciada, denegrida, difamada ou diminuída aos seus próprios olhos ou aos olhos dos outros, você falhou em sua obrigação de edificá-la verbalmente.

Penso que precisamos estabelecer esta verdade com um compromisso verbal de aceitação. Na forma de uma oração, ele deveria ser mais ou menos assim: "Jesus, em teu nome dedico minha língua a falar apenas palavras de afirmação e encorajamento à minha esposa. Não direi nada que reduza seu senso de valor. Falarei apenas aquelas palavras que a edificam".

Rapazes, vão em frente e façam essa promessa ao Senhor e cada um à sua esposa. Falem isso em voz alta de modo que cada palavra se torne um compromisso. Paulo diz que suas palavras têm poder purificador para santificá-la. Que marido não gostaria disso?

Torne sua esposa gloriosa

A instrução final de Paulo aos maridos em Efésios 5.27 é tornar sua esposa gloriosa. A palavra grega traduzida por "gloriosa" é *endoxis*, que também pode ser traduzida por:

- Honrada
- Estimada
- Renomada
- Magnífica
- Extraordinária

Você consegue imaginar o que poderia acontecer em sua vida se a sua esposa fosse honrada, estimada, renomada e magnificada? Esse é o objetivo de Jesus para você. Ele quer que *você* seja a maior expressão dele na terra. Sua esposa não deveria ser *sua* maior expressão na terra?

Minha alegria na vida é ver minha esposa se tornar extraordinária. Farei qualquer coisa que esteja ao meu alcance para garantir que isso ocorra. Por causa de seu extraordinário ministério às mulheres, minha esposa está a caminho do reconhecimento nacional. Mal posso esperar para colocar a tiara sobre sua cabeça e proclamar: "Você é tão bela quanto a Noiva de Cristo". Quando Jesus retornar ou eu for para a eternidade, quero que minha esposa seja tão bela, pura, radiante e perfeita quanto a Noiva de Cristo. Tenho a habilidade dada por Deus para deixá-la assim. Sua esposa é seu próprio corpo, porque em Cristo vocês se tornaram um. Sendo assim, enquanto eleva sua esposa a um lugar de suprema importância sob Cristo, você também está elevando a si mesmo. Essa seria uma razão para gritar "Aleluia!".

Amar é uma escolha

Recebi há pouco tempo a ligação de um rapaz que disse que não amava mais sua esposa. Ele se apaixonara por outra mulher.

Naturalmente, tenho dificuldades com isso. "Apaixonar-se" ou "perder a paixão" é algo que se baseia na definição mundana de amor de Hollywood. O amor bíblico não se baseia nas paixões transitórias e temporárias expressas na música popular e nas novelas românticas.

O amor bíblico não é uma emoção na qual embarcamos ou da qual saímos. Não, é uma *escolha* que fazemos de nos entregar sacrificialmente a outra pessoa. Assim que o amor se torna um ato egoísta, ele não mais se qualifica como amor. Não "deixamos de amar". Um homem está tomando uma decisão consciente se escolhe parar de amar sua esposa ou porque ela está fazendo algo que o desagrada ou porque não está fazendo algo que o agrada. Admita. É totalmente egoísta sua escolha de parar de amar com base no modo como ela está ou não tratando você. Mais do que isso, é realmente um fingimento ou uma racionalização. Em vez de lidar com os problemas, você pega o caminho fácil da saída e começa a se apaixonar por outra pessoa. Bem, tenho algumas notícias para você. Se ainda não aprendeu como escolher amar, o próximo casamento também não vai funcionar.

Amar é uma escolha. Escolho amar minha esposa. Escolho amá-la todos os dias. Tenho feito a mesma escolha nos últimos quarenta e seis anos. Minha escolha por amar se estende também a outras pessoas. Escolho amar pessoas não por causa do que fazem por mim, mas pelo que Deus fez por mim através de seu Filho, Jesus. Deus me mandou amar as pessoas e ele me mandou amar minha esposa. Quando escolho amar minha esposa, Deus me honra com bênçãos incontáveis.

Antes de me casar, meu futuro sogro me deu um conselho sábio. Eu sabia que era muito simplista. Ele disse que eu nunca deveria dormir sem primeiro beijar minha esposa. "Que bobagem", pensei. "Ele talvez não saiba que nunca haverá um momento em que eu não dê um beijo de boa-noite em minha esposa antes de cair no sono". Contudo, três meses depois, descobri que ele estava certo em compartilhar comigo esse princípio simples, mas significativo. Lembro-me claramente de estar deitado na cama, pensando: "Se ela acha que vou lhe dar um beijo de boa-noite, está completamente enganada. Ela me desagradou hoje e, portanto, nada de beijo. Ela simplesmente não será abençoada esta noite. Azar seu, *baby*".

Enquanto estava deitado ali, pensei na orientação do meu sogro. Assim, decidi lhe dar um beijinho na bochecha. Aquilo foi tão gostoso que decidi dar um beijo mais ousado. Então, aquilo se transformou num beijão nos lábios. Quando terminei essa refeição de três pratos, já havia esquecido completamente do que havia me deixado zangado. No dia seguinte, percebi que o que me deixara irritado não era nada que ela havia feito. Era algo idiota que eu fizera. Eu simplesmente não queria admitir. Se eu não tivesse feito a escolha de ser obediente e amar, teria perdido a oportunidade de aprender uma importante lição inicial de como as escolhas afetam uma pessoa. Se amar fosse algo que simplesmente "acontece", eu poderia ter desistido de tudo aquilo em apenas três meses.

Amar é uma decisão, não uma emoção. Diga em voz alta: "Amar é uma decisão, não uma emoção!". Se você fundamentar seu amor em emoções, então vai logo entrar em falência.

Gosto muito da ilustração que Bill Bright apresentou em um seminário do qual participei anos atrás em Oakland, Califórnia. Ele disse que as emoções são como o vagão do pessoal de manutenção de um trem, que ficava no fim da composição. A locomotiva simboliza a verdade da Palavra de Deus, o carro de carvão é a crença no ato e as emoções são o vagão de manutenção. As emoções são boas como um vagão de manutenção, mas são uma péssima locomotiva. Se as emoções controlarem a locomotiva, seu trem vai andar de marcha à ré. Não demora muito para perceber quão devastadoras as coisas podem se tornar se você permitir que as emoções determinem seu futuro.

> Se você fundamentar seu amor em emoções, então vai logo entrar em falência.

LUTE PELA UNIÃO

Deus deseja união. O Pai, o Filho e o Espírito Santo estão em união. A oração de Jesus no Getsêmani, apresentada em João 17, foi para que os discípulos estivessem em união como estavam ele e o Pai (cf. v. 21). A razão de Jesus ter concedido à igreja os ofícios de apóstolo, profeta, pastor, mestre e evangelista foi "preparar os santos para a obra do ministério, para que o corpo de Cristo seja edificado" (Ef 4.12). Em Efésios 4.3 Paulo diz que devemos fazer "todo o esforço para conservar a unidade do Espírito pelo vínculo da paz". Ele vai além e diz: "Há um só corpo e um só Espírito, assim como a esperança para a qual vocês foram chamados é uma só; há um só Senhor, uma só fé, um só batismo, um só Deus e Pai de todos, que é sobre todos, por meio de todos e em todos" (Ef 4.4-6).

Deus também quer que marido e mulher sejam unidos. Leia Mateus 19.5, em que Jesus cita Gênesis 2.23. Veja também Marcos 10.7-8, 1Coríntios 6.16 e Efésios 5.31. Deus deixa claro que deseja que marido e mulher deixem suas famílias e seus lares e se juntem um ao outro até que os dois se tornem um.

União é o processo de se tornar um. No processo de união, um casal se torna um não em pessoa, mas em *propósito*.

Se existe uma oração mais importante de todas a fazer por você e por sua esposa é que ambos se tornem um. Casais podem viver juntos por anos e ainda assim não serem um. Que tragédia! Eles podem ser casados há cinquenta anos e ainda não estarem unidos. E o simples fato de o casal ser de cristãos não necessariamente significa que eles são um. Os dois devem *se tornar* um e, ao contrário do que diz a opinião popular, isso não tem nada a ver com compatibilidade. Tem tudo a ver com sua disposição e escolha (aqui está a palavra de novo) de cumprir com a lei de Deus sobre a união.

Como a união acontece no casamento?

1. *Reconheça o fato de haver o cabeça.* Conforme discutido no capítulo anterior, deve haver um claro reconhecimento de que existe um cabeça. Em todos os casos, a existência de um cabeça antecede a união, seja num casamento, seja na igreja, seja no governo, seja no trabalho. Quem é o cabeça do casamento? Definimos que o homem é o cabeça, de acordo com a Bíblia.

2. *O cabeça deve estabelecer igualdade.* Assim que a posição de cabeça é identificada, o cabeça deve estabelecer igualdade. Como ensinarei por todo este livro, a não ser que o cabeça do casamento assuma para si a forma de servo, a igualdade nunca será concretizada. Se o homem não começar a servir sua esposa e sua família, ele continuará sendo um ditador. Sua autoridade será estabelecida através de controle, o que o impedirá de ser um líder piedoso.

3. *Espelhe fisicamente a união.* Existem muitas coisas físicas que vocês podem fazer como casal para nutrir um padrão de união na vida de ambos. Quero incentivá-los a fazer um esforço para praticar cada uma destas atividades em seu casamento.

- *Caminhe com ela.* Parece simples, mas você ficaria surpreso ao saber que um grande número de casais não andam juntos.
- *Segure a mão dela.* Isso também parece simplista, como algo que você só faria durante o namoro. Nada disso! Vocês precisam andar de mãos dadas por todos os lugares aonde forem.

- *Sente-se ao lado dela tanto em eventos sociais quanto em casa.*
- *Toque-a de maneira afetuosa sempre que possível.*
- *Beije-a sempre que tiver oportunidade.* Beijos de boa-noite são bons, mas serão rasos se esse for o único momento em que você a beija.
- *Trabalhem juntos.* Planejem projetos nos quais vocês possam estar juntos, cada um contribuindo com o que faz de melhor.
- *Durmam juntos.* Embora isso possa parecer tolice para alguns, muitos casais casados, por diversas razões, não dormem juntos. Se existir uma razão válida para não dormirem juntos, pelo menos comecem ou terminem a noite juntos. Nada pode substituir o leito conjugal no aspecto da intimidade.

4. *Valorize a posição um do outro.* Não tomem decisões importantes sem conversar sobre elas como marido e mulher. O fato de a decisão estar certa ou errada é menos importante do que o fato de vocês decidirem juntos.

5. *Considere seu cônjuge mais importante que você mesmo.* Pelo fato de o egoísmo ser a principal razão de divisão num casamento, a única maneira de colocar um fim nele e excluí-lo do seu casamento é colocar os interesses da sua esposa acima dos seus.

6. *Pare de defender sua posição!* Você já ouviu homens e mulheres dizerem algo como: "Mas se eu deixar ele/ela pensar que está certo, ele/ela vai achar que venceu. Não posso fazer isso!". Não estamos no exército tentando vencer a guerra do certo e do errado. Você é chamado a ser um com sua esposa. Se um dos dois perder, ambos perdem. Se um vencer, os dois vencem. Devemos nos esforçar para ter resultados em que os dois saiam ganhando, não apenas um. Situações em que um ganha e o outro perde são de fato uma perda.

7. *Permitam que o amor seja o fundamento e a motivação de tudo o que fizerem.* Leia a definição de amor apresentada por Paulo em 1Coríntios 13 e pergunte a si mesmo como está em relação àquele padrão. Estar de acordo com o padrão não é apenas possível, mas o padrão deve ser atingido se você deseja estabelecer a união em seu casamento. A propósito, comece com paciência, e comece a trabalhar nisso hoje mesmo.

8. *Perdoem um ao outro tão logo haja uma ofensa.* O perdão deve ser imediato e completo. Não deixem o sol se pôr sobre a ira de vocês (cf. Ef 4.26). Perdoem-se imediatamente pelas coisas que fizeram de errado ou pelo que disseram. Não qualifiquem seu perdão com frases como "Mas fiz isso porque você fez aquilo". Se o fizer, então não considere isso um verdadeiro perdão. Além do mais, não guardem ressentimentos. Eles vão matá-los. Jesus disse em Mateus 6.15 que, se não perdoar os outros quando pecarem contra você, então seu Pai do céu não poderá perdoá-lo quando você pecar.

Ore por seu cônjuge da mesma maneira que Jesus orou por você, para que se tornem um. Se vocês estão vivendo como duas pessoas, em vez de como uma só, Deus não quer que vivam mais assim. Ele quer que sejam unidos em propósito, pensamento e ação, assim como Jesus o é com sua Noiva.

O divórcio está fora de questão

Por fim, quero lhe dizer o que creio em relação ao divórcio. Antes de fazê-lo, porém, quero ser claro com todos vocês que foram afetados de alguma maneira pelo divórcio. Não estou absolutamente lhes apontando um dedo de condenação. Creio na graça de Deus e ensino sobre ela nessas situações. Assim, não estou tratando do que aconteceu no passado, mas do que nossa visão do futuro deve ser, de acordo com a Palavra de Deus. Tendo dito isso, a melhor descrição de meus sentimentos em relação ao divórcio é encontrada em Malaquias 2.16: "'Eu odeio o divórcio', diz o Senhor, o Deus de Israel". Idem, idem, idem! Esse é exatamente o meu sentimento!

Jesus expressou o mesmo desprezo pelo divórcio em Mateus 19.6: "Portanto, o que Deus uniu, ninguém separe".

Lemos no mesmo capítulo que alguns fariseus se aproximaram de Jesus para testá-lo sobre o assunto do divórcio "por qualquer motivo". Eles argumentaram que Moisés lhes dera aprovação, contanto que o homem desse à sua esposa uma "certidão de divórcio". Jesus respondeu: "Moisés permitiu que vocês se divorciassem de suas mulheres por causa da dureza de coração de vocês. Mas não foi assim desde o princípio".

Abordar questões de divórcio, sejam relacionadas a você ou a alguém que conheça, é fútil. Não posso saber as razões que levaram você ou seus amigos a tomar essa decisão difícil. Nossa vida está debaixo do sangue de Jesus e apelamos para a graça de Deus nesses assuntos. Contudo, posso dizer de maneira inequívoca que Deus se opõe ao divórcio. E porque Deus é resolutamente contra qualquer coisa que possa romper o contrato conjugal, é imperativo que tenhamos a mesma atitude.

Ódio é uma palavra forte. Mas Deus a usa quando se refere ao divórcio. Ele é a favor do casamento e a manter os votos do casamento intactos. Deus se opõe a qualquer coisa que se coloque contra o casamento. Portanto, nós também devemos odiar o divórcio. Você que é casado ou recasado, a começar de hoje, nunca, jamais permita que a palavra *divórcio* faça parte do seu vocabulário. Nem mesmo pense nele. Não o discuta com sua esposa nem com seus filhos. Tire a palavra da sua mente. Tome a decisão hoje de que, por mais difíceis que se tornem as coisas, você nunca recorrerá ao divórcio. Você ama a Deus demais, teme a Palavra demais, ama sua esposa demais e ama seus filhos demais para até mesmo pensar em divórcio.

> Tome a decisão hoje de que, por mais difíceis que se tornem as coisas, você nunca recorrerá ao divórcio.

A esposa de Billy Graham diz que o divórcio nunca foi uma opção, mas ela considerou o assassinato. Obviamente nenhum dos dois é uma opção. O que torna sua declaração atraente é que ela já havia excluído o divórcio como uma possibilidade. Quantos casamentos perigosamente próximos do precipício do divórcio conseguiram, pela graça de Deus e pela disposição de ambas as partes de tomar decisões difíceis, recuperar-se e serem mais fortes do que nunca? Quantos casamentos e famílias foram salvos pela graça de Deus e pelas escolhas corajosas dos pais? Deus é um Deus que não desiste nem se cansa, e nós também devemos ser assim.

Talvez os famosos comentários de Winston Churchill, proferidos numa escola de ensino fundamental durante os dias obscuros da Segunda Guerra Mundial, devessem corroborar sua opinião sobre o divórcio: "Nós nunca, nunca, nunca, nunca, nunca desistiremos!". Amém! Você precisa encarar o casamento com essa disposição de buldogue. Faça uma declaração! Aconteça o que acontecer, você nunca desistirá, nunca deixará de orar, nunca se esquecerá de seus votos e nunca se afastará de sua esposa nem será infiel a ela. Determine de uma vez por todas que você nunca, nunca, nunca, nunca, desistirá!

Agora, neste exato momento, levante-se e dê um beijo e um abraço em sua esposa!

7

Sua família

O sol, a lua e as estrelas

Escrevo este capítulo no dia de Natal, na casa de Trina, minha filha, em Colleyville, Texas. Na mesa à minha frente está um retrato de Trina e seu marido, James. No porta-retrato está gravado o texto de Marcos 10.16: "Tomou as crianças nos braços, impôs-lhes as mãos e as abençoou". Minha sogra, que passou o Natal conosco neste ano na casa de Trina, em breve se mudará para cá, uma vez que seu marido faleceu em outubro. E não, não tenho nenhuma piada sobre sogra para contar. Ela é uma mulher absolutamente incrível. Somos família.

Alguns dias atrás, estava em nossa casa em Youngstown, Ohio, e fizemos uma comemoração antecipada de Natal com meu filho Aaron e sua família de Jamestown, Carolina do Norte. Conseguimos ver meu filho apenas algumas vezes por ano, mas toda vez que nos vemos é como se fosse Natal. Tudo isso porque somos família.

Na segunda-feira anterior, eu estava no Instituto Correcional do Estado da Pensilvânia, em Rockview, visitando Gene McGuire, AK4192. Gene está cumprindo prisão perpétua. Eu sempre o visito no dia de seu aniversário, feriado de Ação de Graças, Natal e quase mensalmente, nos últimos vinte anos. Em nossa visita a Gene, aproveitamos para ver Rafael, Jim, Scott e Orlando. Comemoramos as festas também com eles. Eles também fazem parte de nossa família.

Com o passar dos anos, eu e Devi recebemos mais de oitenta jovens para morar em nossa casa. Uma multidão de pessoas nasceu de novo em nosso lar. Tentamos tornar Jesus fácil de ser encontrado em nossas quatro paredes. Então, naturalmente, durante minhas viagens, tenho o hábito de adotar qualquer um que esteja necessitando de um pai espiritual. Isso acaba por adicionar várias centenas mais à nossa unidade familiar. É difícil pensar em um Natal ou num Dia de Ação de Graças no qual não tenhamos adicionado pratos à nossa mesa. Esses laços de uma mesa familiar são poderosos e nutritivos. Bem, adivinhe só! Meus filhos puxaram a mim e, nas festas, trazem para casa os corações desviados e solitários.

Em um Dia de Ação de Graças em particular, meu filho e minha nora, Kim, nos convidaram para ir à sua casa em Greensboro, na Carolina do Norte. É bom ter filhos adultos que podem retribuir, não é? Aaron e Kim decidiram convidar uma mulher profundamente perturbada e problemática para jantar conosco. Dizer que ela era estranha é pouco. Durante todo aquele dia, fiquei pensando: "Por que Aaron e Kim convidaram essa mulher? Por que não podemos passar o Dia de Ação de Graças somente entre nossa família pelo menos uma vez?". Então me ocorreu um pensamento: nós lhes ensinamos a fazer isso. Esta *é* a nossa família, que inclui o solitário e o não amado, o rejeitado e o profundamente perturbado. Queremos que todo mundo experimente o ambiente familiar.

O que faríamos se não fôssemos família? Deus nunca desejou que vivêssemos vidas solitárias, separadas ou isoladas. "Deus dá um lar aos solitários" (Sl 68.6). Ele quer que estejamos unidos no coração. Quer que coexistamos como uma unidade familiar. Até mesmo Deus existe na "família" do Pai, do Filho e do Espírito Santo — mutuamente ligados uns aos outros em amor. Não se engane: Deus é especialista em famílias.

Vivemos numa cultura que valoriza a independência, algo que se afasta cada vez mais do coração do lar. Lá no fundo, porém, somos pessoas que anseiam pertencer a algo e estar conectadas. O coração ainda clama por relacionamentos que transcendam os compromissos fugazes e efêmeros desta nossa era. As pessoas ainda querem ter um lugar aonde ir — um lugar que possam chamar de lar. De fato, as pessoas estão buscando desesperadamente um lugar onde os outros as amem e onde possam amá-los. Nosso coração responde ao puxão da gravidade amorosa de uma família.

> Deus nunca desejou que vivêssemos vidas solitárias, separadas ou isoladas.

A família é o leito rochoso, o fundamento de todos os relacionamentos. À medida que mais e mais famílias são separadas pelo divórcio, aqueles que são pegos nessa destruição devem finalmente encontrar pessoas e lugares para satisfazer seu clamor profundo por relacionamentos. Mas essas pessoas raramente encontram lugares e pessoas. Esse é o grande e crescente dilema de nosso tempo.

No capítulo final do Antigo Testamento, Malaquias profetizou que Deus enviará Elias nos últimos dias para "que os corações dos pais se voltem para seus filhos, e os corações dos filhos para seus pais" (Ml 4.5). Talvez esta seja a geração, antes da vinda do Senhor, quando os corações mais uma vez se voltarão na direção do lar. Talvez, apenas talvez, você e eu possamos mudar o curso de nossa cultura ao insistir na prioridade da família e do lar. É bem possível que você possa ser aquele marido e pai que se recusa a aceitar a mentira do Diabo de que o lar é apenas um lugar onde pendurar o chapéu.

A família galáctica

Em Gênesis 37, José descreve um sonho à sua família. Ele viu o sol, a lua e as estrelas se curvando diante dele. Esse sonho foi uma prévia de Deus. Um dia, em seu futuro, José seria capaz de salvar sua família da fome. Essa história trata de uma situação específica de certo momento da história. Mas olhe com atenção. Essa visão cósmica do sol, da lua e das estrelas nos permite ter um vislumbre do plano de Deus para todas as famílias. O paradigma de Deus é que o lar seja conduzido pelo pai, seguido pela mãe e circundados pelos filhos. Embora esse tenha sido o principal padrão por milênios, o pensamento de hoje parece inclinado a contradizer esse padrão, como se um novo método pudesse ser uma melhoria ao plano original de Deus.

Hoje existem múltiplos casamentos e divórcios. Casais não casados vivem juntos; casais homossexuais se "casam" e adotam crianças. Pais solteiros se esforçam para criar filhos, e filhos processam e até mesmo se "divorciam" de seus pais. Mães trabalham e pais ficam em casa para tentar serem mães. Descemos por um caminho de vida familiar disfuncional nas últimas cinco décadas. Pode ser mais correto caracterizar tudo isso como *existência* familiar em vez de vida familiar. É como se o sistema solar estivesse torto, com planetas girando em todas as direções. Papai não é mais o sol, o pai dos filhos nem o cabeça da esposa. Mamãe não é mais a lua, um reflexo de seu marido, o sol. Ela tenta, tanto por escolha como por força das circunstâncias, ser o centro do sistema solar. Com a agenda homossexual, temos tanto dois sóis na família quanto duas luas, dependendo do seu ponto de vista. E as estrelas, criadas para trazer honra a seus pais, agora se opõem a eles e buscam assumir todo o sistema solar.

Os planetas e os corpos galácticos agora colidem. Hollywood entra em cena para tirar vantagem do drama, assim como continua a fazer contribuições substanciais a esse retrato caótico. Filmes transformam essa tragédia monumental em humor, de modo que possamos todos rir enquanto a família é sistematicamente destruída.

Quando foi a última vez que você viu um filme no qual o pai não era retratado como um idiota trôpego, a mãe não era dominante, os filhos não eram desrespeitosos ou a família não fosse disfuncional?

As crianças estão cada vez mais no controle de todo o sistema solar; converse com qualquer professor de escola ou conselheiro.

As coisas estão definitivamente num estado de confusão. Nosso sistema solar familiar está torcido e fora de equilíbrio. Não é surpresa que Malaquias chame a raça humana a trazer os pais de volta às famílias e os filhos a seus pais enquanto esperamos a volta do Messias.

Componentes de uma família saudável

Os pais costumam ser atingidos e abalados pelas questões que enfrentam hoje. É compreensível que queiramos simplesmente enfiar a cabeça num buraco na terra. Existem imensas pressões culturais sobre o casamento e, às vezes, as leis da estrada são confusas e obscuras.

Deus forneceu um mapa bastante específico ao qual podemos recorrer, e o Espírito Santo foi convocado para nos dar direção. Com isso em mente, veja a seguir alguns pensamentos sobre a constituição de uma família saudável.

Homens, vocês podem ter certeza de que eu gosto de listas; elas são sucintas e provocam ações. Assim, aqui está uma lista de "coisas a fazer" na família, baseada nos princípios da Palavra de Deus.

- Sua família tem prioridade sobre coisas como trabalho, atividade na igreja, recreação pessoal e outras atividades e interesses. Quando você permite que um padrão penetrante e desequilibrado de atividade agendada ou não invada sua vida familiar, uma insidiosa queda se inicia. Tais intromissões corroem automaticamente as fundações de estabilidade e unidade no lar. Não deixe que atividades extracurriculares interrompam sua vida familiar, pois é ela que deve determinar suas atividades.
- Mostre a seus filhos o amor, a sensibilidade e o respeito que você tem pela mãe deles. Abrace-a com frequência na frente de seus filhos. Sirva de modelo de como um homem deve amar sua esposa.
- Mantenha um clima de paz em casa. Gritar, berrar, acusar e discutir são coisas a serem totalmente banidas. De modo especial, as palavras "Cale a boca!" devem ficar de fora. Tenha cuidado com destruidores de clima como música alta ou confusa, discussão ou briga entre os filhos ou barulho incômodo de televisão ou, na verdade, ruído de qualquer tipo.
- Permita que seus filhos façam parte do mundo adulto. Permita que participem de conversas adultas e que aprendam a esperar sua vez. Leve-os também em suas viagens, tarefas e compras no mercado. Eles precisam sentir que fazem parte da sua vida e que você faz parte da deles. *Fale de maneira respeitosa com seus filhos, e você ganhará o respeito deles.*
- Todo membro da família deve assumir responsabilidades e tarefas em casa — sem exceções. Não é saudável que tanto o pai quanto a mãe façam todo o trabalho. Todo mundo deve ajudar a levar a carga. Todo mundo deve trabalhar.
- De alguma forma, envolva sua família em projetos ou viagens missionários, alimentação de carentes e evangelismo mundial. Ensine-a como dar não apenas dinheiro, mas também de si mesma.
- Envolva-se no ministério, na escola e nas atividades esportivas de seus filhos.
- Tire férias. Os filhos raramente se lembram do que você comprou *para* eles, mas nunca se esquecerão do que fez *com* eles.
- Maridos, incentivem sua esposa a se envolver em algumas de suas atividades e comprometam-se a se envolver em alguma das atividades dela. Ela pode dizer: "Bem, eu não gosto de futebol" e mostrar pouco

interesse em assistir a um jogo com você. Incentive-a a se juntar a você, ainda que por uns poucos minutos, como uma oportunidade de simplesmente se sentarem juntos. Certifique-se de mostrar-lhe alguma atenção enquanto ela estiver sentada ao seu lado. Da sua parte, vá fazer compras com sua esposa de vez em quando. A maioria dos homens não gosta de comprar, mas precisamos simplesmente "estar" com nossa esposa. Às vezes ela gosta disso! A não ser que participem das atividades um do outro, vocês se desviarão. Você deve aproveitar toda oportunidade de aumentar os vínculos.

- Comam juntos. Minha esposa, Devi, estava fazendo uma pesquisa das principais causas da dissolução da família norte-americana. Ela sentiu o Senhor dizendo: "As famílias abandonaram a mesa de jantar". Sim, paramos de comer juntos. A família de hoje está sempre em movimento, comendo fora e fazendo refeições em lanchonetes de *fast-food*. Comemos no carro e na frente da televisão. Comemos em casa, mas em horários separados. Comer juntos desenvolve coesão, união e saúde familiares, além de desenvolver comportamentos sociais e maturidade emocional em nossos filhos.

- Ajude sua esposa em todas as oportunidades. Encontre desculpas para servi-la. Tire o peso de cima dela sempre que possível. Homens, temos pouca ideia de como pode ser cansativo para uma esposa passar o tempo todo com os filhos.

- Não permita que haja rivalidade entre irmãos. Isso rompe a união da família. Minha filha garante que esta é a razão de seus filhos serem tão próximos uns dos outros. Ela diz que é assim em sua casa porque ela não permite que eles briguem.

- Seja consistente em tudo, dos seus hábitos de oração e leitura bíblica à maneira de disciplinar seus filhos. Consistência produzirá segurança nos seus filhos e paz na sua família.

Encerrarei esta seção com alguns pensamentos de John e Linda Friel. Estes autores fizeram uma lista das "sete piores coisas que os pais fazem", que formam os títulos dos capítulos:[1]

1. Tratar um filho como bebê.
2. Colocar o casamento em último lugar.
3. Forçar um filho a realizar muitas atividades.
4. Ignorar sua própria vida espiritual e emocional.
5. Tentar ser "o melhor amigo" do seu filho.
6. Deixar de dar estrutura aos filhos.
7. Esperar que um filho realize os sonhos pessoais dos pais.

John e Linda, tudo o que posso dizer em relação a isso é: "Amém, amém e amém!".

Criando filhos vencedores

Não conheço um melhor guia para ser usado por pais no treinamento dos filhos do que o salmo 23. Ele fornece o esboço perfeito para criar filhos *vencedores* e *piedosos*. Da mesma forma que o Senhor foi o Bom Pastor que moldou a vida de Davi, os pais devem estar profundamente envolvidos no processo de moldar a vida de seus filhos. Existem vários objetivos importantes que devemos buscar na criação de nossos filhos.

O primeiro e mais importante é que queremos que nossos filhos experimentem um relacionamento pessoal com Deus. Isso não é algo que você possa realizar no lugar deles, mas certamente pode compartilhar com eles a mensagem do amor de Deus e orar para que a obra do Espírito Santo seja realizada na vida deles.

Além disso, nossos filhos devem desenvolver um caráter piedoso e viver de acordo com princípios bíblicos. Ao fazê-lo, eles se tornarão tudo o que Deus quer que sejam, vivendo uma vida responsável — sendo pessoas generosas, compassivas e sensíveis aos outros.

Por todo o processo de treinamento na criação de filhos vencedores, veja a si mesmo como o administrador, não como o proprietário da vida deles. Biblicamente, Deus é o possuidor de todas as coisas. Somos apenas os administradores de suas posses, trabalhando em favor dele.

A BOA CRIAÇÃO DE FILHOS DE ACORDO COM O SALMO 23

No salmo 23, o Pastor demonstra quatro tarefas principais necessárias à moldagem positiva do caráter de um filho: "O SENHOR é o meu pastor; de nada terei falta. Em verdes pastagens me *faz* repousar e me *conduz* a águas tranquilas; *restaura-me* o vigor. *Guia-me* nas veredas da justiça por amor do seu nome (v. 1-3). Vamos analisar cada um dos processos que destaquei em *itálico*.

O processo da disciplina: o bom pai "faz" o filho

À medida que um filho cresce em compreensão e raciocínio, devemos estabelecer a disciplina na vida da criança, ensinando-lhe os *absolutos* da vida. Eles são encontrados na Palavra de Deus, incorporados nos Dez Mandamentos, conforme detalhados em Êxodo 20. Alguns dos absolutos de Deus incluem *honestidade* a todo instante e independentemente das circunstâncias, a *adoração somente a Deus* e a verdade de que *roubar é sempre errado* e algo do que devemos nos arrepender com restituição. Ensinamos a verdade de que toda forma de *atividade sexual* fora do casamento heterossexual é errada. Outra verdade primária é que a *autoridade* deve ser respeitada.

É imperativo que, como pai, você estabeleça orientações e expectativas claras. Você pode, por exemplo, rejeitar qualquer forma de desrespeito, resposta malcriada ou insolência. Um "não" desafiador jamais deve ser tolerado. Isso os ensina a respeitar a autoridade parental. Eles também aprendem a respeitar toda forma de autoridade. Ao fazê-lo, aprenderão os princípios da submissão. Instrua-os sobre o que podem e o que não podem fazer, e lhes diga quais são as consequências por quebrarem as regras. Não deixe de aplicar as consequências. Isso os ensinará sobre a necessidade e o benefício de estabelecer limites na vida.

Informe a seus filhos que ataques de nervos de todas as formas não serão tolerados. Isso lhes ensinará o autocontrole. Nunca permita que levantem a voz para você. Quaisquer perguntas ou comentários devem ser feitos num tom normal de voz. Isso lhes ensinará o controle das atitudes.

Transmita a eles que você espera que tenham o mesmo comportamento quando estiverem tanto longe quanto perto de você. Isso lhes ensinará a autodisciplina. Por fim, ensine-os a cumprir o que dizem. Isso lhes ensinará sobre o fundamento de todo caráter.

Reconheço que nossa cultura não vê com bons olhos a punição corporal. Contudo, a Bíblia não poderia ser mais clara. Deus instrui os pais a usar a vara da disciplina nos textos de Provérbios 13.24, 22.15, 23.13-14 e 29.15. Uma vez que ele faz isso, é importante estabelecer parâmetros consistentes com a Palavra de Deus.

Primeiro, só use a punição física quando o comportamento for um ato direto de rebelião. Bater nunca deve ser um ato reacionário ou uma "advertência", mas uma ação deliberada e completa suficiente para ser lembrada como uma consequência firme por um ato de desobediência. O ato de bater deve ser realizado na parte da anatomia que possui um acolchoamento natural: as nádegas.

Segundo, a disciplina física deve sempre ser controlada e *nunca administrada com raiva*. Bater é um ato de amor, e o amor não pode ser administrado durante um ataque de cólera. Surras não são das Escrituras, e são contraproducentes, frequentemente produzindo rebelião em vez de um resultado positivo, que é a intenção da disciplina física.

Por fim, após a punição, a criança deve ser abraçada e apoiada, além de ser necessário que ela ouça que é amada. *Não diga ao seu filho o que ele fez de errado, mas faça-o dizer o que fez de errado.* Dessa maneira, ele aprenderá a admitir seus erros. Do mesmo modo, a criança entenderá a razão da punição e não se sentirá acusada. Para cada ato de desobediência deve haver uma consequência correspondente, proporcional em severidade ao peso da infração. Não puna com mais severidade do que a violação exige. O derradeiro objetivo da disciplina é levar seu filho ao lugar onde ele experimentará as recompensas de viver uma vida disciplinada.

O processo de modelagem: o bom pai conduz seu filho

Pais, isto é *muito* importante. *Devemos* demonstrar qualquer comportamento que exigirmos. A hipocrisia confunde a criança. As palavras terão pouco peso sobre os filhos se não praticarmos o que pregamos. E sabemos com certeza que eles estão olhando. Como em qualquer outra área da vida, nossas ações falam mais alto do que as palavras que dizemos aos nossos filhos.

Não seria preciso apresentar as sugestões a seguir, mas vou sugerir assim mesmo. Antes de tudo, apresentamos o modelo de amar a Deus transformando-o na primeira prioridade de nossa vida. Seja em casa a mesma pessoa que você é na igreja. Seja consistente. Mais uma vez, seja o primeiro a fazer tudo o que espera de seu filho. Ore e leia a Bíblia abertamente diante de seus filhos, de modo que possam pautar a vida deles de acordo com a sua. Ame a mãe deles sem medida, particularmente na presença deles. Demonstre uma vida de gratidão de modo que seus filhos não cresçam tendo atitudes de exigência e presunção. Seja rápido em pedir desculpas quando estiver errado, de modo que eles possam testemunhar sua humildade diante de Deus e da família. Por último, sirva de exemplo de um coração de servo, demonstrando à sua família os valores de servir e compartilhar.

O processo de afirmação: o bom pai restaura seu filho

Devemos dizer que o estabelecimento da disciplina na vida de seus filhos é apenas um lado da equação sobre criação de filhos. Outro termo deste lado da equação é a afirmação de seu filho. O cálculo é simples: disciplina + afirmação = confiança.

Meu coração se parte ao pensar nisto. Nada é mais importante na vida dos filhos do que receber afirmação constante dos pais. Essa é uma arma poderosa na luta contra a disfunção geracional. O processo de "edificação" garante que seu filho tenha confiança à medida que enfrentar as pressões e os desafios da vida. Contudo, muitos pais não apoiam seus filhos. Mais adiante na vida, eles procuram afirmação em todo lugar. Homens, apoiem seus filhos agora e, assim, vocês impedirão que sigam por caminhos errados no futuro!

Edifique e elogie seus filhos na frente de outras pessoas e corrija-os em particular. Não os ameace nem use táticas de amedrontamento como método de treinamento. Leve-os com você e mantenha-os por perto tanto quanto possível. Diga "Eu te amo" e toque neles com frequência — abraços, beijos e tapinhas de amor são essenciais para a estabilidade emocional. Não os chame de coisas negativas, como "estúpido", "bobo", "atrapalhado" ou "gordo". Não os compare com outras crianças. Trate-os sempre com respeito e valorize a individualidade deles. Depois de concluírem um projeto, não lhes diga que você faria diferente ou melhor.

Não se sinta ameaçado se eles assumirem pontos de vista diferentes à medida que crescerem. Deixe que expressem opiniões diferentes sem caracterizá-los como rebeldes. Quando tiverem maturidade suficiente para entender, explique os "porquês" das suas decisões. Jonas Salk disse: "Os bons pais dão a seus filhos raízes e asas. Raízes para que saibam onde é o lar; asas para voar para longe e colocar em prática o que lhes foi ensinado". Sempre tenha em mente que afirmação é um processo de crescimento e fortalecimento. Ao estabelecer confiança neles por meio das coisas positivas que lhes diz, você cria a capacidade de ter empatia pelos colegas que estejam sofrendo e de falar positivamente com eles.

O processo instrucional: o bom pai guia seu filho

É imperativo que desenvolvamos nos filhos prioridades muito claras na vida. Essas prioridades incluem uma ética de trabalho forte, o cumprimento de suas obrigações e compromissos, assim como o aprendizado de como se comportar diante de outras pessoas e de como interagir com elas.

Os filhos precisam de tarefas a realizar na casa, mas não os ajudamos a construir bons hábitos ou a compreender seu valor como membros contribuintes de uma família unida dando-lhes trabalhos que sejam incapazes de realizar. Quando lhes ensinamos como fazer e, depois, voltamos a eles para garantir que o trabalho esteja sendo realizado, nós os ajudamos a crescer em seus papéis e a encontrar satisfação e realização no trabalho bem realizado.

Ensine-lhes a pontualidade e treine-os a montar uma agenda para alcançar a máxima produtividade. Certifique-se de que eles façam os deveres de casa antes de começar a brincar. Não permita que haja procrastinação. Faça-os pegar seus brinquedos (até mesmo crianças maiores) e colocá-los no devido lugar quando terminarem de brincar. Isso é especialmente necessário quando estiverem na casa de outra pessoa. Se brincarem com eles, devem recolhê-los

— ainda que outras pessoas não ajudem. Brincadeiras mais pesadas devem ser reservadas para o ar livre. Não permita que corram pela casa ou pulem na mobília. Esse tipo de comportamento gera desrespeito pela propriedade e insensibilidade pela expressão de boas maneiras em vários ambientes sociais.

Ensine-os a ter um comportamento social correto. Faça-os estenderem a mão quando forem apresentados a outras pessoas, com uma saudação cordial como "Olá, prazer em conhecê-lo. Meu nome é _____". Atenda o telefone usando a frase "Alô, aqui é da casa da família Titus. Quem fala é Larry". "Quem é?" é inaceitável. Ao ligar para outras pessoas, seus filhos devem primeiramente se identificar.

Pai, seja o líder na questão de garantir que sua família coma junto. A mesa se torna um lugar perfeito para instilar valores familiares, instruir sobre bons modos à mesa e ter consideração pelos outros. Ensine-os a começar a comer somente depois que todos estiverem servidos. Dedicarei um capítulo inteiro sobre modos mais adiante. É um tópico tragicamente negligenciado em nosso ambiente cultural informal. Devi, minha esposa, tem um ensinamento incrível sobre esse assunto em seu livro *The Table Experience* [A experiência da mesa].

Permita que as crianças durmam até mais tarde apenas um dia por semana. Se vocês vão à igreja no domingo, o sábado é um dia perfeito para isso. Ensine sobre a responsabilidade diante dos outros membros da família quanto a lembrar de aniversários e do Natal por meio de cartões e presentes. Sempre peça que escrevam seu próprio "comentário de amor" dentro do cartão. Verifique o que seus filhos estão lendo e sempre tenha uma boa quantidade de material de leitura de qualidade pela casa. Exponha seus filhos a diversos estilos de arte e de música. Dê-lhes uma Bíblia que possam entender, e ajude-os a lê-la diariamente.

Não permita que os esportes se tornem a única prioridade na vida do seu filho, por mais bem talentoso que ele possa ser. Se você deseja nutrir equilíbrio e responsabilidade na vida de seu filho, os esportes precisam vir depois dos deveres da escola e das responsabilidades para com a casa e a família. Estabeleça também um limite no número de esportes ou atividades fora de casa por todo o ano. Não dê a seus filhos presentes pelos quais eles deveriam trabalhar e conquistar por si mesmos. Senão, eles nunca vão aprender a ter responsabilidade. Eles devem ser capazes de contribuir pelo menos com alguma coisa para a nova bicicleta, o novo *video game* e coisas similares. Isso se torna especialmente verdadeiro à medida que eles ficam mais velhos. Exponha seus filhos a boas influências e a exemplos positivos. Afaste-os das más influências e dos maus exemplos. Não permita que falem publicamente de maneira acusatória com outros ou que critiquem outros em particular. Providencie documentos para cada filho. Abra uma poupança no nome deles e ensine a seus filhos o valor do dinheiro e o hábito de poupar com responsabilidade.

> O pai que faz repousar, conduz, restaura e guia seu filho terá um filho notável.

Por último, monitore o tempo gasto na frente da televisão e no *video game*. A internet pode ser perigosa para as crianças. Limite o tempo de recreação passado no computador. Mantenha-se plenamente informado da atividade e do histórico do seu filho na internet. Verifique quais *sites* eles visitam. Fale diretamente sobre o monitoramento das atividades deles na rede.

Resultados: o "filho do salmo 23"

O pai que faz repousar, conduz, restaura e guia seu filho terá um filho notável. Os resultados podem ser encontrados nos três últimos versículos do salmo 23.

1. *Haverá ausência de medo na vida do filho.* "Mesmo quando eu andar por um vale de trevas e morte, não temerei perigo algum".
2. *Eles se tornarão vencedores.* "Preparas um banquete para mim à vista dos meus inimigos".
3. *Deus unge seus filhos.* "Tu me honras, ungindo a minha cabeça com óleo".
4. *Bondade e amor (incluindo fidelidade e misericórdia) os seguirão por toda a vida.* "Sei que a bondade e a fidelidade me acompanharão todos os dias da minha vida".

Minha oração é que sua família seja excepcional em todos os aspectos. Oro para que seus filhos, como Daniel, sejam *dez vezes melhores* do que aqueles que o mundo produz (Dn 1.20).

Mais de doze séculos antes de Cristo, um guerreiro israelita tomou uma importante decisão. Na frente de milhões de pessoas que ele acabara de conduzir até a terra prometida, Josué declarou: "Eu e a minha família serviremos ao Senhor" (Js 24.15). Essa é a mesma decisão que tomei em relação à minha família antes mesmo de meus filhos nascerem. Hoje, todos os filhos e netos servem e adoram a Deus.

Pai, tome a mesma decisão hoje em relação a você e sua família! Antes de seguir para o próximo capítulo, neste exato momento, ajoelhe-se diante de Deus, o Pai, e de Jesus Cristo, seu Senhor, e declare em voz alta: "Eu e a minha família serviremos ao Senhor".

8

Seu lar
Cuide da sua casa

Eu e Devi voltávamos tarde da noite para casa, vindos de uma viagem internacional, e encontramos a porta da frente completamente aberta. Havia trinta centímetros de neve no chão, e o frio era congelante. Devido ao avançado da hora, ficou claro que a porta estava aberta havia um bom tempo. Enquanto estacionava e, em seguida, entrando em casa, já fui calculando o custo do óleo para o aquecimento. Seria enorme! Como se isso já não bastasse para fazer meu sangue ferver, o que vi em seguida foi mais do que suficiente. Enrolados como uma rosquinha e dormindo profundamente no sofá e nas poltronas da nossa sala estavam três cachorros da vizinhança. Estavam aquecidos, confortáveis e relaxados, enquanto eu estava tenso, frio e pálido. Quando acendi as luzes, os vira-latas simplesmente se espreguiçaram, bocejaram e olharam para nós com olhos sonolentos. Certamente era uma tripla noite de cão.

Os estudantes universitários que moravam conosco não gastaram dois minutos para verificar se as portas estavam trancadas e se tudo estava em segurança antes de irem para a cama.

Conto essa história para ilustrar um princípio bastante importante da Palavra de Deus. É o princípio da *administração*, antigamente chamado de *mordomia*. Um dicionário define *administração* como "condução, supervisão ou gerenciamento de algo, *especialmente* o trato atencioso e responsável de algo confiado ao cuidado de outra pessoa".

Havíamos confiado nossa casa e nossos bens a nossos jovens hóspedes adultos. Contudo, eles não fizeram um bom trabalho de administração de nossos pertences. Eles foram negligentes. Não apenas negligentes, mas também presunçosos. Descobrimos na manhã seguinte que eles deram uma grande festa para toda a família deles. Usaram nossa melhor porcelana, cristais e prataria na ocasião festiva. Nunca lhes passou pela cabeça pedir autorização a nós antes de promover o evento extravagante. Felizmente, nada se quebrou. Embora os cachorros da vizinhança estivessem agradecidos, nós não estávamos.

A administração cristã é uma obrigação e uma responsabilidade em muitos de nossos relacionamentos. Pode ser a posição de fiel depositário que assumimos diante dos bens de outra pessoa. Se trabalharmos com organizações sem fins lucrativos, se tomarmos conta de uma propriedade ou se simplesmente ficarmos na casa de alguém, nós nos tornamos administradores. Como aconteceu com nossos jovens estudantes universitários, eles poderiam ser os administradores residentes, uma vez que viviam em nossa casa. Certamente se aplica ao uso de itens emprestados. Administrar é o ato de assumir responsabilidade pessoal pelo uso correto e o gerenciamento de algo colocado em nossas mãos. Independentemente do que seja essa "coisa", ela não é minha. Ela pertence a outra pessoa e foi confiada aos meus cuidados.

Mais de oitenta rapazes e algumas moças viveram em nossa casa no decorrer de vários anos. Ficou claro logo de início que a maioria daqueles jovens adultos não entrou em nossa vida com um senso de administração desenvolvido. Os três cachorros que tomaram conta de nossa sala de estar e alguns dos nossos jovens convidados compartilhavam de alguns hábitos ruins: entrar em casa, esticar-se na sala de estar e desejar que alguma pessoa fechasse a porta da frente.

Não ocorreu naturalmente a nenhum de nossos jovens "filhos" que o gramado precisava ser cortado, que o banheiro precisava ser mantido arrumado e limpo, que a louça precisava ser lavada, que o chão precisava ser varrido, que a casa ocasionalmente precisava de alguns pequenos reparos e de pintura. Ah, e o carro precisava ser lavado e abastecido com gasolina quando fosse devolvido. E, a propósito, como funciona a lavadora e a secadora de roupas? Além de nosso investimento na vida espiritual deles, eu e Devi fizemos enormes investimentos todos os anos à medida que treinamos rapazes e moças na disciplina da administração.

Eu e Devi tivemos que esconder o sorriso quando, mais tarde, observamos nossos protegidos já casados e começando a gerenciar sua própria casa. De repente, a casa de cada um deles estava um brinco de limpa, o carro estava lavado e encerado, o gramado aparado e os filhos tinham a aparência de alguém que havia acabado de sair de um catálogo de roupas infantis. Eu e minha esposa assumimos orgulhosamente o crédito pela transformação deles em bons administradores. Assim, neste capítulo, quero me concentrar em como "cuidar da sua casa". Essa é a minha expressão para a maneira de praticarmos uma administração de servo-cabeça em nossos lares.

Como cuidar da sua casa

Homens, precisamos fazer um pouco de trabalho fundamental e concentrar nosso pensamento na administração. Cremos que as casas, os carros, a mobília, as roupas, as joias e os brinquedos são "nossas" posses. Contudo, essas coisas não são de fato nossas. Davi nos diz em Salmos 24.1: "Do Senhor é a terra e tudo o que nela existe, o mundo e os que nele vivem". Eu diria que isso cobre praticamente tudo. Tudo pertence a Deus, e aquelas coisas que Deus coloca em nossas mãos são recursos para serem cuidados e gerenciados adequadamente. São bens materiais dados a nós por nosso amoroso Pai celestial para nossa conveniência, bem-estar e contentamento. A exigência de Deus é que exerçamos uma administração correta dessas coisas.

Existem muitos exemplos de administração nas Escrituras. De maneira especial, no Antigo Testamento, José se tornou administrador da casa de Potifar. De maneira bastante real, José foi um protótipo do homem *teleios*. Ele foi aperfeiçoado por vontade e propósito de Deus por meio de uma série de situações menos que perfeitas que o colocaram no lugar perfeito, no momento perfeito, com a mentalidade de confiança fiel para trazer vida e esperança a toda a população de sua parte do mundo. Mais tarde, ele assumiu a posição de segundo homem mais poderoso no Egito, respondendo apenas ao próprio faraó.

No Novo Testamento, Jesus fala do administrador astuto em Lucas 16. Aquele homem foi acusado de má administração das posses de seu senhor. Por causa de sua incompetência na administração, foi removido de seu posto de administrador. Paulo diz à igreja de Corinto: "O que se requer destes encarregados é que sejam fiéis" (1Co 4.2).

O segredo da boa administração

Dou muito valor à minha casa, ao meu carro e aos meus outros bens materiais, não por serem minhas posses, mas porque essas coisas foram confiadas ao meu cuidado por Deus. Quero que tudo o que eu fizer com elas seja um bom reflexo de mim, de minha família, de Jesus e de meu Pai celestial, que possui todas as coisas. Sou o administrador dessa porção de propriedade que Deus me confiou. É fundamental que eu realize um trabalho fiel porque, no final, o Dono exigirá de mim um relatório de minha administração. Minha recompensa será proporcional ao meu esforço, à minha integridade e aos meus resultados. Rapazes, lembrem-se: todos nós teremos de prestar contas!

De que modo um homem disposto e motivado pode se tornar um bom administrador? Há uma ideia-chave aqui. Aja como se tudo o que está sob o seu cuidado fosse de fato algo que você possui. A boa administração é a atitude correta em relação aos recursos colocados em nossas mãos. Também devemos reconhecer que somos testemunhas vivas para os descrentes ao nosso redor. A maneira de conduzirmos nossos negócios, gerenciarmos nossa casa e cuidarmos dos outros bens materiais que Deus colocou em nossas mãos de fato representam nosso cristianismo.

> A boa administração é a atitude correta em relação aos recursos colocados em nossas mãos.

É fato que a eficácia de nossa administração é bastante visível e evidente, não é? A casa, o carro e o jardim mostram imediatamente nossa atitude de cuidado. Tudo isso assume a forma de um indicador real de nossa maturidade e senso de responsabilidade.

Não me chame de sr. Conserta Tudo!

Você pode ser um cara bem jeitoso com as coisas de casa, capaz de fazer consertos na parte elétrica, saber um pouco de carpintaria e até mesmo de hidráulica. Ou talvez seja como eu, alguém mecanicamente incapaz quando a questão é reparo. Seja qual for o caso, penso que devemos tentar aprender como dominar pelo menos os pequenos reparos que costumam ser necessários em toda casa. Contudo, devo confessar que, logo no início do casamento, disse a Devi que a melhor maneira de conseguir que algo seja consertado seria pegar o telefone.

Amo nossa casa, amo como Devi a decora e tenho orgulho de trazer pessoas para casa comigo. Eu simplesmente não "conserto" muito bem. Você poderia dizer que sou o trapalhão do mundo doméstico. Consigo fazer as coisas triviais, mas sou um acidente esperando para acontecer quando o problema exige habilidades em elétrica, hidráulica ou carpintaria. Não estou exagerando. Já cometi erros sérios quando tentei fazer algum trabalho que exigia um mínimo de habilidade. Mas realmente gosto de tentar, embora o processo de aprendizado tenha me custado mais tempo e dinheiro, mas a irritação de curto prazo tem potencial positivo no longo prazo. Deixe-me levá-lo a um passeio pelo lar dos Titus. Você ouvirá algumas boas histórias sobre minhas habilidades manuais.

Instalei um aparelho elétrico de cabeça para baixo. Fiquei dizendo em voz alta como o fabricante conseguiu se sair com aquelas instruções de montagem idiotas. Murmurei: "Eles precisam despedir o cara que projetou este pedaço de lixo". Então, pensei: "Por que será que, para parafusar um lustre, a pessoa precisaria entrar no forro?". Obviamente, a "luz" não havia acendido em minha cabeça. Você já entendeu.

Certa vez montei o suporte de parede de uma tábua de passar roupa com grande precisão. Ao dar um passo para trás para admirar minha obra, percebi que os buracos onde colocaria as buchas foram perfurados numa posição muito baixa. Coloquei o suporte vários centímetros abaixo da altura da tábua de passar.

Cortei um buraco no papel de parede para casar com uma tomada quando o papel ainda não havia sido colocado na parede. Quando levantamos o papel, o buraco estava do lado errado e um metro e meio mais alto que a tomada.

Meu "feito" mais impressionante envolveu a explosão da lixeira, o que deixou minhas sobrancelhas chamuscadas e encaracoladas, além de ganhar um penteado afro instantâneo. Ela queimou por horas — quero dizer, a lixeira. Quando os bombeiros chegaram, meu filho lhes disse ansiosamente que foi o pai dele quem usara a lixeira como incinerador. Você precisa amar um menino como esse. Ele aprendera que sempre devemos ser honestos.

Independentemente de minhas habilidades ruins, faço de tudo para garantir que os projetos caseiros sejam realizados. E tenho tido alguns sucessos. Mantenho a grama cortada e os arbustos aparados. Ajudo Devi com o paisagismo. Mantenho a casa pintada por dentro e por fora. O carro está sempre lavado e encerado. Faço questão de ajudar minha esposa passando o aspirador de pó, tirando a poeira e limpando a casa. Parece animador, não é? Bem, se não é, desculpem-me, rapazes. Tudo isso está debaixo da responsabilidade de ser um bom administrador e da aplicação de uma liderança servil e sacrificial.

Envolva as crianças no cuidado da sua casa

Permita-me fazer apenas alguns comentários rápidos sobre envolver as crianças na administração.

A melhor maneira de ensinar os princípios da boa administração dos bens aos filhos é fazer que sejam responsáveis por seus brinquedos e suas roupas desde cedo. Exija deles que arrumem a cama e recolham todos os brinquedos depois de brincar com eles. Eles aprenderão com essas pequenas tarefas. Devemos isso aos nossos filhos, e, se *nós* não os ensinarmos, eles aprenderão do jeito mais difícil no futuro.

É comum ver brinquedos caros deixados ao relento. Nunca foi ensinado a algumas crianças como cuidar do que lhes pertence. Nos anos da adolescência, os brinquedos descartados podem ser substituídos por carros e motos aquáticas, mas a falta de cuidado permanece a mesma. Isso é chamado de má administração, e encontra sua derradeira consequência quando os adolescentes se tornam pais e repetem o mesmo padrão.

É muitíssimo importante que pais e mães não façam tudo por seus filhos. Os jovens — desde os primeiros anos de vida, à medida que seu desenvolvimento permitir uma responsabilidade cada vez maior — precisam aprender a lavar, secar, passar e dobrar suas roupas. Precisam arrumar a própria cama, recolher os brinquedos, colocar as roupas de volta nos cabides, colocar a roupa suja no cesto, colocar acessórios esportivos no lugar reservado para eles e lavar a louça de vez em quando como parte de suas tarefas regulares. Podemos ajudá-los a consertar brinquedos quebrados. Então, quando ficarem mais velhos, eles terão as habilidades que eu não tenho e serão capazes de pendurar corretamente lustres e tábuas de passar roupa.

Uma das aplicações mais importantes da boa administração está relacionada a coisas emprestadas. Precisamos tratar o que nos foi emprestado como se fosse nosso — ou até com mais atenção. Se pegar alguma coisa emprestada, devolva imediatamente após o uso ou quando disse que o faria. Se quebrar, restitua. Quando usar um veículo, devolva com o tanque cheio e lavado. Devolva coisas que lhe foram emprestadas em melhor estado do que quando as recebeu. Essa é uma atitude de classe que fala muito mais alto do que suas palavras poderiam fazê-lo. Lembre-se disso.

Nós, humanos, somos conduzidos por nossos exemplos. Quando damos exemplo de boa administração, nossos filhos assistem e aprendem, e eles se lembrarão de muito mais do que possamos imaginar. Nossos vizinhos nos julgam, comparando nossas ações com nossa profissão de fé. Uma das melhores maneiras de nossa família "falar" de Jesus em nossa vizinhança é demonstrar respeito genuíno pela propriedade particular das pessoas ao nosso redor.

Nosso lar celestial

Jesus disse aos discípulos em João 14 que na casa de seu Pai "há muitos aposentos" ou "moradas". Ele prossegue e lhes diz que estava indo preparar um lugar para eles. Você pode ter uma ideia melhor do que esses "aposentos" celestiais são ao ler os dois últimos capítulos de Apocalipse.

A cidade em si é simplesmente espetacular. Ruas feitas de ouro, portões de pérola, fundações com camadas das mais lindas pedras preciosas. Os rios e fontes são igualmente espetaculares. A cidade inteira é uma fabulosa comunidade murada medindo 2.200 quilômetros cúbicos! João deve ter tido muita dificuldade para compreender intelectualmente o que estava olhando. Ele diz em Apocalipse 21.11: "Ela resplandecia com a glória de Deus, e o seu brilho era como o de uma joia muito preciosa, como jaspe, clara como cristal". A casa de Deus é uma casa grande, e está claro que ele a planejou e depois a construiu com beleza, suntuosidade, excelência e luxo.

Nossa "morada" terrestre — a nossa casa — deve ser tão estimada quanto Deus estima a dele, e devemos reproduzir sua excelência de administração. Penso que é comum enfrentarmos dificuldades com essa questão da excelência em nossa vida. Mas qual é o problema? Bem, aqui está o problema: Deus não faz nada pela metade. Tudo o que faz, ele o faz com excelência divina. É sua natureza — na verdade, seu próprio caráter — que se reflete no que ele faz. *Deus está interessado na excelência do nosso pensamento e caráter da mesma maneira que se interessa pelos resultados de nossa administração.* Em outras palavras, nossa boa administração refletirá nosso verdadeiro caráter. Deus quer que seus filhos exibam o mesmo caráter plenamente desenvolvido que ele exibe. Esse é o estilo *teleios* — o estilo da maturidade espiritual que é exibido na plenitude em Cristo — uma evidência de crescimento tanto interno quanto externo.

O caráter é construído por meio de fidelidade, e esta exige consistência. Creio que a boa administração é refletida em nossa atenção aos detalhes — as pequenas coisas. "Você foi fiel no pouco, eu o porei sobre o muito" (Mt 25.21).

> ... nossa boa administração refletirá nosso verdadeiro caráter.

Quero que meu jardim honre a Deus. Quero que minha garagem seja um testemunho dele. Quero a lata de lixo, as ferramentas e todos os equipamentos guardados e organizados. Quero a calçada lavada. Quero as janelas limpas. Quero a canaleta limpa. Quero as luzes queimadas substituídas. Quero que minha casa reflita o Senhor maravilhoso a quem sirvo. Quero que meu carro seja um bom reflexo do seu proprietário, Jesus Cristo. Quero que minha morada se pareça com a dele — arrumada!

Desejo ardentemente que aqueles que lerem isto entendam e internalizem um princípio muito importante: cuide dos detalhes. Não despreze essas coisas pequenas. Você será recompensado por seus esforços, eu prometo. É uma verdade observável na história do nosso mundo.

Já que Jesus partiu dois mil anos atrás para preparar um lugar para nós, imagino que agora ele já esteja muito bonito. Você não acha? Se Deus leva a sério os ajustes e os enfeites da morada que está preparando para nós, certamente devemos fazer o mesmo com nossa morada aqui embaixo. Portanto, pegue o cortador de grama e a foice, tire as mangueiras do armário e afie as tesouras de podar. Pegue as escadas e os sacos de lixo. Abra uma lata de tinta e... mãos à obra!

Não há como exagerar o valor que dou à minha "morada" com o passar dos anos. Quer tenha sido aquele apartamento de um quarto que tínhamos quando nos casamos, quer o apartamento de bloco de cimento aparente de dois quartos com aquele chão frio de laje, quer a casa de três andares em que vivemos hoje, Devi e eu sempre os tratamos como mansões. Os jardins, o exterior, o interior, a garagem e a decoração eram e são um reflexo de minha atitude em relação a Jesus e de meu amor por ele, minha esposa e minha família. Quero fazer o melhor que puder para trazer honra e satisfação àqueles a quem mais prezo.

Seja sua casa seja uma cabana, uma tenda, um conjunto habitacional, alugada, seja um palácio residencial, ela é a morada terrena que Deus proveu a você; portanto, cuide bem dela. Lembre-se: uma casa não precisa de ostentação ou nobreza para ser uma mansão. Só precisa receber um alto padrão de cuidado. De fato, é melhor ter uma casa menor, mas muito bem cuidada, do que uma maior negligenciada.

O QUE FAZER EM RELAÇÃO A ISSO?

Veja a seguir cinco ideias que apresento apenas para começar a pensar na questão da boa administração do seu lar.

1. Faça uma lista das qualidades e características que considera mais importantes em relação à sua casa.
2. Depois disso, tome nota das questões de manutenção ou reparo que não estão sendo bem gerenciadas neste momento.
3. Faça uma lista de "coisas a fazer", organizadas por prioridade, das coisas em seu lar que precisam ser melhoradas, consertadas, pintadas ou rebocadas.
4. Crie uma lista de tarefas pelas quais não assumiu total responsabilidade.
5. Comprometa-se a fazer uma mudança. Compartilhe essas coisas com sua esposa de modo que ela possa cobrar de você o cumprimento de seus planos. — Essa doeu!

Transforme a casa num lar

Qual é o elemento crítico necessário para transformar uma casa em um lar? Você adivinhou: pessoas! É a atividade humana, a proximidade, a comunicação e o afeto que remodelam um caixote frio e o transformam num ambiente vivo e acolhedor. Que diferença existe entre entrar numa casa vazia sem eletricidade, luzes, mobília ou aparelhos, sem qualquer som de vida ou de uma família, e entrar numa em que as luzes estão acesas, os quartos lindamente mobiliados, tapetes no chão, quadros na parede e, o mais importante de tudo, com os sons da interação humana!

Quando a mãe está tentando colocar a comida na mesa, as crianças estão correndo em volta, o cachorro está latindo, a televisão está ligada e o pai ainda está lá fora cortando a grama, há vida na casa! Isso é um lar. Portanto, quero compartilhar alguns pensamentos sobre a administração de um *lar*.

Em nossos quarenta e seis anos de casamento, eu e Devi recebemos centenas, provavelmente milhares, de pessoas em nosso lar e não encontramos lugar melhor para discipular pessoas. Nós cuidamos do nosso canto. Amamos nosso lar e gostamos de receber pessoas ali sempre que podemos. O lar é o local onde a ação acontece. A despeito das coisas bobas que faço na casa de vez em quando, com o passar dos anos eu e Devi transformamos nosso "cantinho" num lar. Damos um imenso valor à nossa vida caseira. O lar é mais do que um lugar onde pendurar nosso chapéu ou passar algumas horas dormindo à noite. Como Devi diz: "É um refúgio de descanso e um santuário de amor". E, acredite, ela sabe como fazer que seja exatamente isso. É a personalidade de Devi que transformou nossa casa num lar. Penso que isso acontece na maioria dos lares. Muitas esposas são capazes de adicionar aconchego, o toque afetuoso, os acessórios bem pensados e o toque de classe na decoração que dá a tudo esse sentimento especial.

É importante que os homens realmente entendam a paixão e a motivação que a esposa tem enquanto trabalha para transformar nossa casa num lar. Deus as criou assim. As mulheres possuem um senso de "ninho". Elas se importam naturalmente com o ambiente no qual vivem. As mulheres querem coisas belas em volta de si e trabalham com criatividade e empenho para tornar as coisas agradáveis. Os homens, por outro lado, são capazes de viver numa caverna. Água corrente? Micro-ondas? Banheiro? Purificadores de ar? Cortinas? Ora, caia na real! Dê-me um espeto, um pedaço de carne e um fogo. Posso dormir no chão e colocar algumas folhas em cima de mim se tiver frio. É claro que, para a geração atual, isso pode ser um pouco de exagero, mas você entendeu o que eu quis dizer.

Haverá problemas, maridos, se vocês forem insensíveis diante da importância que sua esposa dá ao ambiente do lar. Elas levam seu ninho bastante a sério. Para vocês, homens, que estão pensando em se casar, seria uma boa ideia concentrar sua atenção nesse ponto. Tenho visto muitas esposas desanimadas por maridos que não cortam a grama, não recolhem as folhas caídas, não lavam a garagem nem limpam as persianas. Isso sem mencionar a falta de disposição de lavar a louça, ajudar a preparar a comida, passar aspirador de pó ou limpar o banheiro de vez em quando.

As esposas experimentam um verdadeiro senso de irritação quando o marido tem interesse nulo na condição do lar ou na decoração. Senhores, a partir de muitas experiências de aconselhamento, posso lhes dizer que as esposas querem mais de vocês do que o grunhido estereotipado e monossilábico do homem das cavernas. Lares que deveriam ser cheios de amor costumam se transformar em perigosas zonas de incrível frustração feminina. Casamentos que deveriam estar em perfeita sincronia podem se tornar campos de batalha, nos quais a esposa tem de ficar cobrando a execução mesmo de coisas pequenas. Essa é uma situação embaraçosa para mulheres. É muito comum que os homens não deem atenção a esse problema. Por que essa falta de atenção é embaraçosa para as esposas? Bem, elas querem que o lar seja um lindo ambiente de convívio para sua família e um lugar aconchegante e convidativo para receber amigos. Penso que as mulheres costumam exibir um senso superior de boa administração nessa área em comparação com os homens. E isso não é correto!

Minha personalidade normalmente paciente e não confrontadora poderia ser, numa situação ideal, mais agressiva nessa questão. Estou falando sério. Sou muito lento em confrontar homens sobre essas questões. Mas nada me fere mais do que observar o padrão masculino de sentar-se e assistir à televisão ou navegar na internet por horas enquanto seu jardim permanece descuidado e os projetos do lar continuam engavetados. Fico realmente perturbado quando testemunho o incrível desrespeito que os maridos às vezes mostram diante do desejo de sua esposa de criar uma atmosfera estimulante no lar. Homens, algo está terrivelmente errado em nossa percepção de valores se nos contentarmos em descansar e não fazer nada enquanto nossa esposa trabalha como uma escrava para nos dar conforto. Permita-me deixar a delicadeza e a diplomacia de lado por um instante para dizer isto: "Arrependa-se, tire o traseiro da cadeira e mexa-se!".

É bom termos o mesmo senso de orgulho e valor em nosso lar que nossa esposa tem. Muitas esposas desenvolvem um grande conceito de si mesmas e de satisfação no papel de cuidadora e alimentadora do lar. Se ele é o "departamento" dela, então sou seu provedor e músculos para garantir que o trabalho seja feito. Demonstramos o amor sacrificial de Cristo quando tentamos fazer coisas de acordo com o padrão da nossa esposa. Esse pode parecer um conceito um pouco estranho para alguns de nós, "navegadores da internet", mas, apesar de tudo, ele existe. E faça de tudo para que seus filhos desenvolvam o mesmo senso de amor pelo lar também. Refletimos e elevamos o senso de administração quando assumimos nossas responsabilidades como homens. É mais do que apenas a boa administração que demonstramos em relação a *coisas*. De fato, é a boa administração encontrada no apoio à nossa esposa em tudo o que Deus a chamou a fazer. Portanto, rapazes, ajudem-nas a transformar a casa em um lar. Você e todo mundo ao seu redor serão beneficiados!

Meu filho, Aaron, mandou-me recentemente um artigo de um autor anônimo que, em minha opinião, ilustra bem a questão. Aqui vai:

> Depois de vários meses de frio e inverno, em breve chegaremos ao verão e à temporada de churrasco. Portanto, é importante refrescar sua memória em relação aos bons costumes desse sublime ato de cozinhar ao ar livre, uma vez que ele é o único tipo de arte culinária que um homem de verdade realiza, provavelmente porque existe um elemento de perigo envolvido.
>
> Quando um homem se dispõe a fazer um churrasco, a cadeia de eventos apresentada a seguir é posta em ação. Veja a rotina:

1. A mulher compra a comida.
2. A mulher prepara a salada, os legumes e a sobremesa.
3. A mulher prepara a carne para ser cozida, coloca a peça numa travessa juntamente com todos os utensílios necessários à preparação e os molhos, e leva tudo ao marido que está deitado na espreguiçadeira ao lado da churrasqueira — com uma bebida gelada na mão. (Agora vem a parte importante.)
4. O *homem coloca a carne na churrasqueira.*
5. A mulher volta para dentro da casa para organizar os pratos e os talheres.
6. A mulher vai para fora para dizer ao marido que a carne está queimando. (Ele agradece e pergunta se ela poderia lhe trazer outra bebida gelada enquanto ele cuida da situação.)
7. O *homem tira a carne da churrasqueira e a entrega à mulher.*
8. A mulher prepara os pratos, a salada, o pão, os utensílios, os guardanapos, os molhos e leva tudo à mesa.
9. Depois de comer, a mulher tira a mesa e lava a louça. Então, o mais importante de tudo:
10. Todos *elogiam o homem e agradecem a ele* por seus esforços na preparação da comida.
11. O homem pergunta à mulher o que ela achou de sua "Noite de descanso". E, depois de ver a reação de aborrecimento dela, conclui que é simplesmente impossível agradar algumas mulheres.

Maridos e futuros maridos: nossa responsabilidade na boa administração vai além das carnes na churrasqueira e realmente se estende à nossa total parceria na criação de um ambiente ordeiro dentro de casa. Ao apoiar nossa esposa demonstramos nosso amor por ela e nosso respeito por seu desejo natural de ter um lugar bonito e convidativo para sua família e qualquer outro convidado. Isso também vai nutrir uma atmosfera pacífica e harmoniosa, criando um lugar seguro para todo tipo de ministério.

Lares: os primeiros edifícios eclesiásticos

Se entendo corretamente a história eclesiástica, no primeiro ou no segundo século da igreja, quando os cristão não se encontravam nos pátios de um templo, as pessoas sempre se encontravam em lares. Isso é narrado em passagens como Atos 2.46 e 5.42, Romanos 16.5, Colossenses 4.15, 1Coríntios 16.19 e Filemom 2. O lar é a igreja em sua forma mais pura, ou pelo menos deveria ser. Todo marido e toda esposa devem desejar que seu lar siga o modelo da casa de Deus — a igreja — em perfeita ordem e repleta de paz e amor. O marido e a esposa são os pastores, e os filhos são a congregação. Deve ser um lugar de adoração e louvor, ensino, correção e instrução na justiça. O marido e a esposa devem ser modelos perfeitos de Cristo e da igreja. Seus filhos são seus primeiros discípulos. Não há necessidade de tentar discipular outras pessoas até que você tenha primeiramente feito discípulos dentre os membros de sua própria família.

O que torna o lar tão importante é que ele forma o alicerce para a igreja maior. A igreja coletiva é apenas tão forte quanto os lares individuais, a igreja fundamental.

Deus também tem um lar

Deus é a derradeira pessoa caseira. Jesus comentou que estava indo para a casa de seu Pai para nos preparar um lugar. Acima de tudo, o que transforma a casa de Deus em um lar é exatamente o que transforma nossa casa num lar. Ele vive ali! É claro que ele gosta de uma casa grande, com vários aposentos, porque ele tem uma família grande e crescente que viverá em seu lar com ele. De fato, pense nisto: ele está preparando acomodações eternas para seu Filho e a noiva de seu Filho! Se isso não fizer você pensar, é melhor verificar seu pulso!

Veja outra profunda percepção: ao mesmo tempo que Jesus e o Pai encontram-se no céu, eles fazem morada em nós neste exato instante por meio da ação do Espírito Santo. Nós, a igreja, somos atualmente o templo de Deus — seu lar aqui na terra. Jesus disse em João 14.23: "Se alguém me ama, obedecerá à minha palavra. Meu Pai o amará, nós viremos a ele e faremos *morada* nele". A palavra traduzida por "morada" em João 14.23 é a mesma traduzida por "aposentos" em 14.2.

Homens, nossa família é a "morada", o lugar de habitação de Deus durante a era atual da igreja. Deus não apenas quer que você viva em sua morada na eternidade, como está vivendo na sua neste instante. O que transforma seu corpo — a casa física da sua alma — em um lar é o fato de Deus viver ali! Deus está aplicando atualmente o mesmo princípio de boa administração espiritual em nossa vida que ele deseja que apliquemos em nosso lar terreno. Ele nos lava, dá brilho, poda e renova para nos levar à conformidade com a beleza de seu caráter. É bom pensarmos um pouco sobre isso também.

João diz em Apocalipse 21.3: "Ouvi uma forte voz que vinha do trono e dizia: 'Agora o tabernáculo de Deus está com os homens, com os quais ele viverá'". Isso acontecerá quando a Nova Jerusalém descer do céu e houver um novo céu e uma nova terra. Penso que é praticamente impossível entender essa ideia com nossa mente mortal. O plano de Deus sempre foi viver conosco. João nos diz no final daquele capítulo que ele não viu um templo na cidade porque o Senhor Deus todo-poderoso e o Cordeiro estavam ali. Eles *são* o templo. Não haverá necessidade de luz do sol ou da lua porque a glória deles iluminará a cidade. Isso é que é transformar uma casa em um lar!

Jamais consigo entender o homem que sempre quer ficar longe de seu lar. Sem nós, nossa esposa e nossos filhos, nossa casa é simplesmente uma concha oca cheia de coisas. Transformar essa casa num lar é a ponta da lança da boa administração. Se aplicarmos os princípios de administração de maneira diligente a tudo o que Deus colocou em nossa mão, veremos os objetos materiais brilharem com a graça dele em nossa vida. Nosso lar é usado por Deus à medida que o plano dele é colocado em ação.

Homens, por favor, pensem nisso e, então, ajam de acordo. Seu lar merece seus melhores esforços de administração. Faça isso, e suas recompensas serão significativas. Eu garanto.

E, enquanto você estiver pensando nisso, tentarei fazer meu cortador de grama funcionar. Fiz um pequeno ajuste na semana passada. A coisa não ligou desde então...

Ladrões da paz

Sua carteira estava no balcão da cozinha da última vez que a viu, mas agora desapareceu. Suas chaves não estão onde deveriam. Você colocou sua Bíblia no lugar errado. Você liga para o seu próprio celular na esperança de ouvir a campainha e, assim, conseguir encontrá-lo. Você pensou que havia deixado seu casaco pendurado no encosto da cadeira, mas ele não está lá. Você não consegue encontrar suas ferramentas. Essas coisas lhe parecem familiares?

Sabe, em praticamente todo momento de todos os dias existem milhares de pequenas coisas que podem destruir a sua paz. Excesso de tensão, irritabilidade e ansiedade perturbam sua mente e usurpam um estado pacífico e produtivo. Sem colocar ordem e organização em sua vida diária, você não pode experimentar a plenitude da paz de Cristo.

Vamos analisar isso com mais profundidade. Rapazes, quero que vocês fiquem em paz. Só então poderão trabalhar outras coisas importantes em sua vida.

Eu e Devi viajávamos muito nos primeiros anos de nosso ministério. Em cada parada eu esquecia alguma coisa — sapatos, jaquetas, roupa íntima, livros, escova de dente e um sem-número de outros itens. *Finalmente comecei a montar ganchos mentais.* "Quando for sair de um hotel, não pegue as chaves antes de ter verificado todas as gavetas, pias e armários." A simples regra de usar minhas chaves como um lembrete ajudou a diminuir consideravelmente a quantidade de itens perdidos e esquecidos. Esse é apenas um dos muitos "ganchos" práticos e eficientes que posso recomendar.

Gostaria de dizer que as roupas são a pior coisa que já perdi. Mas isso não seria verdade. Em uma saída, perdi nosso filho do coração do bairro Chinatown na cidade de San Francisco.

O menino perdido

Eu e Devi estávamos fazendo compras no centro de San Francisco no verão. Viramos para trás para verificar nosso filho de 4 anos de idade e percebemos que ele havia desaparecido. Entramos em pânico, e o medo tomou conta.

— Querida, onde está o Aaron?

— Não sei, pensei que estivesse com você.

— Da última vez que o vi ele estava com você.

— *Comigo?* Da última vez que o vi ele estava com você.

Sabe, eu ainda tinha um pouco de atitude defensiva dentro de mim. Que alívio eu estar liberto disso hoje...

Onde você procura um menino pequeno numa cidade grande? Quanto tempo havia se passado desde a última vez que o tínhamos visto? A adrenalina e o medo estavam tomando conta, e nossa mente rodava como um cata-vento.

Naquele instante, um policial entrou na loja com nosso filho. "Alguém reconhece esta criança?" O medo se transformou em humilhação. Éramos as piores pessoas do mundo aos olhos daquele guarda.

Será que devo lhes contar sobre a vez em que trancamos a igreja e fomos para casa esquecendo que Aaron estava dormindo no primeiro banco? Voltamos quarenta minutos depois para encontrá-lo ainda dormindo profundamente. Fico pensando: será que ele ficou com alguma cicatriz emocional por causa disso?

Agora, o que eu mais esqueço é meu telefone celular. Um celular é *muito menos* importante que um filho, é claro, de modo que considero isso um progresso significativo, mas o fator aborrecimento é bastante alto. Felizmente, o medo terrível e a humilhação mortal não são problemas com os objetivos inanimados que deixo no lugar errado. Depois de partir sem ele algumas vezes, decidi criar outro "gancho". Agora, toda noite quando coloco o telefone para carregar, ponho minhas chaves ao lado dele. Não consigo ligar o carro de manhã sem minhas chaves e não pego minhas chaves sem que esteja com meu celular. Faço a mesma coisa quando saímos para comer. Se eu tirar o celular do bolso, coloco as chaves do carro ao lado dele para que não o esqueça. Um hábito simples torna a vida muito mais fácil, remove a confusão e contribui para um estado mental mais pacífico e menos estressante com o qual iniciar meu dia.

Ah, e mais uma coisa: quando preciso levar um item comigo, coloco-o junto à porta de saída ou diretamente dentro do carro assim que penso nele. Vou tropeçar nele quando estiver saindo ou vou levá-lo comigo. Agora, raramente esqueço coisas. Assim, meus amigos, se eu consegui aprender a colocar ordem no meu mundo, você também pode.

Alguns ladrões de paz

Veja se você se identifica com alguns destes "ladrões de paz".

- Você vai se encontrar com um cliente daqui a dez minutos e acaba de lembrar que o tanque de gasolina está vazio. Serão necessários outros dez minutos para chegar até o posto e, então, esperar o tanque encher e usar seu cartão de crédito. Você chegará atrasado ao seu compromisso e, uma vez que esqueceu o celular, não consegue falar com o cliente. Lá se vai a sua paz.

- Você precisava estar às 5 da tarde no parque para o treino de futebol da sua filha, mas tentou encaixar mais alguns compromissos antes de sair do escritório. Ainda assim, tudo teria dado certo, mas, no último instante, você recebeu uma ligação urgente que durou mais do que o esperado. Agora, provavelmente, não conseguirá chegar a tempo, e o time terá de esperar até que você chegue. Lá se vai a sua paz.

- É manhã de domingo. Você e sua esposa perderam a hora e agora vão chegar atrasados na igreja. Vocês ainda teriam tempo de chegar na hora, mas, assim que se dirigem à porta de casa, percebem que uma das crianças está sem sapatos. Naturalmente, você grita com sua esposa por ela não saber onde estão os sapatos. Não é culpa *sua* se ela não consegue encontrar os sapatos das crianças. Assim que começa a jornada até o carro, sua esposa descobre que o bebê encheu a fralda. Lá se vai a sua paz, a paz da sua esposa e a paz do bebê.

- A caminho da casa de um casal novo para o jantar, você percebe tarde demais que se esqueceu de pegar o bloco de papel onde estava o endereço. Eles lhe pediram para chegar pontualmente às 18 horas, mas agora vai se atrasar porque precisa voltar para casa e pegar o endereço. Você poderia ter ligado para eles, mas o número está escrito no mesmo papel onde está o endereço. Você não tem o endereço nem o número do telefone, e agora já perdeu a paz. Você pensa que sua esposa poderia ter cuidado desses detalhes. Na verdade, você *sabe* que ela deveria ter feito isso...

- Faltam dois dias para o Natal. Você tinha planos de comprar um presente para sua esposa antes disso, mas o fato é que você procrastinou, e a tensão está aumentando. Você pensa: "Este é o limite; hoje vou parar na loja no caminho do trabalho para casa". Depois de ficar na fila por dez minutos, ouve a atendente dizer: "Oh, sinto muito, mas este item acabou ontem". Seu novo plano é parar, na véspera de Natal, na outra loja que vende o mesmo item. Você terá tempo se sair mais cedo do trabalho. Lá se vai a sua paz, bem no dia em que está se preparando para celebrar o nascimento do Rei da Paz.

O que a Palavra diz

Existe um texto bíblico profundamente prático, encontrado na primeira parte de 1Coríntios 14.33. O apóstolo Paulo deixa claro que "Deus não é Deus de desordem, mas de paz". Perceba que o oposto de desordem e confusão é paz. Quando as coisas são colocadas em ordem, o resultado é a paz. Rapazes, vocês e eu sabemos disso. A desorganização sempre resultará em confusão e em falta de paz.

> Quando as coisas são colocadas em ordem, o resultado é a paz.

O propósito deste capítulo não é amontoar condenação sobre ninguém por falta de organização. Você já sente condenação suficiente sem a minha ajuda. Em vez disso, meu propósito é fazer uma chamada de atenção (com meu celular) e sentenciar e encorajar você a trazer estrutura e ordem àquelas coisas da sua vida que estão negligenciadas e fora de ordem. Criar ordem a partir do caos é parte do poder de Deus para aperfeiçoar e completar seu propósito na natureza — incluindo a natureza humana.

Toda área mal gerenciada produz confusão e remove a paz. O que é melhor: colocar ordem em seu mundo ou viver sem paz? Uma das necessidades mais profundas do homem é ter tranquilidade doméstica, de modo que a primeira opção é a escolha óbvia, mas a ordem de Deus e sua paz não surgem automaticamente. Precisamos tomar a decisão de participar, perseguir e trabalhar para torná-las uma realidade em nossa vida — dia após dia.

Você precisa colocar o chapéu de administrador. Isso será como os treinos e os exercícios pelos quais você talvez tenha passado nas aulas de educação física na escola. É trabalho.

No livro do ex-prefeito de Nova York Rudolph Giuliani sobre liderança, ele citou o arquiteto Ludwig Mies van der Rohe, do *New York Herald Tribune*: "Deus está nos detalhes". Giuliani seguiu a citação com a frase "Amém a isso". Ele continuou: "Estar ciente dos 'pequenos' detalhes de um sistema deixa um líder aberto aos custos do microgerenciamento. Mas entender como alguma coisa funciona é não apenas uma responsabilidade do líder; também é algo que o deixa mais bem preparado para permitir que as pessoas façam seu trabalho".[1]

Se você acha que o prefeito Giuliani fez um ótimo trabalho gerenciando a cidade de Nova York, dê uma olhada mais abrangente e veja como Deus administra o universo.

Como Deus ordena este mundo

Nada deveria dar-lhe mais incentivo do que saber como Deus ordena seu mundo. Ele é a pessoa mais organizada do universo. Ele também é um engenheiro genial. Nada escapa de sua atenção. O universo inteiro funciona em perfeita harmonia com leis que ele fixou e normas que criou.

Antes de sugerir algumas possíveis regras para trazer ordem ao seu mundo particular, gostaria de destacar algumas estratégias organizacionais de Deus.

Deus conta tudo

A Bíblia destaca cuidadosamente que Deus conta as estrelas. Ele quantifica os dias, os meses, os anos e a duração da nossa vida. Ele conta o fruto do Espírito, os dons do Espírito, os anos do período de tribulação, as fundações, os portões e o volume da cidade celestial, o número de tribos de Israel e até mesmo quantos de cada uma das doze tribos serão selados durante o período da tribulação.

Os novos convertidos que foram salvos e adicionados à igreja no Pentecoste foram contados (três mil), assim como os nomes das nações que estavam representadas na festa. Os discípulos foram contados. Quando um caiu, outro foi adicionado ao grupo, de modo que o total pudesse ser trazido novamente a doze.

Os dias da criação foram numerados, assim como os dias do dilúvio e até mesmo quantos animais foram colocados na arca. Deus contou os anos de cada um dos patriarcas antediluvianos e destacou a idade do mais velho entre os mais velhos — Matusalém — que bateu as botas com a avançada idade de 969 anos. Tudo o que posso dizer é que, com essa idade, quem se importa com quem está contando? Já fiquei conhecido por não conseguir me lembrar da idade dos meus filhos. Que bom que tenho uma esposa com a qual posso contar quando se trata de informações desse tipo.

O Antigo Testamento enumera os soldados que lutaram em batalha, como muitos morreram, quantos foram derrotados, quanto espólio foi levado e quanto tempo levou a batalha. Ele lista nomes, anos, duração do reinado e muitos outros detalhes da vida dos reis de Israel e de Judá. Há um livro inteiro chamado de "Números" porque tudo o que está nele foi numerado. Além disso, Deus até mesmo lista os nomes juntamente com as genealogias.

Como se Deus já não tivesse coisas suficientes para numerar, Jesus diz em Mateus 10.30 que os fios de cabelo da nossa cabeça estão contados. Homens, alguns de nós estão perdendo cabelo diariamente, mas Deus continua contando!

O resumo é que Deus conta tudo e sempre sabe de cada pequena coisa que está acontecendo em seu universo. Deus nunca perde a contagem de um jogo. Não é surpresa que ele esteja agora sentado junto de seu Filho, ao lado dele. Tudo já foi contado e registrado.

Então, aqui estou eu. Corro de um lado para o outro como um frango sem cabeça, tentando organizar as coisas e administrá-las adequadamente. Luto para lembrar onde coloquei algumas coisas ou o que fiz com elas. Veja a seguir algumas estratégias que funcionam comigo.

Regras de ordem de Larry:

- Cada coisa tem o seu lugar. Ela estará fora do lugar se não estiver no seu devido lugar.
- Escolha um lugar para tudo em seu lar. Escolha o lugar para as chaves, para o casaco, para as moedas, para o chapéu, para o martelo, para o avental, para as ferramentas de jardinagem, para as roupas íntimas e para as meias. A propósito, o lugar designado para as meias não pode ser o chão onde você as jogou na noite passada quando chegou do

trabalho. Quando tudo tem um lugar exato, seu lar funciona com eficiência. Você deve aderir às regras que estabelecer. Nada de trapacear!

- Tenha um calendário principal onde todos os eventos e atividades dos membros da família estejam registrados. Não faça planos antes de verificar o calendário principal. Isso pode reduzir a confusão e os conflitos de horário.
- Não tome decisões antes de consultar o *chefe*. Quem é o chefe? Qualquer pessoa que precisa ser informada antes que você tome uma decisão final. Em seu casamento, é sua esposa. Para sua esposa, é você. Na igreja, é o seu pastor. No seu trabalho, é o seu supervisor. Para o seu futuro, é o Grande Chefe: Deus!
- Não procrastine. Faça primeiro as coisas que não quer fazer. Deixe as coisas fáceis e agradáveis por último. Qualquer coisa que você deixa "para depois" causará problemas "depois". Rapazes, nós sabemos que isso não é básico demais a ponto de não precisarmos rever. Todos nós precisamos observar essas disciplinas simples.
- Na administração do tempo, dê prioridade ao seu lar. É muito fácil colocar trabalho, igreja e eventos sociais à frente do seu lar. Se a boa administração de nosso lar não for a prioridade número um da liderança servil, tudo o mais ficará fora de equilíbrio.
- Compre as ferramentas adequadas para toda tarefa ou problema de manutenção. É difícil fazer um bom trabalho com ferramentas de má qualidade. Depois de ter investido nelas, você sempre as terá disponíveis quando precisar delas, e a qualidade de seu trabalho será maior.
- Crie o hábito de fazer listas de "coisas a fazer". No que se refere ao trabalho, se fizer a lista na noite anterior, a probabilidade de realizar seus objetivos para o dia seguinte será muito maior. Há programas de computador que são ótimos para manter uma lista de tarefas que vai ajudá-lo a manter o rumo e fazer tudo na data devida.
- Tome nota de tudo o que é importante — de citações a brincadeiras, piadas, lembretes de ideias ou eventos importantes. Há uma razão para algumas das principais escolas de negócios ensinarem a necessidade da

documentação e sua efetividade. Abraham Lincoln era um entusiasta do costume de tomar notas. Muitas das ideias do Discurso de Gettysburg foram registradas antecipadamente em pequenos pedaços de papel e presas por dentro de seu chapéu. Na noite anterior ao discurso, ele esvaziou o chapéu e escreveu suas palavras históricas. Não dá vontade de sair e comprar um chapéu bem grande?

- Tenha um dia reservado para o descanso. Deus quer que você e sua família tenham um dia para refrescar o corpo, a alma e o espírito. Depois de ter trabalhado por seis dias, você deve ter um tempo para reagrupar e reconquistar a perspectiva correta. Um boi na vala era uma boa razão para quebrar o sábado nos dias de Jesus, mas bois demais em valas demais em muitos sábados consecutivos vão terminar desgastando-o e destruindo sua paz. Deus sabe que precisamos de tempo para repousar, reabastecer e renovar. E não há melhor razão para descansar do que o conhecimento de que tanto Deus quanto Jesus estão atualmente e há algum tempo em descanso.

- Mantenha arquivos apropriados para papéis importantes como apólices de seguro, informação para declaração do imposto de renda, extratos bancários, diplomas, certidões de nascimento e casamento e um testamento. Você poupará tempo e frustração.

- Invista em suportes, arquivos, gabinetes de plástico, prateleiras, etiquetas e ganchos de modo que tudo o que estiver em seu lar, na garagem e no escritório possa ser armazenado, guardado, identificado, categorizado e controlado de maneira adequada.

- Faça uma lista de tudo o que não está organizado e elabore um plano para levar essas coisas a um estado de excelência administrativa. Use algumas das categorias e locais que mostro a seguir:

  – Lar
  – Garagem
  – Local de trabalho/escritório
  – Armário
  – Ferramentas

- Suprimentos para casa
- Itens sobressalentes
- Cômoda

Administração do tempo

O tempo é um conceito engraçado. Sempre dizemos coisas como "Puxa, o tempo voa!" ou "Uau, fiquei sem tempo hoje!". Seja o que for que você diz, o tempo está sempre se movendo, voando ou correndo. Ele nunca para, se atrasa ou fica suspenso. Ele não vai nos esperar e definitivamente não vai alterar seu passo para atender às nossas necessidades. Ele não se baseia na *sua* agenda. Administrar o tempo é pegar uma coisa incontrolável e controlá-la. Tal como uma pipa flutuando ao vento, você precisa pegar rapidamente a linha e guiá-la. Mas desfrute do vento e da pipa enquanto faz isso!

Veja algumas dicas para ajudá-lo a administrar seu tempo:

- Dividir é tudo! Isso é fazer uma estimativa de tempo. Não se esqueça de que colocar os sapatos, caminhar até o carro, jogar a pasta no banco de trás e tirar o carro da garagem tomarão mais do que trinta segundos!
- Atribua um tempo de duração a si mesmo. Você precisa determinar o tempo que cada coisa vai levar porque tudo exige um tempo. Não erre no cálculo de quanto vai demorar a fazer alguma coisa por ter desprezado os detalhes e as coisas pequenas que comem tempo. Administrar tempo e recursos é uma habilidade totalmente necessária. Gerentes de projeto no mundo dos negócios fazem longos treinamentos e usam programas sofisticados no processo de administração do tempo. Mesmo assim, a administração do tempo ainda se resume à estimativa e revisão contínua à medida que você aprende mais e mais. Acompanhe seu tempo!
- Não desperdice tempo precioso. Uma coisa é relaxar ou fazer uma pausa rápida, mas você pode ter sérios problemas se desperdiçar horas e mais horas do seu dia. Use seu tempo no trabalho de maneira eficiente. Em casa, use bem o tempo ajudando nas tarefas de casa, tirando do caminho coisas que foram empilhadas ou separadas para serem guardadas.

Ajude sua esposa antes de ela pedir, ciente de que ela está com o tempo apertado e certamente apreciará sua ajuda.
- Todo dia possui tempo ocioso enquanto você espera alguém ou alguma coisa. Sempre mantenho um livro por perto para aqueles minutos extras que, de outra maneira, seriam um desperdício. Aproveito esses momentos para dar retorno a telefonemas ou revisar minhas anotações. Se você tiver muito tempo livre, invista-o em alguma coisa! Há uma quantidade enorme de pessoas que poderiam se beneficiar do seu auxílio! Encontre alguém que precisa de um mentor ou de um pai e passe tempo com essa pessoa.
- Sempre reserve algum tempo em seu planejamento para as emergências. Dê a si mesmo um tempo extra — um tempo de relaxamento. Jamais saia para um compromisso imaginando que você vai chegar "em cima da hora". Saia mais cedo. Já ouvi alguém dizer que os líderes estão sempre na hora, e os grandes líderes estão dez minutos adiantados.
- Coordene projetos de modo que você possa completar vários de uma vez. Se precisar fazer coisas em vários pontos da cidade, faça uma lista de todas as paradas que estão próximas. Múltiplos deslocamentos não são necessários se fizer um pouco de planejamento.
- Vou dizer mais uma vez: Faça listas! Atualize suas listas e risque os itens que já concluiu. As listas são ferramentas simples, mas muito eficientes. Crie listas e mantenha todas elas atualizadas.

> Devemos organizar e administrar cuidadosamente aquilo que chega às nossas mãos.

Portanto, é assim que funciona. Quando trazemos excelência em administração e gerenciamento à nossa vida, o estresse e o desgaste da desorganização dará lugar à paz e à tranquilidade. Não podemos controlar tudo, mas devemos organizar e administrar cuidadosamente aquilo que chega às nossas mãos.

9

Seu dinheiro
Onde está, ó dívida, o seu aguilhão?

O AMBIENTE CRISTÃO GERAL tem problemas para falar sobre dinheiro. Questões relacionadas ao dinheiro já destruíram casamentos, negócios, igrejas e países. Dinheiro é valor armazenado e meio de troca, e todos nós lidamos com ele todos os dias de nossa vida. Diante disso, por que é difícil falar sobre dinheiro? Talvez porque a mentalidade capitalista permeie nosso pensamento.

Mas o que estou dizendo?

Desde tenra idade aprendemos que é preciso ser independente e ter grande apreço pelo trabalho. Também aprendemos que nosso sistema econômico nos dá oportunidade de acumular riqueza. Está claro que as Escrituras discutem trabalho e dinheiro.

Contudo, é aqui que a armadilha aparece. Começamos a pensar que o que ganhamos é "Meu e somente meu". "O que é meu, é meu" é um pensamento relacionado à ideia de independência. Em outras palavras, "Trabalhei por isso. Eu ganhei. Portanto, me pertence".

Nossa preocupação aqui é o que Deus tem a dizer sobre dinheiro e finanças. Nós NÃO estamos preocupados com a mentalidade dos descrentes em relação ao dinheiro. Os descrentes são parte do sistema Mamom (isto é, do "Dinheiro"; cf. Mt 6.24, RC), e o sistema Mamom tem um incrível histórico de independência, acumulação de riqueza e construção de impérios, assim como de altruísmo, generosidade e caridade.

Abordo este assunto a partir de uma posição de humildade porque, como muitos de vocês, tenho a minha cota de dor financeira causada por pensamentos falhos, decisões ruins e, de vez em quando, escolhas pecaminosas. Hoje, tenho um modesto conhecimento das muitas opções que não funcionam e uma grande apreciação e convicção das coisas que de fato funcionam. Estou comprometido com princípios biblicamente sólidos, universalmente verdadeiros e consistentemente produtivos.

Temos à nossa disposição um enorme volume de informações sobre administração de dinheiro. Essa informação é poderosa e útil para construir novos processos de pensamento e, a partir disso, ações para finalmente colocar nossa vida financeira em ordem. Vamos começar a atacar essa questão e lidar com o problemático assunto do dinheiro. É hora de fazer isso, e sempre fico animado quando podemos lidar com um assunto difícil. Vamos estudar isso juntos.

Lemos em Daniel 1 que o rei Nabucodonosor procurava entre os hebreus cativos "jovens [...] cultos, inteligentes, que dominassem os vários campos do conhecimento e fossem capacitados para servir no palácio do rei" (v. 4). Mais adiante, no mesmo capítulo, lemos que Deus deu a Daniel e a seus três amigos "sabedoria e inteligência para conhecerem todos os aspectos da cultura e da ciência" (v. 17). No final do capítulo, lemos o seguinte: "O rei lhes fez perguntas sobre todos os assuntos que exigiam sabedoria e conhecimento, e descobriu que eram *dez vezes mais sábios* do que todos os magos e encantadores de todo o seu reino" (v. 20).

Daniel e seus amigos ascenderam a patamares incríveis de poder e autoridade no Império Babilônico por causa de aptidão e *aprendizado*. Todos nós temos o dever de nos equipar de modo a sermos administradores hábeis dos recursos que Deus colocou em nossas mãos. Uma vez que existe muita "sabedoria e conhecimento" disponível na área de abordagens cristãs à boa administração financeira, quero de fato me concentrar em três conceitos específicos ligados ao dinheiro que, em minha opinião, fornecem uma fundação bíblica para nosso pensamento sobre dinheiro. Esses conceitos são Doação, Dívida e Poupança.

1. Doação

O que é meu, não é meu

Oro para que reconheçamos esta verdade crucial na Palavra de Deus: "O que é meu, não é meu de fato, mas de Deus". Creio realmente que não podemos receber ou utilizar corretamente as bênçãos de Deus, a não ser que compreendamos isso e nos comportemos de acordo. Isso deve ser a força motriz de como pensamos e agimos em relação ao dinheiro.

Os cristãos rapidamente concordam que nossa vida, nosso fôlego e, na verdade, toda a nossa existência vêm todos de Deus (cf. At 17). Mas, quando pensamos no dinheiro, de alguma forma ele se torna "nosso". Essa é de fato a essência do conflito espiritual que Jesus abordou em Mateus 6.24. Ele disse: "Vocês não podem servir *a Deus e ao Dinheiro*".

Nesse versículo, Jesus explica o que acontece quando caímos na armadilha de pensar que o dinheiro é "nosso". Seu foco *é* a propriedade, mas não a *nossa* propriedade. A verdadeira questão é: Quem ou o que nos possui? Nosso coração pertence ao *dinheiro* ou a *Deus*? Se dissermos que o dinheiro é "nosso", de fato nos tornamos escravos do dinheiro. Este deve ser uma ferramenta em nossas mãos para os propósitos do reino. Se não formos cuidadosos, o dinheiro se torna um senhor, e não uma ferramenta, e, assim, ele nos possui. Em contrapartida, quando reconhecemos que tudo pertence a Deus, verdadeiramente o servimos, e o dinheiro se torna um instrumento para propósitos justos.

Lemos em Deuteronômio 8.17-18: "Não digam, pois, em seu coração: 'A minha capacidade e a força das minhas mãos ajuntaram para mim toda esta riqueza'. Mas, lembrem-se do Senhor, o seu Deus, pois é ele que lhes dá a capacidade de produzir riqueza".

Um erro fatal em nosso pensamento firma raízes quando começamos a acreditar que nossa conta corrente cada vez mais gorda é o resultado de nossos esforços. Uma humildade verdadeira nos ajuda a entender que tudo vem de Deus. Ele nos deu quaisquer habilidades que possamos usar para ganhar dinheiro. Isso é igualmente verdade se trabalhamos numa fábrica ou numa torre de escritórios. Uma vez que tudo *realmente* vem de Deus, é vital, portanto, que entendamos que temos responsabilidade de administrar bem o que ele coloca em nossas mãos. Não estamos lidando com o *nosso* dinheiro. Estamos lidando com o dinheiro *dele* e devemos direcioná-lo para onde Deus orientar. Assim que entendermos que somos administradores, e não donos, podemos adotar alguns pensamentos diligentes e responsáveis sobre Doação, Dívida e Poupança.

O dom que continua doando

Em seu livro *The Blessed Life* [Uma vida abençoada], o pastor Robert Morris diz: "Existem mais de quinhentos versículos na Bíblia que tratam de oração e quase quinhentos versículos relacionados à fé, mas temos mais de dois mil versículos que falam sobre dinheiro e posses".[1]

Uau! Há mais versículos sobre dinheiro do que sobre oração e profecia.

Um dos versículos mais importantes e mais frequentemente citados de toda a Bíblia, João 3.16, declara de maneira sucinta: "Porque Deus tanto amou o mundo que deu o seu Filho Unigênito". Nada em toda a literatura é tão profundo quanto esta ideia: *Deus amou e Deus deu*.

Jim Elliot foi missionário no Equador. Ele foi retratado no filme *The End of the Spear* [A ponta da lança]. Ele fez um registro em seu diário, hoje famoso, antes de ser martirizado pelos índios aucas. Ele escreveu: "Não é tolo aquele que dá o que não pode reter para ganhar o que não pode perder".[2] Podemos aplicar o *insight* e a lógica de Elliot ao dinheiro. A pessoa sábia não é a que sabe como construir e acumular riqueza, mas sim a que sabe como distribuí-la.

O ato de doar pode englobar muitas áreas em nossa vida. A doação do tempo e da energia de uma pessoa de fato representa a generosidade de espírito. Contudo, é muito mais comum que nosso coração seja plenamente revelado por meio de nossa doação financeira. Jesus nos disse em Mateus 6.19 que devemos acumular tesouros no céu em vez de na terra porque nosso coração estará onde nosso tesouro estiver. Jesus entendia que nosso dinheiro e nosso coração são inseparáveis. Nosso coração não pode estar no céu, a não ser que enviemos nosso dinheiro para lá primeiro. O único modo de *acumular* tesouros no céu é *abrir mão* deles aqui na terra.

> A única maneira de *acumular* tesouros no céu é *abrir mão* deles aqui na terra.

Você já considerou a ideia de fazer da doação uma escolha de vida? A Bíblia é clara. Deus quer que a doação seja um hábito nosso, algo que se faz sem qualquer esforço; um comportamento que não exige reflexão. Se você errar em alguma direção, erre na direção da generosidade. Doe sem restrições e doe como Deus Pai, o maior doador de todos. Paulo citava Jesus em Atos 20.35, quando escreveu: "Há maior felicidade em dar do que em receber". Diga isso em voz alta, memorize, medite sobre isso e guarde isso no fundo da sua alma: "Há maior felicidade em dar do que em receber". Doar certamente resulta em recompensas.

Em Lucas 6.38 Jesus disse que, se dermos, então nos será dado. E o retorno será "uma boa medida, calcada, sacudida e transbordante". A fórmula é simples. Deus ama, Deus dá; você ama, você dá; você dá, Deus ama a atitude e lhe dá um retorno. A motivação não está no retorno; a motivação está no dar. O retorno é a bênção de Deus. Quando dá, você pauta sua vida de acordo com o próprio caráter doador de Deus.

Vamos analisar três áreas da doação: dízimo, ofertas e esmolas.

1. O primeiro requisito de Deus: o dízimo

Na Bíblia, a palavra *dízimo* significa "décimo". Para dizimar, ou entregar o dízimo, o Antigo Testamento ensina a prática de dar o primeiro décimo dos bens, da produção, da renda ou do aumento material de volta a Deus por meio da intermediação de seus sacerdotes terrenos. É um reconhecimento de que ele é a fonte de toda bênção material. O primeiro registro dessa prática é encontrado em Gênesis 14, quando Abraão, depois de voltar de uma batalha em que foi vitorioso, foi encontrado por Melquisedeque, rei de Salém, também conhecido como "sacerdote do Deus Altíssimo". (O autor de Hebreus descreve Melquisedeque como um arquétipo de Cristo no Antigo Testamento.)

Melquisedeque trouxe pão e vinho. Ele pronunciou uma bênção sobre Abraão. Quando Abraão, por sua vez, deu a Melquisedeque um décimo de todo o espólio por sua vitória, de acordo com Hebreus, ele estava simbolicamente entregando o dízimo a Jesus.

Na Lei de Moisés, Deus ordenou o dízimo de tudo o que a terra produzisse e também um de cada dez animais. Essa instrução pode ser encontrada em vários lugares da Lei, como Levítico 27, Números 18 e Deuteronômio 12, 14 e 26. Havia duas razões principais para o dízimo na Lei. Primeiro, ele reconhecia que tudo pertence a Deus e que ele é a fonte de todas as bênçãos materiais. Segundo, esse era o método pelo qual as necessidades materiais do templo e do sacerdócio levítico eram atendidas.

A atitude de Deus em relação ao dízimo é claramente revelada em Malaquias 3.8-11. Deus argumenta:

> " 'Pode um homem roubar de Deus?' Contudo vocês estão me roubando. E ainda perguntam: 'Como é que te roubamos?' Nos dízimos e nas ofertas. Vocês estão debaixo de grande maldição porque estão me roubando; a nação toda está me roubando. Tragam o dízimo todo ao depósito do templo, para que haja alimento em minha casa. Ponham-me à prova", diz o Senhor dos Exércitos, "e vejam se não vou abrir as comportas dos céus e derramar sobre vocês tantas bênçãos que nem terão onde guardá-las. Impedirei que pragas devorem suas colheitas, e as videiras nos campos não perderão o seu fruto", diz o Senhor dos Exércitos.

Ora, você pode estar pensando como essa coisa de dízimo se aplica hoje. Fico feliz por perguntar! Preguei e ensinei o princípio do dízimo por mais de quarenta anos. O *espírito* do dízimo baseado na ordem do Antigo Testamento fica bastante evidente no Novo Testamento também. Paulo nos diz em 1Timóteo 5.17-18: "Os presbíteros que lideram bem a igreja são dignos de dupla honra, especialmente aqueles cujo trabalho é a pregação e o ensino, pois a Escritura diz: 'Não amordace o boi enquanto está debulhando o cereal', e 'o trabalhador merece o seu salário'". Paulo também nos fala em 1Coríntios 9.13-14: "Vocês não sabem que aqueles que trabalham no templo alimentam-se das coisas do templo, e que os que servem diante do altar participam do que é oferecido no altar? Da mesma forma, o Senhor ordenou àqueles que pregam o evangelho, que vivam do evangelho".

Deus exige o mesmo espírito de apoio aos pastores de hoje e às necessidades da igreja local que exigia para o sacerdócio e o templo no Antigo Testamento. O desafio de Deus em Malaquias 3 é testá-lo em sua promessa. Reconhecemos por meio de nosso dízimo que ele é a fonte de todas as nossas bênçãos materiais e que ele satisfaz as necessidades dos que nos lideram em nossas igrejas locais. Deus promete responder ao nosso dízimo derramando bênçãos incontáveis. Deixar de dizimar faz essas bênçãos secarem.

Você pode produzir sucesso material por algum tempo, por suas próprias habilidades, mesmo quando não entrega o dízimo. Contudo, a bênção de Deus não estará sobre o seu esforço. Você estará continuamente sob a pressão de se apegar a tudo o que acumula. Não é muito melhor receber bênçãos materiais de Deus como resultado de sua obediência a ele sem todo aquele estresse e irritação humanos?

Não creio, nem por um instante, que Deus pede que dizimemos para seu benefício. A entrega do dízimo nos prepara para as bênçãos imensuráveis da sala do trono e, mais importante, nos une à sua natureza divina. Afinal de contas, Jesus, como as primícias do ato de dar de Deus, foi de fato o dízimo do Pai! Não é surpresa que sejamos abençoados quando dizimamos. Espelhamos um ato de Deus. Assim, a primeira coisa que faço depois de receber qualquer forma de rendimento é sentar e preencher o cheque do meu dízimo.

O dízimo não é apenas minha décima parte, mas é plano de Deus para que ele seja minha *primeira* décima parte. Pagamentos do financiamento da casa própria, serviços como água e luz, financiamento do automóvel e cartões de crédito são pagos depois de eu separar para Deus o equivalente à décima parte dos meus proventos. Não desejo roubar de Deus e, assim, perder sua bênção. John D. Rockefeller, o grande industrial e filantropo, disse: "Jamais conseguiria dar o dízimo do meu primeiro milhão de dólares se eu não tivesse dado o dízimo do meu primeiro salário, que era de 1,50 dólar por semana".

2. Depois de dar o dízimo: ofertas
Provavelmente não será novidade para aqueles que dão o dízimo com má vontade, mas dar o dízimo não é o fim do ato bíblico de doar. É o início. Existem outras duas grandes áreas da doação de que precisamos tratar. A primeira são as *ofertas*. Alguns chamam isso de "semear", para diferenciar do termo comercial *investimento*, levando em conta que o investimento é feito para se obter um retorno financeiro. Creio, porém, que o uso do termo *investimento* em relação às ofertas é um uso bastante legítimo da palavra.

Os cristãos estão no ramo de extensão do reino de Deus. Quando investimos em pessoas através de nossas ofertas, impressão e distribuição de bíblias, apoio a missionários e em infraestrutura como igrejas, escolas e orfanatos ou televisão e rádio, nós realmente procuramos, oramos e esperamos um retorno do investimento. Procuramos almas ganhas para o reino como resultado desses investimentos, e procuramos fazer que o reino de Deus seja estendido.

Em nenhum outro lugar o espírito de doação do Novo Testamento é mais habilmente descrito do que em 2Coríntios 8 e 9. Paulo pedia à igreja de Corinto que mantivesse seu compromisso de preparar uma oferta para os santos empobrecidos de Jerusalém. Ele recordou a enorme generosidade das igrejas da Macedônia. As pessoas daquelas igrejas contribuíram muito além de sua pobreza e capacidade. O tema principal desses capítulos é um espírito de generosidade, a despeito das circunstâncias da pessoa. Deus quer que nossas ofertas sejam dadas com disposição e alegria, não de má vontade.

Existe uma questão poderosa nesses capítulos de 2Coríntios relacionados a dízimos e ofertas que é de fundamental importância para os crentes do Novo Testamento. Paulo diz: "Não lhes estou dando uma ordem, mas quero verificar a sinceridade do amor de vocês, comparando-o com a dedicação dos outros. Pois vocês conhecem a graça de nosso Senhor Jesus Cristo que, sendo rico, se fez pobre por amor de vocês, para que por meio de sua pobreza vocês se tornassem ricos" (8.8-9).

Enquanto o princípio do Antigo Testamento em relação ao dízimo se baseava numa ordem, Paulo diz aqui que está apelando a um princípio ainda maior. Trata-se do princípio de dar com base na profunda graça demonstrada na vida do Senhor Jesus. Ele deu tudo. Tornou-se pobre, gastou sua vida no serviço e, por fim, morreu sem absolutamente nenhuma riqueza material de qualquer tipo. Essa imagem de Jesus lembra que, enquanto as pessoas do Antigo Testamento davam 10% com base em um mandamento, no Novo Testamento Jesus deu tudo com base na graça. Paulo lhes pedia que exibissem o mesmo espírito de Jesus no seu ato de doar. Tudo isso reflete a essência de João 3.16: Deus amou e Deus deu.

Considere as seguintes verdades encontradas na Palavra de Deus:

- Nascemos de novo e fomos libertos das trevas para o reino dele.
- Fomos adotados na família de Deus e somos agora seus filhos.

- Fomos libertos do poder do pecado.
- Temos acesso ao trono de Deus.
- Fomos plenamente justificados e tornados justos.
- Não temos pecado à sua vista e fomos selados para o dia da redenção.

Quando ponderamos sobre a imensurável graça de Deus naquilo que foi realizado por nós, não deveria o dízimo, os 10%, ser apenas um referencial, um mínimo para nosso ato de dar? Não estamos ainda mais obrigados em nossa oferta debaixo da graça do que debaixo da Lei? Debaixo da Lei, Deus ordenou 10%. Debaixo da graça, Jesus deu tudo. Como poderíamos dar menos?

Semeie em solo fértil

Apresentaremos alguns bons princípios para as ofertas. Certifique-se de que sua semente está caindo em solo bom. Doe para aquilo que é digno. Não seja atraído emocionalmente para ministérios infrutíferos ou sem profundidade. Se você quer ser um bom investidor do reino, semeie seus recursos em investimentos produtivos do reino que claramente retiram pessoas das trevas para a luz. Reveja regularmente sua "carteira de investimentos no reino". Jesus disse que semente plantada em bom solo produz uma colheita que é trinta, sessenta e cem vezes a quantidade de semente originalmente plantada. Procure um retorno real e mensurável dentro do reino para as suas ofertas.

> Procure um retorno real e mensurável dentro do reino para as suas ofertas.

3. Esmolas: Temos obrigações para com o pobre

O terceiro tipo de doação que quero discutir é conhecido como concessão de *esmolas*. São presentes dados diretamente a pessoas absolutamente incapazes de retribuir. Jesus descreveu a doação de ofertas em Mateus 6 como algo que é feito em segredo, sem que a mão esquerda saiba o que a mão direita está fazendo. Embora todo tipo de doação retorne em forma de bênçãos, duvido que alguma coisa toque mais o coração de Deus ou seja mais gratificante em termos pessoais do que doar ao pobre.

A preocupação de Deus pelo pobre permeia toda a Escritura. Deus condenou injustiças para com o pobre, as viúvas e os órfãos. Ele condenou o roubo de sua comida, de seus bens materiais e de sua propriedade. Lemos em Isaías 1.23: "Seus líderes são rebeldes, amigos de ladrões; todos eles amam o suborno e andam atrás de presentes. Eles não defendem os direitos do órfão, e não tomam conhecimento da causa da viúva". Lemos em Salmos 82.2-4: "Até quando vocês vão absolver os culpados e favorecer os ímpios? Garantam justiça para os fracos e para os órfãos; mantenham os direitos dos necessitados e dos oprimidos. Livrem os fracos e os pobres; libertem-nos das mãos dos ímpios". Além disso, perceba que em Lucas 4.18 Jesus declarou que o Espírito Santo estava sobre ele porque o havia ungido para pregar boas-novas aos pobres.

Deus está profunda e seriamente preocupado com o pobre. Devemos ter o mesmo coração. Falando do homem que teme ao Senhor, lemos em Salmos 112.9: "[Ele] reparte generosamente com os pobres; a sua justiça dura para sempre; seu poder será exaltado em honra". Esse é um retorno muito bom para um homem que escolhe abençoar os que não conseguem sustentar a si próprios. Sua doação ao pobre não apenas garantirá que sua justiça dure para sempre, como sua liderança e autoridade nesta vida serão exaltadas em honra. Você será estimado por Deus por sua compaixão para com o necessitado. A estima de Deus é muito melhor que a dos homens.

Se usarmos nossa bênção financeira apenas para benefício próprio, vamos nos desviar totalmente do coração de Deus. Fomos abençoados para poder abençoar outras pessoas. Uma vez que recebemos livremente a graça de Deus, espera-se que doemos de maneira livre, liberal e generosa. É impossível doar mais do que ele. Quanto mais doamos, mais reconhecemos quanta abundância ele já derramou em nossa vida e mais perceptivos nos tornamos a tudo o que ele nos dá em retorno.

2. Dívida

Tirando o aguilhão da dívida

Com o objetivo de provar seu ponto de vista em relação ao flagelo da dívida, minha mãe costumava torcer as palavras encontradas em 1Coríntios 15.55, onde se lê: "Onde está, ó morte, o seu aguilhão?". O fato é que existem também muitos "aguilhões" na dívida. A única diferença entre a morte e a dívida é que, enquanto a *morte* é terminal, a *dívida* provoca uma morte interminável.

Homens, como cabeça de sua família, é muito importante que vocês deem uma boa e longa olhada na dívida. Não existe nenhuma outra sociedade tão movida pela dívida no planeta do que a minha, aqui nos Estados Unidos. Infelizmente, os cristãos não estão imunes à penetração da dívida pessoal. Rotineiramente, ela destrói casamentos e famílias e já levou muitos ao suicídio.

Quero ser bastante firme aqui no meu posicionamento em relação à dívida. No início deste capítulo discuti o espírito "Mamom", isto é, do Dinheiro. Quando pensamos que possuímos o dinheiro, é ele, na verdade, quem nos possui. Especialmente nas dívidas monetárias, essa falsa noção de controle próprio é mais mortal. A dívida surge diretamente do sistema "Mamom" e não é um programa criado por Deus. Ela é o derradeiro feitor de escravos e, no fim das contas, uma verdadeira assassina. A dívida não tem remorso nem piedade. Jesus nos disse que Satanás vem para roubar, matar e destruir. Satanás usará todos os seus truques e fraudes para nos atiçar na direção da dívida. Seu objetivo é nossa destruição total. Lemos em Provérbios 22.7: "O rico domina sobre o pobre; quem toma emprestado é escravo de quem empresta".

A economia atual dos Estados Unidos se baseia em 20% de produção de bens e 80% de oferta de serviços. Uma das maiores indústrias de serviços, se não a maior, é o setor bancário. A grande maioria dos lucros dos maiores bancos da América é obtida por meio de dívidas de cartões de crédito. Sem os juros e as taxas cobradas nos cartões de crédito, esses grandes bancos estariam em grande dificuldade, e seus acionistas estariam bastante infelizes. Não é surpresa que os bancos tenham gasto tantos anos e tantos dólares para fazer muitos de nós acumularem pilhas de cartões de crédito. Quanto maiores nossas pilhas, maior é a probabilidade de também acumularmos pilhas de dívidas com juros exorbitantes.

Até mesmo pessoas que passaram por falência pessoal terminarão recebendo novas ofertas de cartões de crédito — com altas taxas de juros e cobranças "necessárias" para restabelecer o crédito.

Devemos reconhecer o que realmente são as indústrias do cartão de crédito e de outras formas de dívidas! O espírito geral desse sistema é predatório.

Devemos ser vigilantes aqui por nós mesmos e pelos que dependem de nós. Dívidas de cartões de crédito nos mantêm presos.

Vamos encarar a situação. Vamos dizer o que é verdade. Entramos em dívidas por causa de *coisas*. Não maioria das vezes são coisas que *queremos* em vez de coisas de que *precisamos*. Diante da maior parte das coisas que compramos a crédito, estou convencido de que raramente pedimos a opinião de Deus sobre comprar ou não determinada coisa. De fato, penso que, de modo geral, temos vergonha de ir a Deus e perguntar o que ele acha da compra daquela caríssima TV de 60 polegadas a prazo porque já sabemos o que ele vai dizer.

O mundo tenta diariamente nos seduzir a comprar coisas. Se atendermos ao anúncio ou a qualquer outra forma de persuasão, criamos a condição perfeita para nos trancarmos metaforicamente na prisão do devedor. Hipotecamos nosso futuro. Brincamos bem na palma da mão do Inimigo! Uma vez que a dívida é para "lixo", não conseguimos fazer investimentos no reino no "fruto que permanece". Debaixo de uma carga de dívida, não desfrutamos de paz em nossa vida e ficamos constantemente debaixo de pressão emocional para gerenciar tudo. Rachaduras começam a surgir em nossa vida conjugal e familiar, e essas trincas de estresse e ansiedade financeira se espalham para todas as outras atividades — atividades com a família, envolvimento na igreja e no nosso emprego.

Não vou amaciar a questão com declarações como "Sei que todos nós precisamos de casa, carros, roupas e comida". É claro que precisamos. Em Mateus 6 Jesus disse que o Pai sabe que precisamos dessas coisas.

Por favor, entenda que você é meu irmão amado e que quero apaixonadamente protegê-lo do horror da dívida. Devemos perguntar em que acreditamos. Deus pode suprir minhas necessidades, ou eu preciso me tornar escravo do sistema Mamom para alcançar meu bem-estar? Ao me tornar escravo da dívida, estou aceitando a sugestão satânica de que Deus não pode ou não vai atender às minhas necessidades. É a repetição da experiência do jardim do Éden: "Foi isto mesmo que Deus disse?". Jesus falou realmente sério quando disse que, se eu buscasse primeiro o reino e a sua justiça, todas essas coisas me seriam acrescentadas?

Você já ouviu alguma destas frases sussurrada em seu ouvido? "Você precisa de cartões de crédito para ter crédito." "Deus quer que você seja abençoado." "É uma liquidação." "Pagando apenas um pouco mais por mês, você pode ter o modelo completo." E assim por diante. Não é uma questão de ter uma casa, mas ter a maior casa. Não é simplesmente um carro, mas o modelo completo ou um daqueles charmosos empregos no exterior. Não é apenas um terno, mas o terno de um alfaiate. É apenas um monte de coisas das quais não precisamos de fato.

Você pode ter ouvido que, com a dívida, terá "poder de crédito". A capacidade de comprar coisas a crédito fornece um falso senso de riqueza, sucesso e bem-estar. Por meio do sistema Mamom, Satanás quer nos ver lentamente afundando na areia movediça e sufocando. Não é "poder de crédito", é "poder de dívida", e aqueles controlados por ele vão diretamente para a versão de nossa cultura da prisão do devedor, sem possibilidade de sair.

> Se você precisa contrair dívida para ter um monte de coisas, então não precisa realmente daquelas coisas.

Bem, aqui está o resumo. Se você precisa contrair dívida para ter um monte de coisas, então não precisa realmente daquelas coisas. Se, porém, você cumpre com suas obrigações de doar, faz os pagamentos de sua casa e de seu carro em dia, coloca comida na mesa e roupas em seus filhos, guarda algum dinheiro na poupança e ainda tem algum dinheiro sobrando, então sinta-se livre para comprar o melhor terno. Com esse pensamento e essas prioridades, permita-me dizer-lhe algo que foi conquistado arduamente.

3. Poupança e investimento

Em Provérbios 1.3, Salomão nos diz que seus provérbios foram escritos para que se possa "viver com disciplina e sensatez". A administração do dinheiro, especialmente a poupança, deve ser feita com disciplina e sensatez. É preciso disciplina para dizer não às tentações da dívida e sim à disposição de guardar algum dinheiro.

A dívida acontece porque queremos as coisas imediatamente. Como uma criança, queremos algo *agora*. A perspectiva de uma criança não é de forma alguma a maneira pela qual devemos administrar nossas finanças. Você daria um cartão de débito a uma criança? Intuímos naturalmente que guardar dinheiro exige esforço e sofrimento. Requer olhar mais adiante no tempo e reprimir o desejo de correr ao *shopping center* e comprar mais quinquilharias. Em nosso mundo de comida rápida e de gratificação instantânea, isso é realmente algo difícil de fazer. Gostamos do cheiro do couro novo do nosso carro novo, sem mencionar aquele sistema multimídia tão legal. Existem muitas novas tecnologias, apetrechos e dispositivos sendo anunciados. A etiqueta de preço pode mostrar um valor bem alto, e, quando você tira aquele carro novo da concessionária, ele de repente vale muito menos e você logo estará pensando no próximo carro novo. Rapazes, é tolice nos deixarmos cair nessa armadilha!

O livro de Provérbios está repleto de conselhos e de sabedoria sobre as finanças. Salomão diz: "O dinheiro ganho com desonestidade diminuirá, mas quem o ajunta aos poucos terá cada vez mais" (13.11).

Para construir riqueza, precisamos realmente olhar para longe. Acertar na loteria ou ganhar um dinheiro fácil por conta de uma dica no mercado de ações não nos ensina nada sobre boa administração. Mas aprendemos à medida que juntamos pouco a pouco. Portanto, tenha bastante cuidado antes de colocar dinheiro em qualquer dica quente ou em algum esquema de enriquecimento rápido. Esse tipo de investimento normalmente nada mais é senão um jogo de azar. Todos nós sabemos que Las Vegas está construída em cima das costas de apostadores que se convenceram de que podem ser exceção à regra de que, mais cedo ou mais tarde, o cassino vence.

A alternativa a buscar um ganho fácil contra todas as probabilidades é trabalhar do jeito de Deus, ser transformado num homem *teleios*. Lemos em Provérbios 21.5: "Os planos bem elaborados levam à fartura; mas o apressado sempre acaba na miséria". Poupar dinheiro exige diligência. Poupar dinheiro desenvolve disciplina e perseverança verdadeiras. Tiago nos diz que "a perseverança deve ter ação completa, a fim de que vocês sejam maduros e íntegros, sem lhes faltar coisa alguma" (1.4). "Maduros e íntegros." *Teleios!*

Particularmente, não consigo pensar num melhor construtor de caráter do que a poupança de dinheiro. Vou dizer outra vez, porque tenho grande apreço por essa advertência. A dívida nos escraviza e nos torna incapazes de exercer influência em favor do reino no mundo. Poupar nos liberta e nos dá muitas opções e oportunidades.

Ah, a propósito, nossas economias também pertencem a Deus. De tempos em tempos, ele pode nos pedir que lancemos mão da poupança para atender às necessidades de alguém. Se e quando ele fizer isso, nossa resposta positiva sempre será um ato de obediência e um passo de fé — ambos sinais de desenvolvimento espiritual, nossa "plenitude em Cristo".

Jesus contou em Mateus 25 e em Lucas 19 uma parábola sobre os servos a quem o senhor deu certas quantias em dinheiro. O tempo passou e, quando retornou, o senhor pediu um relatório sobre seu dinheiro. Um dos servos não fez nada com o que lhe fora dado. O senhor repreendeu o servo, dizendo que ele deveria pelo menos ter colocado o dinheiro no banco e, assim, recebido alguns juros. Alguns dizem que essa parábola tem apenas aplicação "espiritual" e que ela não está realmente falando sobre como lidar com grandes somas de dinheiro. Jesus usou o exemplo porque ele representa um retrato válido da vida real e as expectativas de um senhor. Nosso Senhor por direito espera um retorno dos recursos que ele coloca em nossas mãos, incluindo os recursos financeiros.

Nessa parábola, Jesus nos ensina sobre poupança e investimentos. Ele nos adverte que o mau uso de recursos financeiros pode incorrer em irritação do senhor. Simplesmente não estamos seguindo as Escrituras nem sendo espirituais se não pouparmos nem investirmos com sabedoria. Não é necessário começar a poupar grandes quantidades de dinheiro logo de início, mas é necessário começar! Separe um pouco por mês, e o Senhor acrescentará sua bênção, e o seu caráter será ampliado e aprofundado.

Atribui-se a David Livingstone, o famoso missionário e explorador escocês na África, a seguinte frase: "Não darei qualquer valor a qualquer coisa que tenha ou possua, a não ser em relação ao reino de Cristo. Se qualquer coisa que eu tenha vai fazer o reino avançar, será doada ou guardada, seja o que for melhor para promover a glória daquele a quem devo todas as minhas esperanças, tanto agora quanto na eternidade". Que visão maravilhosa e equilibrada de como lidar com os recursos do Senhor! Doar e poupar estendem o reino de Deus por meio da correta administração espiritual dos recursos que Deus colocou em nossas mãos.

Investimento de longo prazo

Primeiramente, aprendemos como nos livrar da dívida, como doar e como poupar. Agora, vamos analisar o investimento sábio.

Michael Papson, meu amigo de longa data, atua há anos como um bem-sucedido planejador financeiro. Quando ensinamos homens em congressos sobre mentoria, sempre peço a ele que nos fale. Pedi a Michael que nos desse uma visão geral de suas ideias sobre investimentos com base em seu sucesso em mais de vinte anos de atuação na indústria de serviços financeiros.

> #### Conceitos fundamentais
>
> Antes de tudo, administração pessoal de dinheiro é algo singular para cada conjunto de objetivos e sonhos financeiros. É por isso que minha primeira sugestão é conversar com um consultor financeiro credenciado com quem você possa desenvolver um relacionamento de confiança e de longo prazo. Essa pessoa deverá ser capaz de ajudá-lo a fazer o seguinte:
>
> - Estabelecer objetivos para compra de uma casa, educação dos filhos, aposentadoria etc.
> - Determinar de quanto você vai precisar para cumprir esses objetivos.
> - Preparar para o imprevisto: morte prematura, incapacidade etc.
> - Determinar quais recursos estão disponíveis para investir nesses objetivos.
> - Montar um plano de investimentos diversificado.
> - Monitorar seu progresso.
> - Revisar e atualizar seus objetivos quando necessário.
>
> Francamente, o papel mais valioso do conselheiro em finanças é proteger o cliente de seu próprio comportamento, que costuma ser bastante impetuoso ou indisciplinado. No longo prazo, "acumulação de riqueza" é algo determinado não tanto pelo desempenho dos investimentos, mas pelo comportamento do investidor. A maioria das pessoas invariavelmente comete erros emocionais quando se trata

de dinheiro e investimento, particularmente em momentos de inflação alta e mudanças acentuadas de mercado.

Aqui estão as principais áreas nas quais um conselheiro financeiro qualificado pode ajudar:

- *Posição financeira:* monitorar recursos disponíveis que você possui para alcançar seus objetivos financeiros.
- *Reservas estratégicas:* gerenciar seu dinheiro para emergências e oportunidades.
- *Planejamento de proteção:* garantir que seus bens mais valiosos estejam igualmente protegidos contra perdas.
- *Planejamento de impostos:* ajudar a minimizar o impacto de impostos sobre sua carteira de investimentos e renda tanto durante o período em que você estiver trabalhando quanto durante a aposentadoria.
- *Planejamento educacional:* poupar e planejar adequadamente de modo a permitir que seus entes queridos frequentem a universidade que escolherem e que merecem.
- *Planejamento de aposentadoria:* alcançar "independência financeira" (quando o trabalho for opcional e a aposentadoria acessível).
- *Planejamento imobiliário:* garantir que seus bens sejam passados da maneira mais eficiente a quem você escolher, sem redução indevida em razão de impostos e custos administrativos.

Outro princípio fundamental no planejamento e no investimento envolve determinar sua "filosofia de investimento". Cada pessoa vê sua vida — e, portanto, seu mundo financeiro — de maneira diferente. Um dos passos na compreensão da filosofia individual de investimento é a avaliação da tolerância a riscos de uma pessoa, um conceito que poderia preencher mais dez páginas. Contudo, uma maneira simples de fazer essa avaliação é responder a perguntas de um questionário de tolerância a risco, como alguns que podem ser encontrados na internet. [...]

A filosofia de investimento também exige uma visão macro de como caracterizar seus bens. Eu chamo isso de "filosofia dos quatro alicerces". Você também pode pensar num banco sustentado por quatro pernas.

Alicerce número um: reservas de dinheiro. Seria o dinheiro guardado em conta-corrente, aplicações financeiras ou poupança para emergências ou oportunidades.

Alicerce número dois: seguro e proteção. Envolve ter a quantidade certa de seguros de vida com cláusulas de morte e invalidez permanente, seguro residencial, seguro de automóveis etc., dependendo do momento em que você está na vida e o que está tentando proteger. Por exemplo: que proveito há em começar um programa de investimentos para poupar para a aposentadoria ou para a educação dos filhos no caso de você sofrer um acidente incapacitante — ou pior, morrer — se esse plano elimina suas economias, reduz sua renda e joga sua família numa crise? Você pode e deve planejar para as contingências da vida. "Neste mundo vocês terão aflições" (Jo 16.33).

Depois de os dois primeiros alicerces serem adequadamente abordados, então você está pronto para seguir para os alicerces três e quatro. A não ser que você já tenha estabelecido reservas de caixa adequadas e proteção de seus bens, esqueça aquelas "dicas quentes" de ações do Tio João!

Alicerce número três: investimentos fixos. Investimentos desse tipo fornecem uma taxa consistente de retorno e dão estabilidade à sua carteira de investimentos. Eles também fornecem paz de espírito para aqueles momentos esperados de necessidade financeira, como a renda durante a aposentadoria. Exemplos de investimentos fixos: certificado de depósito bancário, renda fixa, títulos tanto do governo quanto corporativos.

Alicerce número quatro: fundos de investimento. Quando seus objetivos exigem que você aumente significativamente seus bens no longo prazo (cinco anos ou mais), fundos de investimento podem oferecer o crescimento que procura. Exemplos de fundos de investimento: ações, fundos mútuos, imóveis, renda variável e *commodities.*

Ter um conselheiro financeiro qualificado trabalhando com você aumenta a probabilidade de que os alicerces acima sejam implementados de maneira eficiente e adequada. Todos nós poderíamos usar um técnico na maioria das áreas. Drew Brees é um grande jogador de futebol americano, mas ele não espera ser vencedor sem um técnico que se concentre em seu talento e em colegas de equipe que também possam se beneficiar disso, tudo isso em um ambiente de encorajamento mútuo, de análise equilibrada e em prestação de contas profissional.

Por que o bom conselho é importante?

O fato é que a maioria das pessoas não realizará seus objetivos. Darei um passo além: a maioria das pessoas nem sequer pensa em seus objetivos e termina apresentando uma ou mais características como estas:

1. Nenhuma disciplina na área financeira.
2. Falta de objetivos financeiros definidos.

3. Escolha ou diversificação imprópria dos investimentos.
4. Mau gerenciamento de dinheiro.
5. Nenhum plano anual de gastos e investimentos.
6. Acumulação de dívidas.

Qual é o resumo disso? "Aqueles que fracassam no planejamento estão planejando seu fracasso."

Gosto muito de Michael, e sou grato por ele se dispor a compartilhar seus sábios conselhos. Gostaria de tê-lo conhecido quando eu era recém-casado. Eu poderia ter usado essa informação naquele tempo tão crítico. Em vez disso, no início, quebrei praticamente todas as regras que ele recomendou aqui.

No início do capítulo mencionei o livro *The Blessed Life* [publicado no Brasil como *Uma vida abençoada*], de Robert Morris. Nunca vi, li ou ouvi nada relacionado ao dinheiro que fosse tão transformador quanto esse livro. Faça um favor a si mesmo e compre o livro ainda hoje.

Quero deixar um texto bíblico com você no final deste capítulo. O texto de Filipenses 4.19 da Bíblia *A Mensagem*, de Eugene Peterson, diz: "Podem ter certeza de que Deus cuidará para que vocês tenham tudo de que precisam. A generosidade dele excederá até mesmo a de vocês, na glória que procede de Jesus".

Quero que você memorize esse versículo e descanse nele. Sejam quais forem os erros financeiros que tenha cometido no passado, Deus quer que você saiba que está coberto por ele. Erros do seu passado não precisam destruir seu futuro. Ao aprender bem com eles, eles poderão tornar possível quaisquer sucessos do futuro.

10

Sua personalidade

Somos cada um de um jeito, graças a Deus!

Minha filha, Trina, tem me dado grande alegria durante toda a sua vida. Ela gosta de diversão, é a vida da festa, a garota-propaganda da alegria devido à sua personalidade sanguínea (falarei sobre essa terminologia mais adiante). Vou exagerar um pouco e dizer que ela é uma "sanguínea anabolizada".

Trina é alguém muito ligada em pessoas. Ela adora ser a estrela do *show*, possui uma reserva inextinguível de energia e um desejo insaciável de diversão. Ela conversa com todos, e todos adoram conversar com ela. Se você a conhecesse, estaria sorrindo e concordando. Essa é Trina.

Quando vai a uma festa, Trina fica plenamente convencida de que todos vieram para vê-la. Ela está em sua praia quando fica junto de pessoas, e quanto mais, melhor. Não importa quem está presente, contanto que haja uma multidão! Ela não apenas é a vida da festa, mas, se não houver uma festa aonde ir, ela dá uma sozinha. Ela ama receber pessoas e atrai todo mundo num raio de 100 quilômetros à sua diversão. Sua casa está cheia de gente o tempo todo, especialmente de jovens. Eles acham que ela é um deles. A verdade é: ela realmente é!

Ela ama seus filhos e os filhos de todo mundo. Bebês param de chorar assim que ela os pega no colo. Sua resolução de ano-novo é sempre a mesma: "Neste ano, vamos nos divertir!".

Em contrapartida, meu filho, Aaron, é o bom menino intelectual. Ele é calmo, raramente fica ansioso e nunca está com pressa. É improvável que ele venha a ter um ataque cardíaco ou um colapso nervoso porque sua pulsação nunca se eleva e, na verdade, acho que ele nem tem nervos. Todo mundo gosta dele, e ele gosta de todo mundo. É incrivelmente paciente e compassivo.

Durante sua fase de crescimento, ficava na dele e era completamente impermeável à influência do grupo. Possui convicções profundas e inabaláveis. Naturalmente, isso pode ser dito de qualquer pessoa de nossa família.

Aaron é uma pessoa satisfeita, não exigente e está disposto a deixar que outros assumam a liderança. Seus alunos universitários amam suas aulas porque ele faz a física e a astronomia serem compreensíveis e engraçadas. Seu dia perfeito compreende não fazer nada, assistir a um jogo de basquete e dar uma boa cochilada. Aaron exemplifica cerca de dois terços de todos os homens — aqueles bons rapazes dos quais todo mundo gosta. A antiga palavra de origem grega que descreve sua personalidade é *fleumático*.

Minha esposa Devi é a ativa personalidade *colérica* de nossa família. Ela é bastante determinada, decisiva, movida por propósitos e visionária. Em termos de liderança corporativa, ela é a CEO. Devi também tem alguns traços *sanguíneos* que tornam sua personalidade confiante ainda mais expansiva. (Alguém poderia me arranjar um comprimido de Valium?)

Devi é animada quando fala ao telefone. Quando conversa comigo na cama, com a luz apagada, consigo ver vagamente seus braços se agitando no ar como se alguém pudesse ver seus gestos. Tudo o que ela faz é extravagante.

Se Devi estivesse no barco junto com os discípulos, em vez de andar pela água como Simão Pedro, ela pularia no mar e sairia correndo até Jesus, fazendo grande festa. Qualquer pessoa ao alcance de sua voz teria ouvido a sugestão que ela daria a Jesus de que ele poderia vir ao seu encontro no meio do caminho. Ela teria olhado para os discípulos tímidos com um olhar questionador, tentando entender por que eles não a estavam seguindo. Imagino Devi gritando para os discípulos: "Por favor, vamos nessa! O que vocês estão esperando? Jesus está lá fora!". Por força de personalidade, ela os teria convencido a acompanhá-la. Depois, Devi teria finalizado sua experiência de correr sobre a água com um evento social. "Sei o que podemos fazer! Vamos passar naquele maravilhoso restaurante de frutos do mar da Galileia antes de voltarmos a Cafarnaum. Vocês sabem, aquele que tem toalhas de mesa e guardanapos de linho branco".

Uau! Estou cansado só de pensar nisso.

Então, aqui estou eu

Agora, a minha vez. Minha tendência é ser metódico e introspectivo — um verdadeiro perfeccionista. Às vezes posso ser um pouco negativo e mal-humorado. Odeio admitir isso, mas posso ser um pouco lento, teimoso e ficar na defensiva. Se não tomar cuidado, posso começar a operar no modo de mentalidade negativa que diz "Você acha que tem problemas? Você acabou de identificar quem é o verdadeiro problema: *você* é o problema, meu velho!". Meus sentimentos podem ser facilmente feridos de vez em quando.

Sou conhecido por ser um pouco paranoico em relação à minha saúde e à segurança da minha família. Se pego um resfriado, ele provavelmente vai se transformar num câncer. Se você demorar a chegar em casa, consigo visualizar o acidente de carro. Às vezes sou tentado a não correr atrás dos meus objetivos porque tenho "certeza" de que eles não se realizarão.

Posso ser exigente e controlador em relação a outras coisas também. Seja qual for o tamanho do meu pagamento, ele não é suficiente. É bem provável que o dinheiro para as despesas acabe e morramos de fome antes do final do mês. Gosto de coisas legais e não gosto de coisas feias. Penso e ajo de maneira impulsiva e só calculo o custo depois. Cada fio de cabelo precisa estar no lugar, senão eu arranco. Meu creme dental só é pressionado do fim para a ponta e Deus me livre que você ou qualquer outra pessoa, incluindo Devi, o aperte no meio. E, não, eu não empresto meu creme dental a ninguém.

Minhas meias têm cada uma o seu par correto, meus sapatos estão engraxados e minhas camisas estão engomadas. Não gosto de cometer erros e posso identificá-los a um quilômetro de distância nos outros. Gosto que meu mundo seja perfeito; portanto, por favor, não o bagunce. Tenho o "dom" da crítica. Estou certo em relação a tudo e sou muito, muito inflexível.

Quando tiramos férias, devemos começar às 6h em ponto. Se você se atrasar, deixo você para trás. Suas malas devem estar prontas e colocadas ao lado do carro às 5h45 ou permanecerão em casa com você. Vamos nos divertir das 14h às 17h. Jantaremos às 18h e estaremos na cama às 21h. O ônibus da família não faz paradas para ir ao banheiro até que tenhamos viajado por quatro horas ou haja uma ruptura da bexiga, o que ocorrer primeiro. Naturalmente, creio na cura divina, de modo que orarei por sua bexiga enquanto estiver dirigindo. Afinal de contas, estamos em férias e, se você vai passear comigo, é bom levar senso de humor. Você também precisa levar seu próprio creme dental.

Estou exagerando um pouco aqui para demonstrar uma posição, mas de fato apresento esse comportamento, associado ao termo *melancólico*. Uma apresentação mais positiva do melancólico mostra que se trata de uma pessoa que valoriza a atenção aos detalhes, aos padrões elevados e que é tanto criativa quanto consciente do autossacrifício. Esses comportamentos *benéficos* do melancólico costumam se associar à personalidade colérica (Devi). Contudo, são frequentemente eclipsados no melancólico por uma mentalidade perfeccionista. Um perfeccionista pode se concentrar em suas fraquezas em vez de se valer de seus pontos fortes e, assim, ficar paralisado.

O QUE FOI E NÃO É MAIS!

Descrevi o temperamento dos membros de minha família e invadi a privacidade deles por duas razões. Ah, eles já esperavam isso de mim, portanto não se preocupe. Primeiro, quero que você os conheça. Segundo, cada um de nós é um excelente exemplo de cada um dos quatro tipos distintos de personalidade ou temperamentos, comumente conhecidos como *sanguíneo*, *fleumático*, *colérico* e *melancólico*.

Muito do que costumava ser verdade em relação a mim está hoje certamente na pasta "O que foi e não é mais". Eu mudei (mesmo!).

> [...] cada um de nós é um excelente exemplo de cada um dos quatro tipos distintos de personalidade ou temperamentos, comumente conhecidos como *sanguíneo*, *fleumático*, *colérico* e *melancólico*

Essas características não descrevem mais meu comportamento. Aqui está o truque. *Se uma pessoa for aberta e honesta em relação às fraquezas da sua personalidade, ela poderá transformá-las em pontos fortes*. Eu lhes digo, homens: não tenham medo de olhar no espelho e se verem com honestidade! Faça o seguinte: crie um inventário inicial de personalidade de você mesmo, e se colocará na linha de largada para uma corrida de melhoramento. Não se esqueça: você precisa começar com uma apreciação honesta de si mesmo.

Depois de aprender sobre esses tipos de personalidade, consegui fazer sólido progresso em meu próprio comportamento. Até aquele ponto, eu me preocupava mais em conter minhas fraquezas do que em tentar liberar meus pontos fortes.

Você pode fazer o mesmo. Estou animado só de pensar no fato de entregar a você uma nova ferramenta. Estou absolutamente convencido de que posso ajudar você nesse aspecto. O assunto é capaz de encher vários livros, mas vou resumir atingindo os pontos principais. Continue lendo!

As personalidades melancólicas são mais inclinadas à depressão do que os outros porque somos mais criativos e introspectivos. Como eu disse no capítulo 2, já tive meu tanto de depressão e, até hoje, preciso ficar atento a ela. Ansiedade em relação ao dinheiro, medo de um futuro incerto (que é, na verdade, uma falta de confiança no plano de Deus para minha vida) e uma tendência ao negativismo são algumas das minhas dificuldades. Falo sobre a ansiedade ligada ao dinheiro com Devi, uma vez que ela tem confiança mais do que suficiente na área financeira. O futuro incerto? Converso com Deus e oro muito no Espírito. Cuido do negativismo recusando-me a falar palavras negativas. Ocasionalmente todas essas três preocupações formam uma emboscada e tentam me sabotar, como uma cena tirada de um filme de caubói. Assim, coloco o ouvido no chão e me informo sobre as condições e circunstâncias que possam me predispor à depressão. A chave é ter consciência dos fatos.

Cada temperamento tem pontos tanto fortes quanto fracos. Se você se inclinar no lado dos fortes, será poderoso no reino de Deus. Se cair para o lado da fraqueza, é bem provável que não floresça nem receba a bênção plena de Deus sobre sua vida. A boa notícia é que você pode trazer melhorias à sua personalidade sem causar danos à sua natureza.

Rapazes, vocês precisam primeiramente entender e então apreciar sua própria personalidade. Você precisa valorizar a si mesmo, uma vez que Deus o criou. Quando aprendemos que fomos criados "de modo especial e admirável" (Sl 139.14), podemos aceitar o projeto singular, intencional e glorioso dado a nós pelo Criador!

É muito importante que entenda sua própria personalidade e os pontos fracos e fortes correspondentes. Você crescerá espiritual e emocionalmente, e também terá uma melhor compreensão dos outros.

Outros benefícios da conscientização sobre o temperamento

Bênçãos inesperadas surgem à medida que você aceita seu temperamento único e o temperamento dos outros. Você vai, por exemplo, valorizar a diversidade nos outros. Isso é especialmente importante no que se refere à sua esposa e a seus filhos. Em vez de se irritar diante de certas características particulares e jeito de ser, você pode aprender a apreciá-los. Você começa a vê-los como Deus os criou. Será menos provável que tente mudá-los para que se encaixem às suas percepções. Você não se sentirá tão inclinado a ser julgador ou crítico.

Entender o temperamento de outras pessoas melhorará suas habilidades em comunicação. A maneira de você se relacionar com os outros será calibrada por uma compreensão do que os anima ou desanima. Ensinamento, treinamento e apoio serão realizados de maneira mais eficiente à medida que você entender os outros da forma como eles foram criados.

Pais, invistam tempo para entender a diferença de personalidade de seus filhos. Quando Trina era criança, eu a obrigava a ir para seu quarto para estudar. Naquela época, não imaginávamos quão improdutivo aquilo era, uma vez que não sabíamos muita coisa sobre temperamentos. Para Trina, ser mandada para o quarto para estudar soava como punição. Nossa filha sanguínea não conseguia estudar naquele ambiente. Não havia nenhuma pessoa ali! Ela queria muito barulho, música alta e interação com pessoas! Em contrapartida, a personalidade de Aaron exigia a solidão de um monge e uma atmosfera de paz e tranquilidade antes que pudesse de fato estudar. Seu quarto era um santuário, dentro do qual ela podia se concentrar. Estar ali não era uma punição!

Se um líder entender de temperamentos, ele pode tomar decisões sábias no que se refere à distribuição de tarefas. Colocar uma pessoa na posição errada a empurra na direção do fracasso. Colocar uma pessoa no lugar certo a prepara para o sucesso.

Um colérico, por exemplo, sempre precisa liderar, e provavelmente ficará infeliz e frustrado apenas como seguidor. Um santo sanguíneo não gosta de trabalhar sozinho, e um irmão melancólico não fica feliz em um ambiente de confusão e desordem. A personalidade fleumática pode ser vista como leal, mas provavelmente não é a melhor escolha para uma posição administrativa.

Muitos bons livros foram escritos nas últimas três décadas sobre os traços de personalidade. Vários autores substituíram os nomes de origem grega por cores, animais, acrônimos, personagens bíblicos ou outros descritores. Essencialmente esses novos rótulos significam a mesma coisa. Sendo assim, em favor da simplicidade, usarei os antigos termos derivados do grego, ou seja, *colérico*, *sanguíneo*, *fleumático* e *melancólico*. Além disso, meu sobrenome, Titus, é grego, de modo que tenho certa predileção por termos gregos.

Minha introdução aos temperamentos

Devi foi a primeira a ler sobre traços de personalidade. Ela terminou de ler a última página, fechou o livro e, toda entusiasmada, anunciou:

— Querido, você precisa ler este livro! Você pode preencher um perfil de personalidade, e isso vai ajudá-lo a entender a si mesmo.

— Não acredito em todo esse papo de psicologia — respondi. Já estava cansado do gênero de autoajuda.

— Ironicamente — disse ela —, é exatamente isso o que o livro prevê que uma pessoa melancólica vai dizer quando lhe for pedido que preencha um perfil de personalidade.

Ela me pegou. A personalidade colérico-sanguínea de Devi faz dela uma professora por natureza. Assim que descobre alguma coisa, ela quer compartilhar aquilo com os outros. E, é claro, uma vez que eu estava por perto, fui seu primeiro aluno. Eu estava na mira e, como ela é uma experiente franco-atiradora da verdade, não havia como fugir.

"Oh, não, de novo não!", pensei. "Minha crise de permeabilidade intestinal foi no mês passado, e o teste de dons espirituais um mês antes daquilo. Acabei de comer espinafre por causa da minha pituitária. Ainda não entendo se minhas cores são outono, primavera, inverno ou verão. Por cima de tudo isso, ainda preciso fazer essa coisa de personalidade?".

Sabia que resistir seria inútil. Quando Devi tem uma ideia, é como se toda a matilha de cães celestiais fosse solta. Eu os ouvi latindo e sabia que vinham na minha direção. Suspirei e preenchi o perfil de personalidade. Aquilo acertou no alvo. Ele me descrevia com perfeição.

Por favor, deem as boas-vindas a Mike Weiher!

Mike Weiher fala sobre personalidades e maneirismos em nossas conferências para homens. Uma vez que Mike é um professor tão bem preparado e faz um excelente trabalho revelando os padrões de personalidade aos homens, pedi que ele compartilhasse algumas dessas verdades com você.

Guia de Mike Weiher para apreciação do projeto original de Deus em nós mesmos e nos outros

Nos últimos anos, passei muito tempo estudando os tipos de personalidade. Passei a apreciar profundamente os traços e jeitos singulares que Deus nos dá. Deus não apenas moldou minha personalidade e disse "Isto é muito bom", como também se alegra com meu temperamento — ele gosta de mim! Igualmente importante é que, agora, consigo entender melhor e me relacionar de outra forma com as pessoas por meio de uma avaliação de seus estilos pessoais.

Preciso fazer uma forte advertência. Não estou falando aqui sobre o estudo da psicologia do mundo! Estou usando as verdades da natureza humana encontradas na Bíblia. Desse modo, essa compreensão do jeito de ser e dos tipos não vem de Freud ou de outros teóricos da psicologia.

A origem da descrição da personalidade

Os quatro estilos básicos de jeito de ser foram primeiramente observados pelo grego Hipócrates, cerca de quatrocentos anos antes de Jesus. Ele reconheceu quatro tipos distintos de personalidade e lhes deu os seguintes nomes: colérico, sanguíneo, fleumático e melancólico. Esses nomes foram o resultado de suas crenças de que o jeito de ser de uma pessoa era atribuído a quatro fluidos do corpo, a saber, a bile amarela, o sangue, a fleuma e a bile negra, respectivamente. Não mais associamos os fluidos corporais a esses tipos de personalidade, mas as quatro qualificações básicas e seus nomes sobreviveram até os dias atuais.

Existem muitos livros no mercado que fornecem uma compreensão mais profunda sobre personalidades ou temperamentos. No limitado espaço de que disponho aqui, quero resumir esses tipos apresentando a você exemplos fictícios.

O COLÉRICO CONFIANTE

Chris Colérico é dominante, direto e toma decisões rapidamente. É ousado, determinado, otimista — um líder nato. Ele tem a capacidade de ver o quadro geral e dá orientações inteligentes como líder. Ele quer receber de sua equipe relatórios resumidos, sem muitos detalhes. Ele é orientado a objetivos e tem muitos amigos. Presidentes de empresa costumam ser coléricos. Ele motiva as pessoas a agir, sente-se confortável em delegar responsabilidades e seu lema é: "Faça do meu jeito, agora!". Apenas 3% da população tem temperamento colérico.[1]

O SANGUÍNEO ENTUSIASMADO

Steve Sanguíneo é influente, interativo e inspirador. Ele gosta de sair, é espontâneo e falante. Gosta de estar no meio de um grupo de pessoas, ainda que elas sejam estranhas. Adora contar histórias a qualquer ouvinte que se disponha a escutar. Concorda com Shakespeare que "o mundo inteiro é um palco". É cheio de energia e adora persuadir pessoas. Seu jeito positivo, os gestos encantadores e o grande senso de humor o capacitam a fazer amigos facilmente. É orientado a pessoas, e seu lema é: "Vamos nos divertir!". Cerca de 11% dos homens têm temperamento sanguíneo.

O FLEUMÁTICO DESPREOCUPADO

Phil Fleumático é firme, sensível e não se angustia facilmente. É agradável, contente, paciente e aprazível. Tende a ser organizado, relativamente pouco emotivo, gentil e compreensivo. É quieto, mas pode ser mordaz, com um senso de humor "seco". É um bom ouvinte, desenvolve amizades próximas, é leal, valoriza a família e é orientado a pessoas. É equilibrado, competente, eficiente debaixo de pressão e encontra a maneira mais simples de fazer as coisas. É pacificador, e seu lema é: "Vamos com calma!". O fleumático é de longe o tipo mais comum: cerca de 69% da população se encaixa nessa categoria.

O MELANCÓLICO CRIATIVO

Michael Melancólico é criativo, correto e consciencioso. É talentoso, idealista e normalmente tem dom artístico ou musical. Seu jeito de ser é sério, analítico, detalhado e preciso. Ele faz tudo de acordo com uma agenda, é trabalhador, se sacrifica e é orientado a objetivos. Costuma ser bastante inteligente, mas não gosta de ser o centro das atenções. É cauteloso e cuidadoso e não faz amigos facilmente. Estabelece padrões altos para si e para os outros, segue regras, e seu lema é: "Faça o trabalho direito!". Cerca de 17% dos homens têm jeito de ser melancólico.

No restaurante

Para ilustrar cada estilo de jeito de ser, vamos levar Chris, Steve, Michael e Phil a um restaurante e observar seu comportamento.

Chris Colérico não apenas escolhe a mesa onde vamos comer, mas também instrui cada um de nós sobre o lugar onde vamos sentar. Ele já deu uma olhada no cardápio e fez sua escolha antes mesmo de a garçonete chegar. Conduziu-a pelo processo de pedido, instruindo-a de modo conciso sobre sua escolha de bebida e comida, assim como sobre o momento em que deveria trazer a conta. Ele direciona nossa conversa durante a refeição, mantendo-nos na linha.

Steve Sanguíneo ficou muito feliz por tê-lo convidado, dizendo: "Ah, isso será divertido!". Enquanto esperávamos para sentar, ele nos fez rir com suas histórias. Estava vestido com roupas claras e caminhava com confiança, sorrindo a qualquer um que aparecesse na sua frente. A garçonete chegou, mas ele não tinha sequer olhado o menu por não parar de conversar. Desculpou-se usando seu charme e pediu mais alguns instantes para tomar sua decisão. Quando chegou a hora de pagar a conta, levou a mão ao bolso e percebeu que havia se esquecido de trazer a carteira!

Phil Fleumático ficou feliz por saber que iríamos ao mesmo restaurante que ele e sua família frequentavam. Ao chegar, a garçonete perguntou se ele queria o prato de sempre. Ele deu um sorriso acanhado e concordou com a cabeça. Embora tenha ficado quieto durante a maior parte da refeição, suas observações inteligentes e curtas nos fizeram rir. O pouco que ele conversou girou em torno de nossas famílias e da dele. Graças à sua presença, todos nós desfrutamos de uma refeição pacífica.

Michael Melancólico pareceu um pouco relutante em atender a meu convite, dizendo que teria de verificar sua agenda. Quando lhe perguntei aonde ele gostaria de ir, deu-me um relatório completo dos melhores e dos piores restaurantes da área. Antes de tomar uma decisão sobre seu pedido, ele leu cuidadosamente todo o menu. Tinha várias perguntas detalhadas para a garçonete em relação ao seu pedido. Pediu várias fatias de limão para colocar na água, manteiga em vez de margarina e uma lista completa das opções de acompanhamento e sobremesa.

Aprecie a originalidade de Deus em você

"Tu criaste o íntimo do meu ser e me teceste no ventre de minha mãe. Eu te louvo porque me fizeste de modo especial e admirável. Tuas obras são maravilhosas! Digo isso com convicção. Meus ossos não estavam escondidos de ti quando em secreto fui formado e entretecido como nas profundezas da terra. Os teus olhos viram o meu embrião; todos os dias determinados para mim foram escritos no teu livro antes de qualquer deles existir" (Sl 139.13-16).

Deus criou cada um de nós para sermos obras-primas únicas, sem igual. Ele deseja que cumpramos uma função especial no corpo de Cristo. Ele nos vê como tesouros que não têm preço, com um propósito essencial em seu plano eterno.

Pare de ler agora e agradeça a Deus por...

- Sua personalidade e seu jeito de ser.
- A maneira singular pela qual ele criou você.
- Nenhum erro ter sido cometido quando ele criou você!
- Ele ver você como um tesouro de imenso valor.
- Ter um propósito maravilhoso para sua vida.

Valorizar a si mesmo é um passo ousado

Talvez você se reconheça em uma ou duas dessas descrições (a maioria de nós é uma mistura de dois tipos). Lembre-se: você é altamente valorizado por Deus, e ele planejou que você tivesse sua personalidade. Aprenda a aceitar a si mesmo como Deus o criou e valorize o homem maravilhoso que ele planejou. Ele deseja que você viva de acordo com seus pontos fortes e que não justifique suas fraquezas, dizendo: "Oh, bem, foi assim que Deus me fez" ou "Não posso evitar; Deus me criou assim!".

Não creia nas mentiras do Inimigo quando ele disser: "Você sempre será assim. Você nunca mudará. Deus não pode usar você!". Declare esta verdade: "... aquele que começou boa obra em vocês, vai completá-la até o dia de Cristo Jesus" (Fp 1.6).

Ele capacitará você a mudar de uma pessoa dominada pelas fraquezas para alguém que caminha nos pontos fortes de sua personalidade dada por Deus.

Valorize a diversidade de Deus nos outros

É possível que você já tenha tido um pensamento como "Por que aquela pessoa age desse jeito?". Talvez já tenha se sentido confuso, pensando: "Por que os cristãos têm tantos problemas de relacionamento?". Muitos dos nossos problemas de relacionamento são resultado de desentendimentos relacionados ao jeito de ser e aos tipos de personalidade uns dos outros.

O primeiro passo rumo à melhoria de nossos relacionamentos é a determinação de fazer a pergunta: "O que motiva aquela pessoa?". À medida que nos dedicarmos a desenvolver uma compreensão do estilo de personalidade das outras pessoas, obteremos grande percepção do Senhor sobre como nos relacionarmos com elas. Comece seu estudo sobre o jeito de ser com as pessoas mais importantes da sua vida: sua esposa e seus filhos.

Movimento e motivação

As pessoas funcionam em velocidades diferentes. Pessoas têm objetivos e intenções diferentes que são reveladas por suas ações e seus comportamentos. É bem possível que consiga se lembrar de pessoas próximas que se movem muito mais rápido (ou mais devagar) que você. Você também pode reconhecer que certas pessoas tendem a centrar sua vida em torno de pessoas, enquanto outras enfatizam a finalização de tarefas ou a realização de objetivos.

A personalidade colérica tende a tomar decisões rapidamente. Ele se move de modo rápido e incansável na direção de suas mais elevadas prioridades, que são seus próprios objetivos. Um sanguíneo é similar ao colérico pelo fato de ambos serem energéticos e de passo rápido. Contudo, o sanguíneo está preocupado com pessoas, enquanto o colérico é motivado pela finalização de tarefas e realização de objetivos.

O fleumático é fortemente motivado por relacionamentos. Contudo, o fleumático não é espontâneo e toma decisões bem pensadas. Ele se move de maneira relativamente lenta. Do mesmo modo, os maneirismos do melancólico tendem a ser cautelosos e premeditados. Contudo, ele lembra o colérico em sua ênfase na realização em vez de nos relacionamentos.

Podemos ilustrar isso com um diagrama simples.

Comportamento	Motivado por pessoas	Motivado por tarefas
Movimento rápido	Colérico	Sanguíneo
Movimento premeditado	Melancólico	Fleumático

Como cada estilo é revigorado

Os tipos de personalidade rejuvenescem ou recuperam energia de maneiras diferentes. Você já notou como as férias da família podem ser um desastre? O colérico se revigora com atividade física, o sanguíneo com interação social, o fleumático com relaxamento e nenhuma atividade e o melancólico se revigora ficando sozinho. As famílias podem ter discordância à medida que tentam se revigorar usando uma atividade comum que, na verdade, não revigora ninguém.

O diagrama a seguir mostra como os estilos de personalidade que estão na diagonal oposta um do outro estão também em oposição direta um ao outro. Num relacionamento conjugal onde os opostos se atraíram e então se casaram, existe uma necessidade de reconciliar métodos de revigoramento!

Atividade de revigoramento escolhida pelos tipos de personalidade	
Colérico	**Sanguíneo**
Atividade física	Interação social
Melancólico	**Fleumático**
Ficar sozinho	Não fazer nada

Lembre-se das palavras de Jesus em Mateus 20.26-28: "Quem quiser tornar-se importante entre vocês deverá ser servo, e quem quiser ser o primeiro deverá ser escravo; como o Filho do homem, que não veio para ser servido, mas para servir e dar a sua vida em resgate por muitos". Devemos dar preferência um ao outro e servir uns aos outros ao fornecer oportunidades de revigoramento.

O que os tipos de personalidade temem?

Quer saber como evitar apertar o botão errado em cada um dos estilos de personalidade? O maior temor do colérico é que outros tirem vantagem dele. Para o sanguíneo, é o medo da rejeição ou a perda de aprovação social. O maior temor do fleumático é mudança ou perda de segurança. A pessoa melancólica teme a crítica.

Deus quer impactar outros com seu amor por meio do seu estilo de personalidade. Não é segredo que o clamor de todo coração humano é experimentar relacionamentos pacíficos e amorosos. Assuma um papel ativo na construção de harmonia e amor em seus relacionamentos! À medida que aprender a entender e apreciar as personalidades dadas por Deus aos outros, você também aprenderá como ajustar sua forma de se comunicar e abordar as pessoas.

Use habilidades relacionais no casamento

Se você pensar nessas coisas, seu casamento será enriquecido. Homens (aqueles que já encontraram sua ajudadora), lembrem-se: quando cada um conheceu a sua, vocês se sentiram atraídos pelos traços da sua esposa. Contudo, algumas características que atraíram vocês antes de se casarem podem se tornar fonte de irritação depois do casamento. O primeiro passo é ter uma atitude de aceitação. Seja positivo nos pensamentos que tem em relação à sua esposa. O que você mantém na mente afeta seu modo de falar e de agir.

Sua esposa colérica. Concentre-se no positivo. Não se sinta intimidado pela tendência natural dela de ser líder.

Sua esposa sanguínea. Aceite sua falta de atenção aos detalhes. Dê espaço para a necessidade que ela tem de espontaneidade, vibração e variedade.

Sua esposa fleumática. Aceite pacientemente sua tendência de se mover mais devagar quando toma decisões. Entenda que ela gosta de um ambiente previsível, seguro e pacífico.

Sua esposa melancólica. Aprecie a necessidade que ela tem de conhecer todos os fatos antes de tomar uma decisão. Não se deixe afetar pela desaprovação dela nem por suas expressões faciais questionadoras.

Palavras que edificam. Pratique o uso de frases edificantes de modo que você possa entremeá-las em conversas quando conversar com qualquer pessoa.

A personalidade colérica
- Gosta de responsabilidade.
- Motiva-se sozinho.
- É capaz de tomar decisões rapidamente.
- Encara os novos desafios de frente.
- É capaz de agir com ousadia e coragem.

A personalidade sanguínea
- É encantador e agradável.
- É bom estar com você.
- É amigável e gosta de sair.
- Tem a habilidade de se expressar bem.
- Tem uma influência bastante positiva sobre os outros.

A personalidade fleumática
- É uma pessoa bastante leal.
- Possui altos valores familiares.
- Traz calma a situações estressantes.
- Consegue enxergar os dois lados de uma situação.
- Sente a dor das outras pessoas.

A personalidade melancólica
- É bem dotado e talentoso.
- É bastante preciso e correto.
- Gosta de fazer o trabalho do jeito certo; caso contrário, prefere não fazer.
- Prefere relacionamentos a dois em vez de uma interação com um grupo.
- Gosta de conhecer todos os fatos antes de tomar uma decisão.

Como se relacionar com os diferentes tipos
Podemos estabelecer entendimento e "sincronismo" com pessoas mais rapidamente ao determinar antecipadamente qual é seu tipo de personalidade e, então, usar a melhor comunicação não verbal.

Com a personalidade colérica
- Acelere um pouco o passo se sua tendência é ser mais ponderado.
- Seja conciso e vá direto ao ponto quando se comunicar.
- Cumpra o que prometeu. Faça o que diz que vai fazer.

Com a personalidade sanguínea
- Ouça suas histórias com entusiasmo.
- Seja lisonjeiro com sua aparência e seu impacto social e relacional.
- Faça muitos elogios e dê atenção positiva.

Com a personalidade fleumática
- Seja aberto e revele-se de maneira apropriada.
- Diminua o ritmo; fale de maneira suave e agradável. Ouça de maneira ativa e mostre interesse.
- Evite ser exigente ou abertamente confrontador com seu gentil fleumático.

Com a personalidade melancólica
- Diminua o ritmo. Respeite a necessidade do melancólico de fazer uma análise detalhada.
- Faça muitos elogios, uma vez que este tipo é bastante autocrítico.
- Evite muita espontaneidade. Seja planejado e estruturado.

Provavelmente já está clara a razão pela qual pedi que Mike Weiher escrevesse a última parte deste capítulo. Suas descrições de traços de personalidade são bastante claras e compreensíveis. Seu treinamento é sempre criterioso e libertador. Você pode aplicar essas verdades imediatamente a si mesmo, à sua família e aos seus colegas de trabalho. Sua comunhão com outros cristãos será muito mais íntima e autêntica.

Homens, usem este ensinamento! Comecem a ver as pessoas de outro jeito e com mais compreensão. Ao olhar através dessas novas lentes, você descobrirá a maneira mais fácil de pensar e transmitir genuína apreciação por aqueles que estão ao seu redor. Não posso garantir que as suas observações mudarão as pessoas, mas posso prometer que mudarão você!

> Comecem a ver as pessoas de outro jeito e com mais compreensão.

11

Seus modos
Não há espaço para um cara rude e grosso

Estava me preparando para falar num congresso de homens na região central do estado norte-americano de Ohio quando um jovem que eu havia conhecido havia pouco tempo me perguntou se poderia acompanhar a mim e ao meu assistente, Scott Sailer, na viagem. Conheci Gary um pouco antes, quando falava num culto de consagração de uma igreja, e senti que seria uma boa oportunidade de conhecê-lo melhor. Convidei-o a vir conosco. Essas são grandes oportunidades para investir em vidas jovens.

A caminho do congresso, paramos numa churrascaria perto do retiro. Nossa refeição chegou, e oramos pela comida. Enquanto abria os olhos, olhei bem a tempo de ver Gary apunhalar seu bife e enfiar o pedaço de carne inteiro na boca. Fiquei chocado. Antes de perceber o que eu estava dizendo, deixei escapar:

— O que você está fazendo?!

— O quê? — perguntou ele. — Fiquei chocado.

— O que foi? — disse Gary.

— Seu bife — repeti. — Você está levando o bife inteiro à boca!

Não pude acreditar no que estava vendo.

— Coloque o bife de volta no prato e coma um pedaço por vez.

Então, fiquei envergonhado por tê-lo constrangido. Não deveria ter reagido tão rapidamente e de maneira tão ríspida. Falei mais em razão de um reflexo do que de reflexão.

Ed Cole certa vez fez uma declaração fenomenal, da qual jamais me esquecerei: "Você jamais deve esperar que uma pessoa aja de determinada maneira se você não a tiver ensinado". Como Gary poderia saber que bifes não deveriam ser consumidos como salsichas num espeto se ninguém o havia ensinado?

Lembrando-me do que sabia sobre seu passado, percebi que ele nunca fora treinado em etiqueta. Com a declaração de Ed na mente e no coração, e agora com a compaixão de um pai, comecei a ensinar Gary sobre os modos educados à mesa. Como ele poderia saber?

Vários anos atrás, Devi realizou um sonho de vinte anos, o de promover clínicas de mentoreamento para mulheres, abrindo a Mentoring Mansion, em Youngstown, Ohio. Devi mantém sessões de treinamento para mulheres durante finais de semana prolongados e lhes apresenta habilidades criativas no gerenciamento da casa e de relacionamentos vitais. Aquelas mulheres saem com ferramentas que as ajudarão a restaurar a dignidade e o lado sagrado de seus lares. O fator importante é que o treinamento é realizado na Mentoring Mansion e feito em um ambiente residencial real.

Depois de um ano tendo sucesso no treinamento de mulheres, Devi me convidou para levar homens àquele lugar para equipá-los para se saírem bem no casamento e no lar. Resolvi aceitar a sugestão e, por dois anos, treinei homens nos aspectos práticos de suas responsabilidades como cabeça.

Não tínhamos ideia de que o programa faria tanto sucesso. Atualmente, planejamos criar Mentoring Mansions em várias cidades norte-americanas.

Oferecemos doze aulas para os homens na Mentoring Mansion. Uma dessas aulas trata de "modos e etiqueta". Tinha quase certeza de que aquela não seria a aula favorita dos doze presentes. Qual homem *de verdade* ia querer ser treinado em modos, etiqueta e cortesia? Eu me arrepiava só de pensar nisso. Imaginava pedir a John Wayne que, por favor, tirasse seu chapéu da mesa. Convenci-me de que aquilo não daria certo.

Não poderia estar mais errado. Os homens estavam curiosos e, pouco depois, ansiosos para aprender boas maneiras. Alguns dos rapazes disseram que foi sua sessão favorita. Fiquei chocado, mas feliz. Um rapaz disse: "Até agora, não me sentia confortável em ter um encontro num restaurante chique. Agora estou". Tal como Gary, ninguém havia ensinado àquele rapaz as habilidades necessárias para agir de maneira confiante numa mesa bem posta, e ele ficou feliz pelo incremento de autoconfiança que aquilo lhe deu.

Antigamente, o termo *cavalheiro* era usado para descrever um homem que tinha refinamento e estilo. Embora a palavra raramente seja usada hoje, ainda existe uma enorme necessidade de refinamento para o gênero masculino. A definição de "cavalheiro" é "refinado em seus modos; cortês e educado; livre de vulgaridade ou rudeza; de estilo elegante".

Ao viajar pelo mundo, visitei vários lugares onde homens não vestem nada. A única gravata que usam não fica exatamente no pescoço, mas um pouco mais abaixo. De fato, em uma das ilhas que visito regularmente, a ilha de Tanna, em Vanuatu, todos os vilarejos são o que eles chamam de "culturais", o que significa que a única roupa que eles vestem é aquela com que nasceram. Posso lidar com isso, contanto que tenha certeza de que eles não comem missionários.

Contudo, na maioria dos lugares do mundo, um pouquinho de recato ainda é praticado, embora ele mude de acordo com a cultura do país. Existe um código de etiqueta e de comportamento aceitável.

Nos Estados Unidos e nas culturas ocidentais, o estilo informal (ou casual) é a moda. Os modos, a etiqueta, a cordialidade, o cavalheirismo, a cortesia, a galantaria e a boa apresentação desceram pelo ralo juntamente com a Idade das Trevas — ou pelo menos muitos homens pensam assim. Nós nos tornamos uma geração de homens rudes, grossos, incultos, brutos, malcomportados, desbocados, vulgares e mal-educados! Sugerir que um homem possa querer considerar a ideia de se tornar um cavalheiro soa como um anacronismo, algo deslocado no tempo.

Os homens usam camisetas em público com mensagens impressas que são totalmente obscenas. Fico envergonhado pelas mulheres que estão cuidando da própria vida e que possam ter a má sorte de ficar atrás de algum deles apenas para ser visual e verbalmente atacadas pelas palavras e imagens estampadas em algumas das mais populares "roupas casuais" de hoje. É claro que algumas mulheres usam roupas igualmente sugestivas ou vulgares, mas vou deixar que minha esposa Devi as repreenda.

Onde estão os cavalheiros deste mundo? Onde estão os homens que tratam sua mulher como rainha e suas filhas como princesas? Onde estão os homens que se dedicam a honrar e respeitar sua esposa e sua mãe? Onde estão os homens escolados em cortesia e na correta etiqueta? Onde estão os homens que sabem que devem tirar o boné para orar e colocam a mão sobre o coração quando a bandeira nacional passa ou quando o hino nacional é cantado? Vamos lá, rapazes, esses hábitos e tradições são importantes e não deveriam ser considerados antiquados ou sem sentido! De fato, você seria admirado — e, mais importante, serviria de exemplo e modelo para outras pessoas — se pudesse demonstrar esses modos com uma atitude sincera e com desenvoltura. Você jamais deveria dispensar essas pequenas etiquetas e modos por considerá-los algo chato. Atitude é tão importante quanto ação!

Se assumirmos a abordagem fatalista que diz: "Bem, quem sou eu para tentar mudar a cultura?", teremos fracassado diante das futuras gerações de filhos e homens. De minha parte, não estou disposto a me fazer de cego e fingir que o comportamento rude e grosso não seja importante. Continuarei a puxar a cadeira para minha esposa, abrir a porta do carro, acompanhá-la no corredor, ajudá-la com seu casaco e dar-lhe meu braço para se apoiar enquanto eu viver. Chego a me imaginar chegando ao céu e pedindo a Pedro que me dê licença para que eu mesmo possa abrir o portão de pérolas para que ela possa entrar. Para mim, ser um cavalheiro ainda significa alguma coisa. Além do mais, ainda planejo treinar meus filhos no Senhor nessa questão!

> Onde estão os cavalheiros deste mundo?

Temo o dia em que os homens não usem mais gravata, não puxem a cadeira para as senhoras nem ofereçam seu lugar no ônibus a uma mulher. Fico desanimado só de pensar que eu talvez veja o dia quando os homens não se vestirem mais de maneira respeitosa para ir à igreja, que não usem terno em funerais e casamentos, que não respondam mais com expressões "Sim, senhor" e "Não, senhor", ou que não usem mais etiqueta quando jantarem fora. Terrível será o dia quando a grosseira geração do "grunhido" for tudo o que restar.

É muito importante que você ensine etiqueta aos seus filhos! O treinamento em boas maneiras é um grande alicerce no desenvolvimento de sua infância. Aliás, é a base para ensinamento de respeito, e respeito é o alicerce de toda disciplina. As crianças, tal como árvores, crescerão tortas e curvadas se não tiverem treinamento e modelagem. O treinamento é como colocar estacas e fios-guia em torno das árvores, de modo que possam crescer retas. A Bíblia ensina que devemos *treinar* a criança no caminho em que deve andar. Treinar é muito mais do que apenas explicar ou dizer. Treinar é mostrar através do exemplo.

O fundamento da etiqueta

O fundamento da etiqueta é a gentileza, que se expressa por meio da consideração pelas pessoas ao seu redor. Conhecer a correta etiqueta o deixa confortável e suficientemente seguro para se relacionar com outras pessoas e fazer que se sintam valorizadas. Ouça: se você se sentir preocupado ou envergonhado em relação a como deve se portar, não conseguirá se concentrar nas pessoas ao seu redor. Certo? Acredite em mim: o esforço para aprender boas maneiras gera grandes dividendos.

O que a Palavra diz

"Vivam de maneira digna da vocação que receberam. Sejam completamente humildes e dóceis, e sejam pacientes, suportando uns aos outros com amor" (Ef 4.1-2).

Seiscentos anos antes de Cristo, quatro rapazes israelitas nobres, belos, talentosos e inteligentes foram levados como prisioneiros de guerra, forçados a marchar de Jerusalém até a Babilônia. Enquanto estiveram ali, Daniel e os outros três rapazes hebreus tiveram de servir no palácio do rei. Receberam uma dieta especial (e não puderam comer algumas coisas porque haviam sido ofertadas a ídolos), foram treinados nos modos da corte babilônica e aprenderam o idioma dos caldeus.

A Bíblia diz que, no final do período de três anos de treinamento, eles eram dez vezes mais habilidosos e letrados do que suas contrapartes babilônicas, tudo isso porque Deus lhes dera capacidade superior (Dn 1.17-20).

Creio que Deus deseja que seus homens sejam superiores em todos os aspectos. Devemos saber o que é se cuidar. Devemos estar igualmente à vontade no palácio do rei ou comendo no chão de uma cabana humilde num vilarejo remoto. Devemos estar igualmente confortáveis comendo à mesa da realeza quanto estaríamos comendo num piquenique ao ar livre com amigos e familiares. O propósito da etiqueta é que possamos ser atenciosos e nos sintamos confortáveis e confiantes em qualquer ambiente social.

Ser informal é ótimo. Boné, tênis e calça *jeans* não poderiam ser melhores. Mas a verdade é que, em alguns ambientes, eles não se encaixam. "Casual" num cenário formal se traduz em negligência, ignorância ou falta de sensibilidade. O Príncipe de Bel Air, referência ao personagem de Will Smith em *Um maluco no pedaço*, talvez não se importe que você venha jantar usando tênis, mas o Príncipe de Gales vai se importar.

Se você estiver feliz em alcançar e se relacionar com apenas uma camada da sociedade, então pode pular o restante deste capítulo. Mas, se estiver interessado em tornar-se "tudo para com todos", então continue lendo. Direi mais uma vez: você pode melhorar sua vida, sua influência, seu impacto no mundo em favor do reino de Deus aprendendo etiqueta e boas maneiras.

Eu e Devi ministramos durante anos para os *hippies* nos anos 1960 e 1970. Gostávamos muito de receber adolescentes em nossa igreja, independentemente de como vinham vestidos. Muitos chegavam usando sandálias, bermuda e *jeans*, além de camisas "decoradas" com manchas, rasgos e buracos. Ocasionalmente, víamos rapazes totalmente sem camisa! Eram bem-vindos e convidados a sentar em nosso sofá, deixando suor e sujeira quando levantavam. Jesus os amava independentemente do que usavam ou não usavam, e nós também.

As vestes nunca determinaram a profundidade ou a sinceridade de nossa adoração. Contudo, sabemos que, se não colocássemos alguns valores culturais, restringiríamos o impacto futuro de nossos jovens. Ora, se as únicas pessoas que eles viessem a alcançar fossem outros *hippies*, então não haveria problema. Não precisaríamos trabalhar no treinamento de etiqueta e cultura. Mas a maioria dos jovens queria expandir suas oportunidades de pregar o evangelho. Às vezes topávamos com uma teimosa onda de independência ou de rebelião descarada; ainda assim, a maioria das nossas "crianças" queria ser treinada. Eles eram suficientemente espertos para se abrirem a outras opções.

Em todos os anos desde então, temos treinado jovens e adultos na arte do refinamento. Não poderíamos ter imaginado que haveria tamanha necessidade dentro do corpo de Cristo. Mas existe. Nós treinamos e, depois, vemos nossos amados alunos brilharem como moedas novas. Ficamos orgulhosos e sabemos que deixamos algo de prático e transformador em nosso despertar. Não há maior recompensa nesta vida do que ver que você ajudou ou somou. Louvamos a Deus por ele nos ter colocado onde pudéssemos fazer exatamente isso. Ele pode usar você para fazer uma diferença positiva em seus círculos de influência também. Como um homem *teleios*, sua plenitude em Cristo pode contribuir para a obra dele de levar outros à plenitude.

A lista de cortesias e etiqueta que apresentarei a seguir não é completa. É um pequeno conjunto de orientações, e não as muitas centenas de páginas que Emily Post, a grande autora de livros sobre etiqueta, gostaria que você lesse. A lista *vai* fornecer um modesto senso de decoro e estabelecerá algumas bases para uma pessoa que queira ser exemplo de comportamento cavalheiresco. Talvez você queira fazer uma marca ao lado do item que descreve algo que deseje adicionar aos seus modos. Pense nisto como a descoberta e o uso de mais uma ferramenta em sua vida de homem *teleios*.

Cortesias comuns

(que se tornaram bastante incomuns)

- Abra a porta tanto para homens quanto para mulheres quando você chegar primeiro a ela.
- Caminhe ligeiramente atrás de uma mulher e, então, dê um passo à frente para abrir a porta. Lembre-se: você a está acompanhando e, então, mostre-lhe a porta aberta. Não caminhe à frente da sua esposa, a não ser que você esteja descendo a escada. Quando entrar numa sala, ande atrás dela.
- Sempre abra a porta do carro para mulheres.
- Lembre-se de pedir licença ao passar na frente dos outros.
- Puxe a cadeira para sua esposa ou para uma amiga sempre que for se sentar num restaurante. Certifique-se de que ela se sente à sua direita.
- Se uma mulher se aproximar da sua mesa num lugar público, é sempre adequado se levantar. Se um homem se aproximar da sua mesa, estenda a mão com uma saudação cordial.

- Quando apertar a mão de alguém, dê um aperto de mão firme. O aperto de mão fraco é sempre lembrado e pode enviar uma mensagem indesejada de indiferença.
- Ajude pessoas idosas ou com dificuldades sempre que possível.
- Quando as pessoas conversarem com você, não continue a assistir à televisão nem continue a ler. Dê atenção a elas.
- Ajude mulheres a vestir o casaco.
- Acompanhe os convidados até a porta quando estiverem saindo da sua casa. Se for uma mulher sem acompanhante, ofereça-se para acompanhá-la até o carro, especialmente à noite.
- Ao conversar com pessoas, sempre olhe diretamente nos olhos delas. O contato visual é menosprezado.
- Se todos os assentos estiverem ocupados e uma mulher precisar de um, ceda o seu. No ônibus, no trem ou no metrô, se muitas pessoas estiverem em pé, isso não é necessário.
- Não leia livro ou jornal nem use o celular quando jantar com outras pessoas. Desligue o celular quando uma ligação for interromper ou perturbar!
- Rapazes, vocês já sabem disto, mas vou me garantir. Arrotar e produzir outros ruídos digestivos é uma atitude rude, grosseira e não tem espaço num contexto público. Não é engraçado.
- Quando for convidado na casa de outra pessoa, não fique tempo demais.
- Não monopolize a conversa. Aprenda quando parar de falar e permita que outros contribuam com a conversa.
- Quando telefonar para alguém, apresente-se assim que a pessoa atender. "Olá, aqui é Larry Titus." Quando atender o telefone, identifique-se primeiro. "Olá, quem fala é Larry Titus."
- Se você for um hóspede, leve um presente para seu anfitrião.
- Quando escrever bilhetes de agradecimentos, cartões de Natal ou de aniversário, escreva suas próprias palavras e sentimentos. A frase impressa no cartão e sua assinatura não são suficientes.
- Ofereça alguma coisa para beber às pessoas que receber em sua casa. Se não tiver nada, ofereça água.

- Se for convidado para dormir na casa de outra pessoa, coloque seus objetos de toalete de volta no seu quarto ou na sua mala. Depois de usar o banheiro, use sua toalha para secar a pia e a banheira.
- Quando os convidados estiverem saindo de sua casa, só apague as luzes depois de eles terem ido embora.

Conduta adequada do convidado à mesa

Existem regras para todos os estágios da experiência do jantar de um convidado. Você pode aprender a maneira correta de se conduzir — desde a hora em que se senta até o momento em que sai da mesa.

Espere pelo anfitrião

- Espere que o anfitrião lhe diga onde você deve se sentar.
- Depois de sentar-se à mesa, espere que o anfitrião se sente e, então, siga sua orientação.
- Quando o anfitrião colocar o guardanapo no colo, você faz o mesmo. Se ele não colocar o guardanapo no colo e apenas começar a servir, então coloque o guardanapo discretamente e continue.
- Nunca rearranje os objetos sobre a mesa — ainda que a mesa não tenha sido posta de maneira correta. Lembre-se de que gentileza não é sinônimo de envergonhar o anfitrião que não colocou a mesa corretamente. Em vez disso, optamos por nos curvar às regras e honrar o anfitrião.

Como passar a comida

- Quando o jantar é servido ao estilo continental (o prato é feito na cozinha e trazido à mesa), alguém colocará o prato à sua frente, servindo a partir da sua esquerda. Depois de comer, o prato será removido pela direita.
- Se a comida é servida no estilo familiar, você passa a comida a quem está à sua direita. Contudo, não levante nenhuma travessa antes de o anfitrião começar a passar a comida.
- Ao servir no estilo familiar, segure a travessa para a pessoa à sua direita até que ela se sirva. Os outros deverão segurar a travessa para a próxima pessoa até que ela volte a você.

- Para impedir acidentes, evite colocar pratos na beira da mesa.
- Quando a manteiga for passada, corte um pedaço dela usando a faca de manteiga. Se não houver uma faca específica, use sua faca de refeição normal, limpa. Coloque a manteiga na beirada do seu prato de pão (se não houver nenhum, use o prato de refeição); nunca passe a manteiga no seu pão diretamente da manteigueira.
- Sal e pimenta devem ser passados juntos todas as vezes — ainda que alguém diga apenas "passe-me o sal, por favor". Sempre pegue os dois e passe-os em par. O mesmo é válido para o creme e o açúcar.
- Quando usar o açúcar de um açucareiro, não use a colher de açúcar para mexer sua bebida. Mexa com outra colher, com um canudo ou outro utensílio.

Durante a refeição

- Se o copo de água ou de bebida estiver enfeitado com uma guarnição de limão ou outra fruta decorativa, coloque a guarnição no copo antes de beber. A guarnição tem o propósito de intensificar o sabor da bebida, não de espetar seu olho ou golpear seu nariz.
- Quando comer pão, separe um bocado de cada vez, coloque manteiga nele e coma. Nunca passe manteiga numa fatia inteira de uma vez. Esta regra também se aplica quando comer minipães e usar geleia ou outras coberturas.
- Sempre use a faca para cortar. Não tente cortar comida com a lateral do garfo.
- Nunca coloque um talher sujo de volta na mesa. Apoie o talher no seu prato. Se o prato tiver sido retirado, apoie o talher sujo em alguma parte limpa de outro talher.
- Coma com a boca fechada e não fale de boca cheia. *Bem básico, não é? Mas você não imagina quantas pessoas ignoram isso!*
- Se morder algum objeto estranho, simplesmente remova-o com os dedos e coloque no seu prato sem dizer uma palavra. Não cuspa no seu garfo ou na sua colher.

- Se lhe for servida alguma coisa de que não gosta, não a remova, mas deixe-a no prato e coma em volta dela.
- Sob nenhuma circunstância você deve pedir algum item que não tenha sido colocado na mesa. Se o anfitrião descobrir que se esqueceu de algo, ele vai dizer.
- Se precisar se levantar da mesa, peça licença. Você não precisa dizer a razão pela qual precisa se levantar. Volte o mais rápido possível.
- Um enfeite central da mesa não deve obstruir a visão do outro lado. Se estiver bloqueando, não o remova. Converse com as pessoas que estiverem ao seu lado.

Depois da refeição

- Quando tiver terminado de comer, coloque os talheres sujos sobre o prato. Ainda que tenha sobrado um pouco de comida no prato, coloque os utensílios todos juntos dentro dele. O cabo dos talheres não deve ficar sobre a borda do prato.
- Coloque seu guardanapo desdobrado no lado esquerdo do seu prato.
- Agradeça ao anfitrião pelos momentos maravilhosos passados à mesa. Elogie o anfitrião por um dos itens servidos. Você pode dizer: "Estava tudo delicioso. Gostei especialmente da sobremesa".

Anos atrás, recebi um livreto intitulado *The Harness of Discipline* [Os arreios da disciplina]. Talvez ainda esteja em catálogo, mas não consegui achá-lo em meus arquivos nos últimos trinta e cinco anos.

Recentemente, alguém me deu um envelope num banquete numa noite de sexta-feira, mas só o abri no final de semana. Aconteceu que, apenas alguns minutos antes de começar a pregar um sermão que chamaria de "Os arreios da disciplina", abri o envelope e encontrei um exemplar do livreto. Era exatamente o mesmo título da minha mensagem. A não ser que o mal de Alzheimer tenha se instalado, acho que consigo escavar na minha memória a essência da mensagem do livro. Se você já leu esta fábula antes, espero que minha versão pelo menos lembre o original. Se não, vou exigir direitos editoriais.

Os arreios da disciplina é uma fábula sobre a carruagem de um rei que seguia por uma estrada próxima a um pasto aberto. Dois garanhões selvagens estavam pastando ali.

O cocheiro desceu de seu assento e começou a conversar com os dois garanhões.

— Vocês não se interessariam em fazer parte do grupo de cavalos do rei? — perguntou ele.

— O que seria exigido de nós? — perguntaram os cavalos.

— Ora, vocês seriam levados aos estábulos reais. Toda manhã, seriam acordados bem cedo. Seriam domados e treinados, alimentados apenas com alimentação correta e disciplinados por muitos meses e anos de acordo com os costumes dos cavalos reais. Apenas os melhores e mais disciplinados cavalos são aceitos para puxar a carruagem do rei. Vocês precisam se dispor a aceitar os arreios da disciplina.

Tudo bem, vou deixar de lado o estilo de C. S. Lewis e ir direto ao vernáculo moderno:

— Acho que não vai dar — disse um dos cavalos. — Por que eu iria querer deixar minha vida de lazer e colocar os arreios da disciplina? Você só pode estar louco. Olhe, posso acordar a hora que quiser, ir para a cama sempre que desejar, comer a qualquer hora e assistir à televisão a qualquer hora. — Tudo bem, a parte da televisão talvez não fizesse parte do original...

Bem, vamos imaginar que meu cavalo use a linguagem atual de Boston. Ele terminaria a conversa com o cocheiro dizendo algo como "Sai dessa, mano!".

Contudo, o outro cavalo aceitou a oferta do cocheiro e foi direto para os estábulos reais para dar início a uma vida de disciplina.

Depois de vários anos, a carruagem real passou novamente pela mesma estrada próxima ao pasto aberto. Dessa vez, o cavalo que escolhera a vida de disciplina era um dos cavalos da equipe real. Conforme se aproximavam do mesmo campo, o cocheiro puxou conversa com o cavalo que havia permanecido ali. Dessa vez, porém, o pasto verde havia secado, os lagos estavam vazios e o cavalo estava magro e fraco.

A carruagem parou ao lado do campo aberto. O garanhão solitário chamou, fazendo um apelo, do outro lado do campo:

— Posso me juntar aos cavalos do Rei agora? Adoraria puxar a carruagem real.

— Não — foi a resposta direta. — Se você não se dispõe a se submeter à disciplina do rei, então não é qualificado para puxar a carruagem do rei.

Existe uma disciplina que o Rei dos reis exige. É por isso que ele chama seus seguidores de "discípulos". Se quiser uma posição no grupo de elite que puxa a carruagem de um rei, você deve ser tratado e disciplinado. Do mesmo modo, se quiser ser eficiente no reino de Jesus, isso exigirá disciplina, administração e bons cuidados.

O texto de 2Timóteo 2.20-21 coloca a questão da seguinte maneira: "Numa grande casa há vasos não apenas de ouro e prata, mas também de madeira e barro; alguns para fins honrosos, outros para fins desonrosos. Se alguém se purificar dessas coisas, será vaso para honra, santificado, útil para o Senhor e preparado para toda boa obra".

Cultura, modos, disciplina e etiqueta são importantes na nossa preparação para o serviço do Rei. Se nos dispusermos a ser treinados nessa escola, abrimos portas para grandes possibilidades.

Os *hippies* surgiram e sumiram. A senhora refinada e o cavalheiro ainda são muito procurados. Não creio que Deus ou qualquer outra pessoa se interessem por formalidades asfixiantes, mas de fato acredito que um senso de postura, decoro e etiqueta correta esteja sempre na moda, até mesmo no chão batido de uma cabana.

Deus deseja arrumar você para a grandeza. Você está disposto a ser treinado e arrumado? Esses pequenos costumes sociais que aprendemos e mostramos falam de maneira eloquente sobre nosso compromisso e nossa dedicação. Normalmente, eles falam mais alto do que palavras.

Portanto, coloque o guardanapo no colo, sente-se ereto e passe a travessa para o lado direito. O jantar está servido.

12

Seu legado

Reverendo João Cristão

Eu costumava viajar com meus pais em suas cruzadas evangelísticas, que aconteciam nos meses de verão, quando eu tinha pouco menos de vinte anos. Mamãe era a melhor pregadora dos dois, mas papai fazia um trabalho incrível de ganhar almas. Eles formavam uma dupla dinâmica. Papai levava as pessoas a Cristo durante o dia e mamãe pregava à noite. Quando viajava com eles, eu tocava piano ou órgão nos cultos realizados nas igrejas e, como papai estava envelhecendo, eu o ajudava dirigindo o carro e cuidando da bagagem.

Certa noite, em Blackwell, Oklahoma, um homem se aproximou de mim junto ao órgão enquanto eu tocava, já perto do final do culto. Ele me disse que havia uma ligação telefônica para mim no escritório da igreja. Quando atendi o telefone, ouvi a voz de um amigo que era superintendente de determinada denominação na região noroeste dos Estados Unidos.

"Larry, indiquei você para ser o novo presidente da Associação de Jovens de Washington e Norte de Idaho. Você consideraria a possibilidade de aceitar o cargo?"

Enquanto eu dizia a ele que oraria e que responderia mais tarde, minha mente estava a mil. "Nunca preguei. Nunca testemunhei a ninguém. Não me considero 'chamado' para o ministério. Nem mesmo sei por que ele pensou em mim para esse cargo. Ele provavelmente presumiu que, uma vez que eu era membro de uma família ministerial, tinha a experiência necessária".

No meu retorno ao órgão, fiz um contrato mental com Deus: "Senhor, eles me querem em Tacoma, Washington, na manhã da próxima segunda-feira, e hoje já é noite de quarta-feira. Não tenho dinheiro para pegar um ônibus, trem, avião e nem mesmo ir de carro até Washington. Além disso, nunca fiz isso". Continuei minha oração silenciosa: "Se alguém me oferecer esta noite uma carona ao estado de Washington até segunda-feira, considerarei isso como uma confirmação de que o Senhor está me ungindo para pregar a sua Palavra". Tendo colocado minha lã diante do Senhor, voltei para o órgão e continuei a tocar durante o apelo.

Em questão de minutos, um casal se aproximou de mim ali mesmo junto ao órgão. Eles disseram: "Queríamos que soubesse, Larry, que bênção sua música tem sido para nós. Gostaríamos de ficar mais tempo aqui, mas vivemos em Seattle, no estado de Washington, e precisamos voltar para casa amanhã. Você gostaria de pegar uma carona conosco?".

Fiquei sem fala. Estava impressionado. Não podia acreditar que Deus responderia à minha oração de maneira tão rápida e dramática.

Assim que o culto terminou, liguei de volta para o superintendente. Disse-lhe que aceitava o cargo e que falaria no encontro de jovens na manhã da segunda-feira seguinte.

Recebi uma impressionante confirmação do Senhor. Fui chamado para o ministério naquela noite. Faz quarenta e quatro anos desde que coloquei minha mão no arado do ministério e jamais olhei para trás! Deus iniciou o processo de me tornar um de seus homens *teleios* naquele dia, e nunca tive razão para questionar a confiança que coloquei nele.

Deus me chamou de uma maneira bastante particular naquela noite. Você sabia que ele também o chamou? O padrão do Novo Testamento demonstra claramente que *todos* são chamados para o ministério. Se você nasceu de novo, então está qualificado para pregar o evangelho. Você pode ser concluído, aperfeiçoado e amadurecido nele. Acredite!

A "Grande Comissão" de Jesus, encontrada em Mateus 28.19, nos envia a fazer discípulos de todas as nações e, então, ensinar esses novos discípulos a obedecer a tudo o que ele ordenar. Jesus estava enviando todos nós, não apenas o clero profissional.

As Escrituras *de fato* identificam os ofícios de pastor, apóstolo, profeta, mestre e evangelista como dons do corpo de Cristo para *equipar os santos*. De modo algum o Novo Testamento exclui cristãos dessas funções. E ele não reserva os atos de testemunho, pregação e outras formas de compartilhar o evangelho a nenhum tipo particular de cristão ou tipo de qualificação. O fato é que a responsabilidade pelo ministério do evangelho pertence a todos nós. Todos são chamados!

A verdade é que você foi ordenado ao ministério assim que nasceu de novo. O texto de João 15.16 é claro: "Não fostes vós que me escolhestes a mim; pelo contrário, eu vos escolhi a vós outros e vos designei para que vades e deis fruto, e o vosso fruto permaneça; a fim de que tudo quanto pedirdes ao Pai em meu nome, ele vo-lo conceda" (RA).

Você é um ministro ordenado

Ordenação passou a caracterizar um processo por meio do qual uma pessoa é investida no ofício de ministro, sacerdote ou rabino. A palavra tem um significado bastante diferente nas Escrituras. A definição bíblica é muito mais inclusiva. Todo cristão foi ordenado por Deus para que dê fruto em seu reino. Isso significa que, sejam quais forem os seus dons, eles devem ser usados para alcançar pessoas não salvas com o evangelho, assim como para abençoar os que já estão na igreja. É de fato tão simples e fundamental quanto parece.

Não estou dizendo que não precisamos estabelecer e reconhecer ministros "ordenados" na igreja. Mas vou dizer de novo: todo cristão foi ordenado por Deus para ser frutífero em seu reino.

A palavra *ordenado* vem do grego *tithemi*. Ela significa "colocar, estabelecer, designar, ordenar ou instalar um objeto numa posição inclinada". Quando a palavra é usada em relação à atividade de Deus, ela pode ser uma ação passada, presente ou futura. Em Gênesis 1.17, por exemplo, Deus coloca (ordena) as estrelas no firmamento. Lemos em Salmos 8.3-4: "Quando contemplo os teus céus, obra dos teus dedos, a lua e as estrelas que ali firmaste [ordenar], pergunto: Que é o homem, para que com ele te importes? E o filho do homem, para que com ele te preocupes?".

No Novo Testamento, Marcos 4.21 descreve uma candeia "colocada" no lugar apropriado. Lembre-se de que as palavras *colocada* e *ordenada* têm o mesmo significado. Lemos em João 15.16 que Jesus está intencionalmente *designando* você para determinada posição. Ele colocou você intencionalmente de tal maneira que seja eficaz e frutífero. Deus quer que você use seus dons para glorificá-lo e espalhar o evangelho. Ele quer que você reconheça que ele o *colocou* numa posição estratégica. Seu púlpito pode estar no ambiente de trabalho. Sua maior unção pode vir quando estiver ministrando aos seus colegas de trabalho ou aos seus parceiros comerciais na labuta diária da sua profissão.

Todo cristão é parte do sacerdócio real de Deus e ministro da nova aliança. Assim, é irônico que cristãos acreditem que o ministério deve ser realizado apenas pelos "profissionais". Isso é completamente contrário à Palavra! Poderia até mesmo explicar por que o reavivamento demora nos Estados Unidos, mas é vibrante em países emergentes. Quando novos cristãos daqueles países recebem Jesus, começam imediatamente a pregar o evangelho. Eles não têm formação em faculdades teológicas ou seminários — simplesmente pregam. Alguns desses novos cristãos nem sequer possuem uma Bíblia completa! Simplesmente sabem que foram transformados. Deus é real, sua Palavra é verdadeira e seu Espírito é poderoso. Saem numa jornada por toda a vida para converter seus povos e apresentar Jesus à sua cultura.

Nos Estados Unidos, quando uma pessoa nasce de novo, alguns têm a impressão errada de que sua responsabilidade é simplesmente começar a frequentar uma igreja, tornar-se um espectador fiel e ajudar a pagar o salário do pastor (o "profissional") para cumprir a Grande Comissão.

> Todo cristão é parte do sacerdócio real de Deus e ministro da nova aliança.

João Cristão é um "observador" e já se isentou — ou assim pensa ele — de sua responsabilidade de ministrar ao mundo. Biblicamente, não existe tal isenção, e não há distinção entre o sacro e o secular ou entre o laicato e o clero. Em Jesus, somos todos um, e todos temos a responsabilidade de cumprir a Grande Comissão.

Você pode ser um executivo e ser chamado ao ministério sem jamais abandonar sua profissão. Vários anos atrás, tive a alegria de realizar a cerimônia de casamento de um casal tremendamente talentoso e belo que nasceu de novo enquanto participava de um culto conduzido numa convenção comercial.

Você pode ser funcionário de uma fábrica e ministro para os que estão na linha de montagem. Pode ser músico e corretamente se considerar um ministro do evangelho. Pode ser professor numa escola e trabalhar para alcançar seus alunos para Jesus. Pode ser atleta e ministro do evangelho para seus colegas de equipe, para o técnico e para os torcedores. Onde estiver, faça o que fizer, saiba que Deus o comissionou para ser um ministro do evangelho.

Pregadores sem púlpito

Permita-me apresentar-lhe alguns ministros do evangelho que conheci e passei a apreciar com o passar dos anos. A vida deles exemplifica a admoestação de Jesus a que façamos "discípulos de todas as nações".

Temos um casal amigo nosso em que ambos são professores de escola pública. A cada ano, eles oram para que sejam capazes de levar seus alunos a Cristo antes do final do ano letivo. Conheço vários técnicos que testemunham abertamente aos seus atletas sobre a realidade de Jesus Cristo. Um amigo meu possui uma empresa com várias centenas de funcionários e ele ministra Jesus a eles com regularidade. De fato, ele contratou um capelão de tempo integral que ministra a eles e os aconselha diariamente.

Muitos amigos contribuem abundantemente para missões pelo mundo todo. Eles consideram que missões é um item normal de seu orçamento. Muitos dos homens que conheço que trabalham no ramo de construção fazem viagens anuais para outros países para trabalhar em igrejas, escolas, orfanatos e instalações médicas. Um executivo que conheço tem um intercessor de tempo integral que trabalha em sua equipe. Um homem que possui uma frota de caminhões imprime versículos e os coloca no painel de suas carretas. Ele fornece aos motoristas músicas de adoração e sermões gravados para que possam escutar durante as viagens. Conheço vários homens na força policial que são poderosamente ungidos para ministrar às pessoas. Não se passa um dia sequer sem que eles preguem o evangelho de maneira eficiente para pessoas feridas.

Temos um amigo, o dr. Jack Herd, quiroprático na Pensilvânia, que tem uma poderosa unção para ministrar cura às pessoas. Não sei quantas centenas de pessoas ele já levou ao Senhor, ou quantas foram curadas em razão de seu ministério. Certo dia, enquanto fazia "ajustes" em um paciente, um especialista em implantes capilares, ele levou o homem ao Senhor. Mais tarde, o especialista compartilhou com um de seus clientes como ele fora transformado através de seu encontro com aquele quiroprático que lhe falou sobre Jesus.

Embora fosse bastante religioso, o cliente daquele especialista em implantes capilares tinha um profundo vácuo em seu coração que a religião não conseguia satisfazer. O testemunho sobre um relacionamento vital com Jesus foi tudo o que ele precisava para nascer de novo.

Algum tempo depois, o filho do especialista precisava desesperadamente de uma ministração. Compartilhou isso com o cliente recém-nascido de novo. O cliente do especialista começara a frequentar uma igreja da localidade. Contou ao filho sobre seu novo pastor. Estava certo que o pastor poderia ministrar com alegria ao filho do especialista. Sim, o novo pastor era eu! Fui imediatamente ao filho, que foi transformado pelo poder de Deus.

Como resultado do testemunho do quiroprático, o especialista capilar, seu cliente e o filho do especialista encontraram todos salvação em Cristo e foram confiados ao nosso ministério. Mas aqui está o fato emocionante: *eu fui o último a realizar qualquer ministério*. Tudo aconteceu na correria diária do ambiente de trabalho. O "clero" não estava envolvido.

Nada me anima mais do que ver pessoas sendo salvas, curadas e libertas durante os dias úteis! Por quê? Bem, porque não estão atendendo à minha pregação nem a um apelo vibrante feito no domingo. Elas receberam ministração ou foram apresentadas a Jesus por um ministro do evangelho capaz, lá no ambiente de trabalho.

Já me encontrei com homens de todo tipo de profissão e ocupação que fazem um trabalho maravilhoso na pregação do evangelho no assim chamado ambiente "secular". O que aconteceria se todo membro aceitasse sua responsabilidade de espalhar o evangelho? Sua obrigação *é* tão grande quanto a obrigação do pastor. Que diferença haveria na igreja se todo homem percebesse que foi chamado a evangelizar. O que aconteceria se todo cristão reconhecesse que somos todos membros do corpo de Cristo e que todo membro é responsável pelo evangelismo global? O que aconteceria se todo cristão entendesse que somos todos ministros do evangelho e responsáveis por concluir a obra de promover o reino de Deus?

O simples fato de assumir a responsabilidade já garante metade da vitória na batalha pela ativação do seu chamado. Não significa que todo mundo se tornará pastor ou evangelista, mas certamente quer dizer que todo mundo entende que é comissionado por Jesus para ministrar e evangelizar. Afinal de contas, os transformadores originais do mundo, os discípulos, não tiveram nenhum treinamento formal. Eles simplesmente andaram com o Mestre, e isso os qualificou para virar o mundo de cabeça para baixo.

Penso que a maioria dos clérigos ficaria alegre em ver todos os membros de sua congregação diretamente envolvidos em alcançar o mundo para Cristo. Quando todo membro do corpo trabalha, o trabalho do pastor é muito mais fácil. A bênção adicional que vem do fato de todo membro trabalhar no campo da colheita durante a semana é que, quando chegam no domingo para ouvir o sermão, eles estão famintos, em vez de já "alimentados". É mais fácil alimentá--los quando eles estão trabalhando duro para o reino durante a semana, mas ai do pastor que tem uma igreja cheia de pessoas que não trabalham para o Senhor. Não há fome pela Palavra de Deus, e nada os satisfaz.

Libere o seu chamado

Gostaria de recomendar que, a partir de agora, você se considerasse chamado e comissionado por Jesus Cristo para pregar as boas-novas do evangelho aos membros da sua família, seus amigos, seus vizinhos, aqueles que trabalham com você e, sim, às nações do mundo também. Também recomendo que comece imediatamente a se preparar para o seu chamado. Para alguns, isso pode significar matricular-se numa faculdade teológica ou num seminário ou fazer um curso a distância sobre treinamento bíblico. Deus pode querer que você seja parte daquele dedicado exército de ministros de tempo integral do evangelho que pastoreiam igrejas locais ou que evangelizam em casa ou globalmente.

Deus concedeu ao corpo de Cristo desta geração um incrível conjunto de homens e mulheres piedosos, talentosos e cheios de princípios que vão liderar sua igreja e assumir os ofícios de apóstolo, profeta, pastor, evangelista e mestre.

A maioria de vocês, porém, encontrará seu lugar de ministério no ambiente de trabalho, e seu treinamento envolverá a autodisciplina do estudo bíblico, oração, jejum, generosidade e hospitalidade. Seu ministério aos que não estão na igreja não o torna um ministro do evangelho menos ungido do que os servos de tempo integral da Palavra que ministram semanalmente nos púlpitos. Você pode não ser um ministro "profissional", mas pode ser um profissional que ministra. Uma vida vivida dessa maneira está no caminho *teleios*.

Oliver Wendell Holmes disse: "Ai daqueles que nunca cantam e morrem com toda sua música dentro de si". Penso que a maioria dos cristãos vai para a sepultura com o sermão ainda dentro deles. Deus colocou em você uma unção que o qualifica a alcançar o mundo. Quer seja um seminarista treinado, quer tenha sido treinado na Universidade da Pancada Dura, Deus tem a mão sobre sua vida e criou você com dons ministeriais singulares. Considere-se ordenado!

Preparação para o ministério

Se você quiser que Deus o use para pregar seu evangelho no mundo, deve começar aplicando a si mesmo os princípios apresentados a seguir.

Entenda a prioridade do reino de Deus em sua vida (cf. Mt 6.33)

Os princípios do reino de Deus governam todas as áreas da sua vida, incluindo administração de tempo, dinheiro, trabalho, casamento, família e outros interesses. Tudo o que você faz deve estar alinhado com o objetivo de buscar primeiramente o reino de Deus. E, por favor, entenda que o reino de Deus é estabelecido quando levamos o evangelho de dentro das quatro paredes do prédio de uma igreja para um mundo machucado lá fora. O reino de Deus é estendido por meio do seu ministério quando pessoas do mundo são salvas do pecado através do sangue de Jesus, libertadas da opressão de Satanás e do reino das trevas para o reino de Deus. Tenha a mente no reino de Deus!

Estude a Palavra como um estilo de vida

Torne-a parte do seu programa diário de disciplinas. Não são apenas os seminaristas que precisam estudar a Palavra de Deus. É uma prioridade absoluta para todo cristão. Estude a Palavra, memorize a Palavra, alimente-se da Palavra, medite na Palavra e pregue a Palavra. Cultive um amor intenso pela Palavra de Deus. Jesus citou a segunda parte de Deuteronômio 8.3 ao Diabo quando disse que "nem só de pão viverá o homem, mas de toda palavra que procede da boca do SENHOR".

Se não conhecermos a Palavra de Deus, causaremos pouco dano ao domínio das trevas.

Pratique o serviço às pessoas

A essência do ministério é encontrada no serviço. Embora fosse apóstolo, Paulo se considerava apenas um servo. Você quer estar no ministério? Comece servindo e você estará. As pessoas são sempre a prioridade de Deus. Essa deveria ser sempre a sua prioridade. Um servo verdadeiro nunca promove a si mesmo nem busca seus próprios interesses. Ele busca os interesses dos outros.

Aprenda como orar pelos outros

A palavra bíblica para isso é *intercessão*. Jesus é intercessor (Rm 8.34). O Espírito Santo é um intercessor (Rm 8.26). Deus quer que, assim como Abraão, Moisés e Paulo, você seja um intercessor. Um intercessor é quem "se coloca na brecha" pelos outros. A intercessão é a mais altruísta de todas as orações porque o objeto da petição é outra pessoa. Sempre que ora por outras pessoas, você está intercedendo.

Ame intensamente as pessoas

Não há ministério às pessoas, a não ser que as ame profundamente. O velho ditado é verdadeiro: "As pessoas não se importam com quanto você sabe até que saibam quanto você se importa". Lemos em 1João 4.12: "Ninguém jamais viu a Deus; se amarmos uns aos outros, Deus permanece em nós, e o seu amor está aperfeiçoado em nós". Quer que as pessoas vejam Deus? Uma vez que Deus é invisível para o homem mortal, a única maneira de as pessoas o verem é verem o amor dele em você. De todos os sermões que você já pregou, nenhum jamais será maior do que o sermão de amor que prega diariamente através do exemplo da sua própria vida.

Peça ao Espírito Santo que lhe revele as necessidades das pessoas ao seu redor

A humanidade está ferida. A maioria das pessoas mascara suas necessidades em razão de orgulho e vergonha. O Espírito Santo de Deus sabe onde elas estão feridas. Ele quer lhe revelar isso, de modo que você possa ministrar cura eficientemente a elas. A não ser que fale às necessidades delas, você não poderá trazer-lhes libertação.

Aceite o processo de refinamento de Deus

Deus o usará, mas primeiramente você será refinado por meio de provações. De acordo com Hebreus 12.5-11, se você não for disciplinado, é filho ilegítimo, não verdadeiro. Deus exige que seus filhos verdadeiros aceitem sua disciplina com o propósito de que possam receber todos os benefícios de ser um filho verdadeiro. Filhos ilegítimos não possuem tais benefícios. Em Tiago 1 e em 1Pedro 1 somos lembrados do valor das provações e encorajados a aceitá-las com alegria. É muito comum os cristãos resistirem às provações que vão prepará-los para o serviço de Deus.

Deus usa ferramentas que cortam fundo e que alteram você para sempre. Ele usará todo tipo de pessoas, situações e circunstâncias de sua vida para dissecá-lo, testar sua paciência e triturar sua vida. Pode contar com isso! Existe muita raspagem, serração e lixamento à frente. Contudo, há boas notícias! Tudo isso é para o propósito de transformar você num vaso ao qual ele pode confiar sua glória. É assim que os homens *teleios* são feitos.

Irmãos, este é um ótimo momento para uma palavra de cautela: amargura e falta de perdão sempre impedirão que você experimente a liberdade de Deus e a unção dele para sua vida. Lemos em Hebreus 12.15: "Cuidem que ninguém se exclua da graça de Deus; que nenhuma raiz de amargura brote e cause perturbação, contaminando muitos". Guardar amargura e ter atitudes de falta de perdão impedem que o Espírito Santo trabalhe através de nós num ministério puro às outras pessoas. Devemos guardar nosso coração contra essas atitudes negativas e destrutivas. Ministramos poderosamente quando somos vasos limpos e disponíveis para o uso do Mestre. Acredite em mim: se é para Deus usar você, então mantenha a amargura e a ofensa fora do seu coração.

Faça uma viagem missionária

O mundo fica menor quando sua visão se torna mais ampla. Nada aumentará mais a sua visão do que uma visita a terras e pessoas necessitadas em países em desenvolvimento. Ao experimentar pessoalmente a pobreza e a necessidade brutais, você nunca mais será o mesmo. Sua ferida queimará, e você desejará agir.

Nunca, mas nunca mesmo, deprecie ou menospreze o ministério de outras pessoas

Nem sequer pense em tentar fazer-se mais espiritual ou eficiente por meio da crítica a outras pessoas. A igreja de Deus é grande, e ele usa muitos ministérios e ferramentas diferentes para realizar o trabalho. Uma pessoa que ministra de maneira diferente da sua não necessariamente é menos ungida e menos eficiente. Você não pode ser arrogante no campo da colheita, pois todos nós prestaremos contas ao Senhor da seara. Se Deus lhe concedeu o ministério do púlpito, não ceda à tentação de criticar outros pastores ou igrejas. Jesus, como o cabeça da igreja, pode muito bem lidar com todos aqueles que ocupam seus ofícios. O Espírito Santo falou comigo outro dia enquanto eu estava criticando alguém: "Larry, não há espaço para outro juiz aqui em cima".

Faça um levantamento das habilidades que Deus lhe deu

Você tem habilidades e talentos incríveis que Deus quer usar. Já os identificou? Se não, por que não? Não há problema algum em reconhecer seus dons e talentos. Paulo diz em Romanos 11.13: "Exalto o meu ministério". Seus dons, tal como a vara de Moisés, podem fazer tudo, desde cuidar de um rebanho de ovelhas até abrir o mar, quando você os entregar a Deus. Seu chamado refletirá seus dons. Deus o chamará para uma área onde seus talentos únicos serão empregados de maneira poderosa e magnífica. Portanto, o que tem na sua mão? Quais são os talentos e aptidões que Deus lhe deu? Sabem, rapazes, esses talentos brilham como joias na sua personalidade. Desse modo, incentivo-o a descobrir e refinar todos eles. Você perceberá que Deus deu a todos nós talentos necessários para alcançar o mundo por meio de todo tipo de estratégia. É sua responsabilidade administrá-los e torná-los disponíveis ao Mestre.

Jesus usou o lanche de um garoto para alimentar uma multidão. Quais são os talentos e as habilidades que Deus lhe deu? Homens, oro para que vocês sempre reconheçam e entreguem seus talentos a Deus.

Permita ao Espírito Santo que libere seus dons — seus charismata — através de você

Dons e milagres de cura, palavra de sabedoria, palavra de conhecimento, fé, profecia, falar em línguas espirituais e discernimento de espíritos fluirão através de você à medida que o Espírito Santo derramar o amor de Deus. Os dons do Espírito, conforme apresentados em 1Coríntios 12 e 14, foram dados para nos capacitar a alcançar o mundo perdido. Armados com esses talentos sobrenaturais, os discípulos viraram o mundo de cabeça para baixo em poucas décadas após a ascensão de Cristo. Devemos sempre nos lembrar: esses dons, esses *charismata*, pertencem a Deus. Somos apenas o conduíte por meio do qual eles fluem. Não possuo nem sou dono do dom de cura. Ao contrário, Deus *libera* o dom de cura através de mim. E lembre-se de dar a Deus 100% da glória quando alguém for tocado e liberto por meio do seu ministério.

Faça da oração um estilo de vida

A oração precisa ser considerada no contexto maior da vida de Cristo e da igreja primitiva. Os discípulos não conseguiram expulsar demônios, disse Jesus, porque não oraram (Mc 9.29). A igreja moderna não tem poder em grande parte pela mesma razão. Em minha própria experiência, passei vários anos sem poder em meu testemunho porque não entendia a necessidade da oração (cf. Lc 3.21; 5.16; 6.12; 9.18,28; 11.1-13; 18.1-8; Mc 1.35; At 1.14; 2.42; 4.29-31; 10.4,9; 12.5).

> O poder de Deus vem por meio da oração e a autoridade de Deus vem através do conhecimento da sua Palavra.

Ao orarmos, tornamo-nos parceiros de Deus. Lembre-se: Deus nunca fará nada significativo na sua vida, a não ser que você ore. O poder de Deus movendo-se em e através de você é um resultado direto de sua vida de oração. Aqui está algo meu que você pode citar: "O poder de Deus vem por meio da oração e a autoridade de Deus vem através do conhecimento da sua Palavra".

Faça o que Paulo ordena em 1Tessalonicenses 5.17: "Orem continuamente". Citarei a nova versão revisada de Larry Titus: "Ore no chuveiro, ore no seu carro; ore caminhando pela rua; ore com sua esposa; ore com seus filhos; ore no seu trabalho; ore quando estiver ao celular; e ore pela internet. Ore em todo lugar e o tempo todo".

Discipule pessoas

Ensinar a pessoas o que deveriam fazer sem treiná-las como fazer aquilo só produz frustração. O discipulado não apenas *ensina* as pessoas, mas as *treina* também. Jesus passou três anos e meio treinando apenas doze homens. Contudo, aqueles doze homens envolveram o mundo com o amor de Deus.

Os membros da família são os mais importantes candidatos ao discipulado. Treine-os bem na sala de aula especial: o seu lar. Sua família e seu lar são o alicerce da igreja.

Rick Warren, pastor da Igreja Saddleback, na Califórnia, e autor do livro *Uma vida com propósitos*, foi recentemente entrevistado por Paul Bradshaw. Rick é um homem de Deus profundamente ungido. Seus sábios comentários se encaixam muito bem no contexto deste capítulo. Quando lhe foi perguntado "Qual é o propósito da vida?", Rick respondeu: "Em resumo, a vida é uma preparação para a eternidade. Fomos feitos para durar para sempre, e Deus quer que estejamos com ele no céu".

Rick continuou:

> Um dia, meu coração vai parar, e esse será o fim do meu corpo — mas não o meu fim. Posso viver de sessenta a cem anos na terra, mas passarei trilhões de anos na eternidade. Este é o aquecimento — o ensaio final que Deus quer que façamos aqui na terra para o que faremos para sempre na eternidade. Fomos feitos por Deus e para Deus, e, até que entenda isso, a vida não fará sentido.
>
> A vida é uma série de problemas: ou você está no meio de um agora, ou acabou de sair de um ou está prestes a entrar em outro. A razão para isso é que Deus está mais interessado no seu caráter do que no seu conforto. Deus está mais interessado em tornar sua vida santa do que em fazer com que sua vida seja feliz. Podemos ser razoavelmente felizes aqui na terra, mas esse não é o objetivo da vida. O objetivo é crescer em caráter, em semelhança a Cristo [...].

Você pode se concentrar nos seus propósitos ou pode se concentrar nos seus problemas. Se você se concentrar nos seus problemas, vai partir para o egocentrismo, que diz "Meu problema, minhas dificuldades, minha dor". Mas uma das maneiras mais fáceis de livrar-se da dor é tirar o foco de si mesmo e colocá-lo em Deus e nos outros [...].

Precisamos perguntar a nós mesmos: Vou viver em busca de posses? Popularidade? Serei dirigido por pressões? Culpa? Amargura? Materialismo? Ou serei dirigido pelos propósitos de Deus [para minha vida]?

Quando levanto pela manhã, sento-me ao lado da cama e digo: "Deus, se eu não conseguir fazer nada hoje, quero te conhecer mais e te amar melhor". Deus não me colocou na terra apenas para realizar os itens de uma lista de coisas a fazer. Ele está mais interessado no que sou do que no que faço. É por isso que somos chamados de seres humanos, não de "fazeres" humanos.

Nos momentos alegres, LOUVE A DEUS. Nos momentos difíceis, BUSQUE A DEUS. Nos momentos tranquilos, ADORE A DEUS. Nos momentos dolorosos, CONFIE EM DEUS. E, a todo momento, AGRADEÇA A DEUS.[1]

Amém, irmão!

Existem três coisas que inundam meus olhos normalmente secos.

Primeiro, choro facilmente quando sou exposto a qualquer coisa patriótica. Amo o meu país. Amo aqueles que servem nas Forças Armadas e amo a linda bandeira dos Estados Unidos. As cerimônias do dia 4 de julho (Dia da Independência Americana) tocam as cordas mais profundas do meu coração. Corneteiros tocando o "toque de silêncio" junto à sepultura de um veterano liberam uma cascata de emoções e gratidão em mim.

Segundo, choro toda vez que vejo missionários idosos e líderes indígenas experientes que sacrificaram sua vida por Cristo para que suas nações fossem salvas. Que minhas lágrimas lavem seus pés.

Terceiro, choro quando vejo o Espírito Santo separando pessoas para o ministério. É comum eu ser chamado para impor as mãos sobre pessoas em cultos de ordenação. Dificilmente as palavras "Pregue a palavra, esteja preparado a tempo e fora de tempo" conseguem sair da minha boca antes que uma torneira se abra e as lágrimas fluam.

Mas sou igualmente tocado quando vejo Deus trabalhando através daqueles entre vocês que labutam diariamente no ambiente de trabalho. Sua unção não é menos poderosa do que a daqueles a quem Deus chama para os cinco ofícios da igreja. Por favor, entenda quão profundamente você está coberto no Espírito Santo! Por favor, saiba quão poderosamente Deus o usará no mundo. Seu potencial de alcançar pessoas com o evangelho é muito maior no ambiente de trabalho do que pode imaginar. Mas tenho um temor. Temo que não venha a entender que a unção sobre você é tão grande quanto a de qualquer outra pessoa. As lágrimas que derramo por você são lágrimas de compaixão, orando para que você seja despertado para a incrível unção que Deus tem sobre você a fim de alcançar os cantos mais distantes das trevas.

Executivo, carpinteiro, eletricista, banqueiro, presidente, diretor, gerente, contador, professor, técnico esportivo — você foi ordenado por Jesus Cristo para produzir fruto e um fruto que permanece. Vá e pregue o evangelho de Jesus Cristo ao mundo inteiro. O mesmo Espírito Santo que ungiu Jesus é o Espírito Santo que unge você. E sempre, sempre saiba que você tem um pai espiritual chamado Larry Titus, que ora por você perante o Senhor e o apresenta a ele. Tenho muito orgulho de você! Que as suas obras se multipliquem e que você mostre Jesus ao mundo!

Discipulado

Independentemente de habilidades, chamado, unção, paixão, missão ou profissão, há algo que todo homem tem sido chamado a fazer, que é discipular homens. As palavras finais de Jesus aos discípulos antes de sua ascensão deixam isso bastante claro: "Vão e façam discípulos de todas as nações" (Mt 28.19). Dallas Willard chama isso de "A Grande Omissão". É a mais importante tarefa da igreja, mas raramente é vista como algo além de uma sugestão superficial na mente da maioria das pessoas.

Está brincando? Que melhor maneira de trivializar as palavras finais de Jesus e o resumo de tudo o que ele fez do que não fazer nada?

A igreja em geral e os homens em particular nunca entenderam que fazer discípulos da mesma maneira que Jesus fez é um fator crítico para o nosso crescimento e o deles, e o único método de evangelismo global. Nunca entendemos que o discipulado não é opcional. Ou discipulamos ou então deixamos de cumprir a Grande Comissão e, nas palavras de Willard, nós a transformamos na Grande Omissão.

Oro para que, nestas páginas finais, você passe a ter o meu coração, o meu peso e a minha paixão por ver homens transformados à imagem de Jesus precisamente por causa do investimento que você fará neles.

Eu amo os homens

Este é o último capítulo de um livro que escrevi com amor e um grande coração de pai pelos homens. Alimentarei, protegerei e discipularei homens até meu último suspiro! Serei um pai substituto para aqueles rapazes que precisarem de mim e continuarei a resgatar, reclamar e discipular homens feridos, abatidos e perdidos. Amo ver homens:

- Cumprindo seu chamado.
- Treinando seus filhos e filhas a amarem a Deus.
- Levantando mãos santas em louvor a Deus.
- Abraçando, beijando e segurando a mão da esposa.
- Brincando com seus filhos.
- Abraçando seus filhos.
- Conversando sobre Jesus sem acanhamento.
- Trabalhando duro para prover sustento para sua família.
- Alcançando outros homens com o amor de Deus.
- Saindo de férias com sua família.
- Que não têm medo de chorar em público.
- Levantando-se contra o pecado.
- Levando suas filhas para um passeio com o papai.
- Orando com outros homens.
- Tratando mulheres com respeito, honra e sensibilidade.
- Assumindo as responsabilidades de líder em casa, na igreja e no ambiente de trabalho.
- Assumindo responsabilidade por seu lar, sua família e seu casamento.
- Que não têm medo de abraçar outros homens como expressão de um afeto que honra a Deus.
- Que estão dispostos a serem pais espirituais e mentores de outros homens.

É simplesmente um fato: eu amo homens. Quero dizer que realmente os amo! Amo homens da maneira que Jesus amava homens. Ele os amou, treinou e enviou para serem o que ele era: uma pescador de homens. Os discípulos pescaram peixes só até encontrar Jesus. Mal sabiam que seu primeiro encontro com Jesus nas praias da Galileia faria muito mais do que afastá-los para sempre das redes. Aquele encontro em breve mudaria a vida deles e o rumo do mundo.

Homens, por favor, me escutem, pois isto é muito importante! Jesus quer o mesmo de você! Ele quer transformar sua vida e, então, trabalhará através de você e transformará a vida de outros homens. Ele quer ver você profundamente envolvido num programa de discipulado no qual você seja espiritualmente mentoreado e assistido por alguém que está mais à frente na fé que você, de modo que, por sua vez, você possa assistir alguém e mentorear outros homens.

O QUE SIGNIFICA SER DISCÍPULO

Jesus passou praticamente todos os momentos com os doze homens que ele escolheu para segui-lo. Ensinou-os diariamente por três anos e meio, usando parábolas e ilustrações da vida real. Ensinou-os a orar. Mostrou-lhes como fazer a vontade do Pai. Revelou o significado das Escrituras. Ensinou-os de maneira prática como colocar em ação a mensagem do reino de Deus ao orar pelos doentes, pregar o evangelho da paz, ministrar ao pobre e libertar os oprimidos por Satanás. Acima de tudo, ele os *treinou* com o exemplo de sua vida. Depois, Jesus partiu e deixou para eles as palavras finais encontradas em Mateus 28.19-20. Essencialmente ele lhes disse: "Vocês me viram fazer; agora é sua vez".

Durante séculos, rapazes foram amparados por especialistas até que pudessem realizar as mesmas tarefas com igual destreza e qualidade. Embora raro hoje em dia, esse tipo de aprendizado ainda é encontrado nas fazendas, em algumas profissões e em alguns tipos de estágio, como a residência em medicina. Tal treinamento tem como exemplo os métodos de Jesus com os doze homens. Devemos encontrar alguém que esteja mais à frente na fé do que nós, nos pendurarmos em seu avental e segui-lo!

A exortação e o convite de Paulo em 1Coríntios 11.1 são simples e diretos: "Tornem-se meus imitadores, como eu o sou de Cristo". Imitar um líder espiritual digno de confiança como aquela pessoa imita Cristo é a perfeita descrição do discipulado. Em outras palavras, tudo o que o modelo fizer para seguir o exemplo de Cristo, nós também podemos fazer. O discipulado puro não é uma série de discursos sobre assuntos ou doutrinas cristãs feita num ambiente eclesiástico. É um estilo de vida de treinamento criado e exemplificado pelo professor e seguido pelo aluno.

Primeiramente, seja um discípulo

Para ser líder, você precisa primeiro aprender a ser um seguidor. Os discípulos jamais poderiam ter tido a vida de Cristo em si mesmos sem antes segui-lo aqui na terra. Antes que possa viver sua própria vida com direção, sabedoria e disciplina, você deve primeiramente ter visto esses traços vividos e exemplificados por outros.

> Para ser líder, você precisa primeiro aprender a ser um seguidor.

Não dê ouvidos ao piedoso que diz algo como "Não siga homens". Esse é claramente o pior conselho que poderia ouvir. A quem mais podemos seguir? Deus não está mais caminhando por aí em carne e osso. Ele deixou onze homens que deveriam assumir sua autoridade e fazer exatamente o que ele fez — ir pelo mundo e fazer discípulos. Você precisa se dispor a tornar-se um *discípulo* para que, um dia, possa se tornar um *criador de discípulos*.

O verdadeiro discipulado nunca produz clones; ele produz homens piedosos, saudáveis e maduros — homens *teleios*! — com personalidade e dons distintos. Mostre-me um homem que tenha sido tutoreado por outro homem cristão maduro e qualificado e eu lhe mostrarei um grande líder. É assim que eles são feitos. Grandes líderes não nascem assim. Eles são criados ao observar e imitar outros grandes líderes. Seguir um homem que é um verdadeiro discipulador e mestre não fará de você um clone sem opinião. Um homem deixado por si só amadurece mais lentamente (se é que amadurece) e é muito mais vulnerável. Não terá inteligência emocional, compreensão nem habilidades pessoais como os que forem treinados por outros.

Imagine um médico residente em cirurgia dizendo aos professores que faria um trabalho melhor no paciente se lhe permitissem descobrir sozinho como realizar uma cirurgia.

Todos nós precisamos de informações bem-intencionadas, sabedoria experiente e conselho prático que homens treinados e experimentados oferecem. Acreditar em algo diferente é permanecer desinformado e subdesenvolvido como servo do reino de Deus. O mundo cristão deve usar o exemplo de Jesus e discipular homens por meio do processo de aprimoramento e treinamento dos líderes verdadeiramente qualificados.

Ouvimos que os homens são "visuais" e aprendem melhor por meio de apresentações visuais. Todo homem precisa de um líder em sua vida que se pareça, aja e fale como Jesus. Só então ele poderia enfim parecer, agir e falar como Jesus também. Posso ser ingênuo, mas penso que lá no fundo da alma de todo homem há um clamor por ser discipulado, acompanhado e orientado por outro homem — uma figura paterna, um mentor.

A comunhão é ótima e necessária, mas todos nós precisamos de alguém mais experimentado na fé, com experiências de vida, que caminhe junto conosco para nos discipular, guiar, encorajar e apoiar. Homens precisam de exemplos — bons exemplos. É preciso que nos mostrem o que significa ser um pai, marido e líder piedoso, um homem de Deus. Também precisamos de alguém que nos afaste do caminho perigoso — que pelo menos dê um grito de advertência — e nos coloque de volta no caminho quando sairmos do curso. Não há nada como um dedo firme e ao mesmo tempo amoroso na cara que diga: "Larry, não faça isso! Isso vai prejudicar seu futuro e manchar seu caráter!".

Minhas próprias oportunidades iniciais de discipulado foram poucas e esparsas. Não havia muitos homens para os quais eu pudesse olhar como pais espirituais, exemplos e mentores. Embora não soubesse naquela época, ainda no final da adolescência eu procurava esse tipo de mentor para fazer parte da minha vida. Alguém realmente entrou em minha vida, mas, depois de poucos meses, saiu de novo. Mas foi o suficiente para me manter seguindo na direção correta.

Quando tinha 17 anos, fui até um líder e perguntei se poderia lhe pagar um almoço de forma que pudesse conversar com ele. Naquela época, não conhecia nenhuma outra pessoa que eu respeitasse tanto quanto aquele líder cristão dinâmico e piedoso. Enquanto conversávamos, meio sem jeito, eu deixei escapar: "Você se importaria se eu o seguisse?". Não lembro exatamente a resposta dele, mas realmente me lembro de tentar segui-lo. Aonde ele ia, eu tentava ir atrás, de modo que pudesse ver o que ele fazia e ouvir o que ele dizia. Queria imitar a vida dele. Queria aprender e saber das coisas.

Houve mais alguns líderes a quem segui com o passar dos anos, mas a maioria deles me afetou de longe. Era impessoal e chegava às minhas conclusões mais por observação do que por meio de treinamento prático. Assim que via algum líder espiritual que exibia sucesso espiritual e integridade, eu procurava entrar em sincronismo com ele e replicar sua vida.

Infelizmente, não houve nenhum líder que tenha me inserido em sua vida. Eu queria desesperadamente caminhar junto de um homem piedoso e vê-lo em ação. Não me lembro de nenhuma mão no meu ombro ou de uma voz que tenha dito: "Larry, acredito em você. Quero treiná-lo para ser um grande cristão e um ótimo líder".

Uma vez que meu pai morreu quando eu era bastante jovem, a maior influência em minha vida adulta foi definitivamente minha mãe. Ela falou muitas coisas sábias para mim, e louvo a Deus diariamente por seu investimento. Não posso deixar de pensar, porém, como seria minha liderança hoje se tivesse tido um homem que acreditasse em mim o suficiente para investir sua habilidade de liderança, sabedoria e correção amorosa em minha vida.

Assim, essa é a razão de eu fazer o que faço hoje. Ajudo homens a responder a perguntas — perguntas que permaneceram sem resposta em minha própria vida.

É desejo do meu coração que homens tenham líderes fortes à disposição e também mentoreamento. Contudo, aqui vai uma pergunta direta para você, como leitor: *Você tem o coração de discípulo?* Você é um homem aberto ao ensino, um cara que está disposto a seguir as pegadas de alguém que esteja mais adiante na fé? Está disposto a colocar sobre si os "arreios do discipulado" para cumprir as palavras de Jesus?

Como ser bem-sucedido como discípulo

O discipulado tem uma regra de ouro. Memorize esta regra e repita-a: *um discípulo deve ser tanto ensinável quanto corrigível*. Você precisa ter as duas características. Uma pessoa ensinável sempre crescerá, amadurecerá e se desenvolverá. Uma pessoa corrigível permanecerá não defensiva e sempre estará aberta a melhorias. A natureza defensiva de um homem é um dos maiores obstáculos ao discipulado. Lembro-me das muitas vezes em que tentava ensinar algo ao meu filho e ouvia:

— Eu sei, pai, eu sei.

— Não, você *não* sabe, filho — eu respondia. — É por isso que estou tentando ensinar você.

Seja ensinável!

Ainda hoje me corrijo. Trabalho para não ter a atitude que diz "Eu sei, eu sei...". Não digo isso em voz alta, mas não é incomum eu responder às sugestões de alguém com a mesma atitude infantil que diz "Eu já sei disso". Assim que penso ou digo "Eu sei", afasto a oportunidade de aprender algo e, com bastante frequência, eu apenas achava que sabia o ponto que desprezava por considerá-lo notícia velha.

Tome nota disto como um lembrete. Se você se recusa a ser corrigido, escolhe por parar a mudança e termina perdendo ideias novas ou melhores. Olhe da seguinte forma: se estiver aberto e disposto a considerar as ideias de outras pessoas, você poderá adicioná-las ao que já sabe. Poderá multiplicar suas ideias, experiências e informações dezenas ou até centenas de vezes. Mas se você se recusar a considerar o conselho ou a sugestão da outra pessoa, ficará restrito às informações que já colheu. Você quer viver num mundo pequeno ou num mundo grande? A escolha é sua.

Se estiver aberto a conselhos, sugestões e ideias de outras pessoas, você nunca deixará de crescer. O conhecimento do mundo é assimilado ao ouvir e aprender. Mas ninguém consegue alimentar alguém que já esteja alimentado.

Você só pode alimentar alguém que esteja faminto. Levante sua antena e abra seus ouvidos para todo tipo de informação que puder, especialmente daqueles que você sabe que são fazedores de discípulos. Isso não significa que você é vulnerável ou que deve aceitar cegamente toda nova filosofia que aparecer na frente. Quer dizer, de fato, que seu coração deve permanecer ensinável e corrigível. Bons discípulos se tornam bons líderes. É simples assim.

> Bons discípulos se tornam bons líderes.

Onde estão os pais?

No fundo do coração de todo homem existe o desejo por um pai. Muitos homens nunca tiveram um pai de verdade, quanto mais um pai espiritual. Inúmeros rapazes tiveram pais biológicos que os rejeitaram ou que abusaram deles. Não creio que exista qualquer ferida no homem que corte mais fundo ou cause mais cicatrizes emocionais do que a ferida de não ter um pai. Talvez você não veja nem ouça, mas o coração dos homens clama pelo forte amor incondicional, pelo abraço e pela aceitação de um pai.

Você já ouviu as estatísticas sobre meninos que crescem sem pai. Embora nem todo menino experimente a mesma dor e confusão, ainda estou para encontrar um que não anseie por um relacionamento saudável e amoroso com um pai. Obviamente a derradeira experiência paternal acontece quando um homem ou um menino se encontra com Deus Pai por meio de um relacionamento com Jesus Cristo. Contudo, ainda precisamos, ainda clamamos, conscientemente ou não, por um relacionamento com uma contraparte terrena que nos sirva de modelo da natureza amorosa de Deus Pai.

Onde estão os pais? Podemos parafrasear o que o apóstolo Paulo disse em 1Coríntios 4.15: embora possamos ter dez mil tutores, não temos muitos pais. Eu digo um entusiasmado "Amém!" a isso. E vou lhe dizer depois de décadas de experiência por todo o globo, ministrando e ensinando, que a proporção é assim baixa. É verdade que não há mais do que alguns pais entre os milhares daqueles que ensinam.

Conforme viajo e falo em congressos para homens e para pastores pelos Estados Unidos e também pelo mundo, raramente encontro um homem que esteja disposto a se tornar pai espiritual de homens fora de sua família próxima. Contudo, encontro milhares de "filhos" que estão sedentos por terem pais. Dez mil tutores e pastores estão por todo lugar, e eles estão dispostos a pregar. Poucos estão dispostos a patrocinar espiritualmente outro homem. Eles simplesmente fogem do grande esforço e compromisso contínuo exigidos para treinar homens.

É fácil apertar a mão de um homem depois do sermão. Outra coisa completamente diferente é encontrar-se particularmente, face a face, tomando uma xícara de café, e ajudá-lo *pessoalmente*. É mais fácil mantê-lo à distância de um braço e dizer "Escute o que eu digo" do que sugerir "Siga-me". É mais confortável manter uma distância segura entre o púlpito e os bancos do que deixar que um homem entre em sua vida com regularidade. Tal ministério exige mais transparência, vulnerabilidade e sacrifício do que muitos obreiros remunerados estão preparados para dar.

O pequeno sermão apresentado acima foi, é claro, para os pregadores — os "dez mil" que Paulo descreveu. Contudo, a Escritura não limita o mentoreamento apenas aos pastores. Mentorear é um chamado para todos os homens. Se você está mais adiante na maturidade cristã e na piedade do que outro homem, então se apresente para colocá-lo debaixo de suas asas e mentoreá-lo. Torne-se pai espiritual para um filho. É fácil assim, e também é difícil. Você estará dando da sua própria vida, mas as recompensas são espetaculares e viverão pelas futuras gerações.

Durante muitos anos mantive um ministério às prisões. Tinha 18 anos quando comecei a compartilhar Jesus na prisão de San Quentin, na Califórnia. Não levou muito tempo até eu descobrir que era muito mais fácil levar homens a Cristo do que os discipular. Tudo o que eu tinha de fazer era lhes falar de Jesus, levá-los a se arrepender de seus pecados, dar-lhes uma Bíblia e dizer que eles deveriam orar. A porta da cela se fechava, e eu seguia meu caminho. O discipulado, em contrapartida, era um assunto completamente diferente. "Você está dizendo que devo ensiná-lo a guardar dinheiro, amar seus inimigos, tratar a esposa e os filhos com respeito e obedecer à lei?" Exatamente! Precisei fazer tudo isso.

Em uma situação, levei um homem que fora solto da prisão diretamente a um *shopping center*, de modo que pudesse comprar algumas roupas comuns. Vinte minutos depois, ele veio com uma pulseira de ouro. Ele convencera a vendedora da joalheria a lhe vender a cara pulseira a prazo. "Devolva", disse eu, com firmeza. "Você não pode ter uma pulseira de ouro até que ganhe dinheiro para comprá-la à vista."

Sim, é mais fácil salvar as pessoas do que colocá-las na trilha do discipulado. Talvez seja por isso que temos mais pregadores do que mentores. É fácil pregar, mas é difícil discipular. Agir como pai exige mais força e firmeza do que simplesmente agir como conselheiro. Um pai entra nas fossas e trincheiras, suando e usando pás e picaretas. Um conselheiro apenas aponta o lugar onde ele acha que a escavação deve começar.

Malaquias profetizou no último capítulo do Antigo Testamento que Deus enviaria o profeta Elias antes da chegada do grande e temível dia do Senhor. Malaquias profetizou que Elias faria com que o coração dos pais se voltasse para seus filhos, e que o coração dos filhos se voltasse para seus pais.

Esse versículo parece bastante simples. Contudo, como ele é profundo! A última coisa a ocorrer antes da volta do Messias é que os pais se tornem pais de novo, e que os filhos alienados sejam restaurados a seus pais.

Estamos vendo pais e filhos restaurados? Ainda mais importante: estamos *fazendo* isso? Quando olhamos para a paisagem e vemos a carnificina resultante de relacionamentos pai-filho rompidos ou não existentes, devemos ser profundamente tocados e nos interessar. Nosso coração deve se partir, e devemos iniciar a obra de restauração. Devemos entrar nas fossas e trincheiras, trabalhando e suando para escavar nosso caminho de volta aos nossos filhos. Devemos abrir um caminho para que eles voltem a nós.

Existem algumas centelhas de esperança e sinais de encorajamento. Muitos novos ministérios a pais surgiram e continuam a aparecer. Programas de discipulado começam e se multiplicam, livros aparecem nas prateleiras de livrarias cristãs e megaeventos apelam para o retorno dos pais à sua família. Esses esforços seguem no mesmo passo das crescentes taxas de divórcio, do abandono de famílias pelos pais e da alienação dos pais de seus filhos através do abuso emocional e físico? Só Deus sabe.

Minha oração é que Deus reverta o curso de séculos de abdicação de pais e dê aos homens uma fome pelo retorno aos seus filhos. Meu coração clama por ver filhos espiritualmente adotados por homens maduros e piedosos. Nunca descansarei nem ficarei satisfeito até que centenas de milhares de órfãos espirituais sofredores sejam adotados e colocados debaixo das asas de homens capazes. Esses homens capazes estão em todo lugar e caminham pela face deste mundo. Mais uma vez oro para que tais homens ouçam o clamor dos órfãos.

Eu procurei um pai

Numa conferência de pastores na Carolina do Sul falei sobre a necessidade de homens serem discipulados por pais espirituais. Um pastor da plateia levantou a mão e disse: "Procurei muitos anos por um homem que fosse pai e mentor espiritual para mim e não consegui encontrar. O que faço? Já cheguei a pedir pessoalmente que me mentoreassem, e eles se recusaram". Minha resposta foi que ele continuasse orando e olhando, e que fizesse isso com empenho, e que nunca parasse de procurar tal líder.

Nesse meio-tempo, *seja para alguém aquilo que você nunca teve*. Seja um pai espiritual. Como pode dar o que nunca recebeu? Todo pai sabe que os filhos vêm com seu próprio manual de funcionamento. Ainda que nem mesmo sua própria criação tenha sido a melhor, algo dentro de você instintivamente sabe do que os filhos precisam. Fazemos nosso melhor, e Deus cobrirá a falta. Aqui vai um poderoso segredo: nossas *intenções* são honradas e fortalecidas por Deus.

Minha própria vida prova que não ter tido um mentor espiritual não impede que você seja um. Tendo a Palavra de Deus como nosso manual e o amor de Deus como a força motriz de nosso coração, podemos nos tornar esse tipo de homem. Esse é o princípio *teleios* em ação. Todos nós precisamos de pais espirituais e todos nós precisamos *nos tornar* pais espirituais. Não há maior necessidade no mundo de hoje do que a de pais que amem seus filhos — tanto naturais quanto espirituais — como Deus Pai ama seus filhos.

Como se tornar um pai espiritual

Seja a pessoa que, antes de tudo, oferece o ingrediente básico essencial: amor

Você não pode discipular uma pessoa a quem não ama. Você está fazendo muito mais do que transmitir informações a um homem mais novo ou menos maduro — está investindo nele. Está procurando extrair o melhor que há nele e vê-lo tornar-se tudo o que Deus quer que ele seja. O processo de ensino apenas não é suficiente. Você deve se tornar o técnico e o treinador dele. O processo de treinamento envolve tanto mostrar quanto ensinar. Para fazer isso, você deve permitir que ele faça parte da sua vida. Não é uma classe de oratória. É um encontro da vida real por meio do qual uma pessoa o vê como você é, com seus defeitos e suas fraquezas. Tem a ver com sua disposição de ser totalmente transparente, de modo que ele possa ver "tudo" de você.

Seja um minerador de ouro

Em todo homem existe ouro, e estou determinado a encontrá-lo. Também há escória e borra que precisamos estar dispostos a remover primeiro. Lembre-se sempre de concentrar-se no ouro existente na pessoa. Podemos louvar a Deus pelo fato de Jesus não ter parado de trabalhar em nós assim que viu todo o lixo em nossa vida. Sua graça nos cobre enquanto ele extrai o ouro. Precisamos oferecer a mesma graça que Deus estendeu a nós.

Deixe que entrem em sua vida

Permito que eles me sigam e vejam como faço as coisas. Ensino como estudar a Palavra, como orar, como tratar sua esposa e filhos e como edificar outras pessoas. Deixo que participem das atividades da minha família. Lembro-me do aniversário deles. Ligo para eles com frequência. Janto com eles. Dou-lhes incentivo. Ajudo a descobrirem suas qualidades e seus talentos.

Leve-os consigo

Convido homens para viajar e para virem à minha casa. Eu os apoio e lhes digo que são especiais. Oro por eles e com eles com frequência.

Ofereço correção apenas no contexto do amor empático

O propósito da correção deve sempre ser a redenção. Eles precisam saber quanto quero que sejam bem-sucedidos. A correção não pode vir simplesmente porque estou irritado ou bravo com eles. Normalmente passam-se meses e, em alguns casos, até mesmo anos, antes de eu apresentar alguma forma de correção. Rejeito a expressão *crítica construtiva*. Isso é um oximoro, ou seja, duas palavras que não combinam. Para mim, toda forma de crítica é destrutiva, não construtiva. A correção é um elemento importante de mudança e crescimento, mas a crítica — simplesmente apontar as falhas da pessoa — acaba com o espírito de um homem. Se eu reconhecer algo na vida deles que seja tão destrutivo a ponto de impedi-los de serem bem-sucedidos, levantarei a questão somente depois de muita oração, buscando a sabedoria de Deus para não apenas expor o problema, mas também para apresentar a resposta.

Dê aos homens oportunidades de usarem seus dons e talentos em um ambiente seguro

Lembre-se: discípulos precisam ter oportunidades de errar em segurança, sem medo de ser criticados se as coisas não saírem conforme o planejado. O fracasso é parte essencial do sucesso. Se uma pessoa não recebe permissão para falhar, ela nunca aprenderá a ser bem-sucedida ou a colher os frutos do sucesso.

Encontre as digitais de Deus neles

Procuro descobrir singularidades e dons individuais, na esperança de ver indicações do plano soberano de Deus para a vida e o futuro deles. João Batista foi capaz de identificar os dons e o chamado de Jesus. Todo homem tem uma identidade ordenada por Deus que precisa ser confirmada por outros.

Jesus disse em João 5.31 que, se fosse testificar de si mesmo, seu testemunho não seria válido. O mesmo vale para todo mundo. Você precisa de alguém em sua vida que dê testemunho de seus talentos e de seu chamado em Cristo. Você precisa de alguém que possa ajudá-lo a identificar e liberar sua unção.

Por que não ser a pessoa que pode falar profeticamente à vida de outra pessoa? Por que não ser como João Batista para outro cristão?

Quero que você leia uma carta de Ken. Ele é um dos meus mais recentes filhos adotados de New England. Ken enviou esta carta depois de participar de um de nossos congressos para homens na Califórnia.

> Caro pastor Larry,
> Bênçãos sobre o senhor, poderoso soldado do exército de Deus. Quem escreve é Ken, da BAC [um grupo de *rap* cristão de New England]. Primeiramente, quero agradecer ao senhor pelo incrível final de semana que tivemos em Irvine. Sou abençoado e honrado por receber convites para esses eventos que transformam vidas. Minha vida foi certamente mudada. Penso que aquele final de semana me mostrou algumas coisas que tenho desprezado há muito tempo. Nos últimos dois anos, tenho me envolvido tanto nos negócios do ministério que me esqueci do alto valor da intimidade com Deus e a preciosidade dos relacionamentos com pessoas da fé, especialmente homens.
>
> Ouvir os testemunhos de alguns dos irmãos fez meu coração explodir de novo. Como lhe disse no Denny's, percebi quanto não compreendo da profundidade e da riqueza da graça de Deus. Achava que entendia alguma coisa, e creio que foi então que alguma estagnação começou a se infiltrar em minha vida. Agora sei que Deus é tão grande, tão incrível, tão além das minhas limitações e novo em minha vida a cada dia. Certamente voltarei no ano que vem (seja onde for) e tenho mantido contato com alguns dos meus recém-achados irmãos na fé.
>
> Segundo, percebi naquele final de semana a razão pela qual todo mundo o chama de "pai". Antes eu sabia disso em minha mente, mas agora sei no meu coração. Honestamente, nunca tive vontade (por falta de palavra melhor) de chamá-lo de "pai", mas não conseguia entender por quê. Cresci sem pai e sempre desejei ter um; é que aceitei desde cedo que eu seria órfão por toda a vida e ponto final. Quando Cristo me encontrou e o aceitei e ao meu novo Pai, Deus me deu tanto do que eu tinha falta e realmente me ensinou como ser um homem. Eu ainda não achava que poderia ter de fato um pai ou sentir proximidade de um "pai". Em Irvine, percebi a necessidade de relacionamento, contato e toque com outros irmãos na fé, e que é possível remediar a falta por meio de um pai "adotado".
>
> Embora precisasse desesperadamente de um pai, ainda não estava convencido de que poderia chamá-lo de "pai" até outra noite, quando despertei de um sonho.

Naquele sonho, o senhor e eu nos encontrávamos novamente depois de uma longa ausência e nos abraçamos, de um jeito muito semelhante ao que penso que pai e filho se abraçariam. Chamei-o de "pai" e me senti renovado. Portanto, se estiver bem para o senhor, gostaria de chamá-lo de pai.

Terceiro, sei que já deve saber, mas queria lhe dizer que o senhor tem homens incríveis ao seu redor. Irmãos como Jeff, Ricky e Tyran são simplesmente maravilhosos, e eles ministraram profundamente a mim em Irvine. Nunca encontrei um homem que tenha entendido e praticado o relacionamento Jesus/discípulo como vocês. Talvez mais do que qualquer outra coisa, levo de Irvine o modelo de conceder coisas a homens especiais e torná-los ainda mais especiais. Declarar-lhes virtude e bênção, ajudá-los a pôr para fora os dons maravilhosos concedidos por Deus que estão dentro deles. O senhor fez isso de maneira magnífica, e a prova são os homens a quem o senhor tocou.

Obrigado mais uma vez por tudo. Estou ansioso para vê-lo novamente.

Seu filho,

KEN

Ken recebeu de Deus a mensagem de esperança e o desafio de crescer até se tornar um homem *teleios* — "até que todos [...] cheguemos à maturidade, atingindo a medida da plenitude de Cristo" (Ef 4.13). Fico feliz por ele e tenho orgulho desse homem, e Deus recebe toda a glória. Essa mensagem e esse desafio chegam a todos nós com amor. É o plano perfeito de Deus para completar o homem perfeito, um homem imperfeito, mas ensinável por vez.

Conclusão
O chamado a todos

Até onde posso dizer, depois de três pontes de safena e da colocação de dois *stents*, minha vida ganhou cinquenta mil quilômetros ou vinte anos a mais, o que ocorrer primeiro. Oh, sim, isso se Jesus não voltar antes. Entre o agora e aquele momento, dedico-me a ser mentor de outros homens. Considero este o maior chamado de minha vida. Gostaria que você também considerasse isso como o maior chamado da sua vida.

Existe um mundo incrível e rico de homens lá fora que precisam apenas de um homem para colocar um braço em seu ombro e dizer "Você consegue!".

Você consideraria a ideia de me ajudar? Em caso afirmativo, por favor, vá até o nosso *site* e registre-se como um homem que está dedicado a ser mentor e pai espiritual de outro. Não estou tentando atribuir a você o *status* de discípulo. Simplesmente quero ouvir de você que toquei seu coração e você se dispôs a se disponibilizar para ser um pai espiritual de alguém como uma das formas de participar do cumprimento da Grande Comissão. Nosso *site*, em inglês, é: www.teleiosman.com.

Espero ansiosamente passar a eternidade com você, juntamente com uma fila de homens no céu que se estende até onde a vista alcança, que dirão: "Estou aqui por sua causa".

> Depois nós, os que estivermos vivos, seremos arrebatados com eles nas nuvens, para o encontro com o Senhor nos ares. E assim estaremos com o Senhor para sempre.
>
> 1 Tessalonicenses 4.17

Notas

Capítulo 2
[1] P. 84.

Capítulo 3
[1] *A batalha de todo homem*, p. 45.

Capítulo 5
[1] Os percentuais citados nesta seção vêm de Sandy Kulkin e do The Institute for Motivational Living, nos Estados Unidos.

Capítulo 7
[1] *The 7 Worst Things Parents Do*.

Capítulo 8
[1] *Leadership*, p. 46.

Capítulo 9
[1] P. 29.
[2] *Shadow of the Almighty*, p. 108.

Capítulo 10
[1] Os percentuais apresentados nesta seção foram extraídos de Sandy Kulkin e The Institute for Motivational Living.

Capítulo 12
[1] Entrevista postada no Portal CCNews em 12/8/2006. Disponível em: <http://www.ccnews.org/index.php?mod=Story&action=show&id=2449&countryid=207&stateid=0>.

Bibliografia

ARTERBURN, Stephen e STOEKER, Fred. *A batalha de todo homem: um guia para homens sobre como vencer as tentações sexuais*. São Paulo: Mundo Cristão, 2004.

_____. *Every Man's Challenge: How Far Are We Willing to Go for God?* Colorado Springs: WaterBrook Press, 2004.

ELLIOT, Jim. *Shadow of the Almighty*. London: Hodder and Stoughton, 1958.

FRIEL, John e Linda. *The 7 Worst Things Parents Do*. Deerfield Beach, FL: Health Communications, Inc., 1999. [Publicado no Brasil como: *As sete piores coisas que os pais fazem*. São Paulo: Cultrix, 2001].

GALLAGHER, Steve. *At the Altar of Sexual Idolatry*. Dry Ridge, KY: Pure Life Ministries, 2000. [Publicado no Brasil como: *No altar da idolatria sexual*. Rio de Janeiro: Graça, 2003].

GEORGE, Bob. *Classic Christianity: Life's Too Short to Miss the Real Thing*. Eugene, OR: Harvest House Publishers, 2010.

GIULIANI, Rudolph. *Leadership*. New York: Miramax, 2005. [Publicado no Brasil como: *O líder*. São Paulo: Campus, 2002].

HAYFORD, Jack. *The Anatomy of Seduction*. Ventura, CA: Regal Books, 2004.

_____. *Fatal Attractions: Why Sex Sins Are Worse Than Others*. Ventura, CA: Gospel Light Publications, 2004.

_____. *Sex and the Single Soul: Guarding Your Heart and Mind in a World Full of Empty Promises*. Ventura, CA: Regal Books, 2005.

MORRIS, Robert. *The Blessed Life: The Simple Secret of Achieving Guaranteed Financial Results*. Ventura, CA: Regal Books, 2004. [Publicado no Brasil como: *Uma vida abençoada: o simples segredo para resultados financeiros garantidos*. Rio de Janeiro: Luz às Nações, 2010].

ROBERTS, Ted. *Pure Desire*. Ventura, CA: Regal Books, 2008.

WARREN, Rick. *The Purpose Driven Life*. Grand Rapids, MI: Zondervan Publishing Company, 2002. [Publicado no Brasil como: *Uma vida com propósitos*. São José dos Campos, SP: Propósitos, 2005].

Compartilhe suas impressões de leitura,
mencionando o título da obra, pelo e-mail
opiniao-do-leitor@mundocristao.com.br
ou por nossas redes sociais

Esta obra foi composta com tipografia Minion Pro
e impressa em papel Pólen Natural 70 g/m² na gráfica Imprensa da fé